TEA &

TEA FOOD

일러두기

* 본문에 나오는 영어 표현은 외래어표기법에 따라 표기했으나 제품명, 브랜드 등은 자체 표기를 따랐습니다.
* 일부 표현은 관용적 표현에 따라 표기했습니다.

TEA &

티 & 티 푸드

TEA FOOD

더 맛있는 한 잔을 위한 레시피

임보은 지음

SIGONGSA

내 차의 시작

저에게는 어릴 적부터 차가 너무나도 자연스러웠어요. 아주 어린 날의 희미한 기억 속에서 저는 불교신자인 아버지를 따라 늘 절에 다녔는데, 그곳엔 차를 마시는 스님들이 계셨지요. 스님과 긴 대화를 나누는 아버지를 기다리는 동안 제 앞에는 차와 다과가 놓였어요.

또 가족 중에도 차를 일상처럼 접할 수 있게 해주는 분이 계셨는데, 바로 숙모예요. 숙모는 차를 생활화하는 분이고 지금도 차를 공부하는 차 선생님이라, 차는 제게 아주 가까운 것이었지요.

하지만 어릴 적부터 차를 마셨다고 해서 차에 대한 지식이 풍부했던 건 아니었어요. 한때 프로파일러(범죄심리학자)를 꿈꾸던 학생이었던 제가 차를 직업으로 삼으리라고는 생각도 못 했거든요.

그런 제가 차를 더 깊이 공부하게 된 계기는 다른 분들과 비슷할 거예요. 주로 녹차를 마셨던 저는 어느 날 카페에서 '마리아주 프레르'의 '마르코폴로'라는 홍차를 마시게 되었는데, 평소 마시던 다즐링이나 아쌈, 그리고 얼그레이와 달리 입과 코에 신기한 향과 맛이 가득 차는 걸 느꼈어요. 그 홍차는 저에게 완전 신세계였고요. 온 마음과 정신이 차로 정화되는 느낌이었어요. 사실 당시에는 흡수되지 않는 엄청난 양의 학습 자료와 억지로 봐야만 하는 잔인한 사례들로 정신이 피폐해져 있었고, 그에 따라 몸 상태도 좋지 않았거든요. 그러다 문득 "차는 정신과 몸을 맑게 해줘" 하는 숙모의 말씀이 생각났고, 차와 좀 더 친해지고 싶다는 생각을 하게 되었어요. 이후에는 홍차에 빠져들었고, 그러면서 홍차 관련된 책을 섭렵하는 것은 물론 홍차를 마실 수 있는 곳이라면 어디든 찾아가 보고, 마시고, 느끼곤 했어요.

그렇지만 그 당시에는 차와 친해질 수 있는 방법이 차를 많이 마시는 것과 행다(차를 다루는 태도와 예절)를 공부하는 길밖에는 없더라고요. 어린 나이에, 오랫동안 차를 공부한 어른들 사이에서 차를 배운다는 것이 쉽지는 않았어요. 저는 차에 좀 더 다이내믹하고 새로운 방법으로 접근하길 원했거든요. 홍차 관련된 책을 찾다가 우연히 홍차 선생님인 박정동 선생님을 알게 되었고 선생님의 강의를 들을 수 있게 되었어요. 선생님의 차를 대하는 방식은 저에게 놀랍고도 또 놀라운 접근이었어요. 하루는 차를 커피 머신에 내려주셨는데 정말 깜짝 놀랄 광경이었죠. 지금도 제가 강의 중에 에스프레소처럼 차를 내리면 모두 놀라거든요. 그렇게 차를 주시면서 "차는 즐기는 것이다"라고 하셨고, 그 말씀은 현재 제가 하는 일의 바탕이 되었어요. 이후 좀 더 재밌는 방법들을 연구하는 계기가 되어주었고요.

매일 '잉글리시 브랙퍼스트'를 우려 마시고, 새로운 차를 하나하나 마셔보기 시작했어요. 매일 홍차를 마시다 보니 속이 쓰리지 않게 뱃속을 채워줄 무언가가 필요했는데, 자연스럽게 다과와 티 페어링에 관심을 갖게 되었고요. 차츰 다과를 위한 베이킹과 스타일링, 다구에까지 관심의 영역이 넓어졌어요. 베이커리와 카페에서 일을 하기도, 르 꼬르동 블루에서 제과제빵을 공부하기도 하고, 푸드 스타일리스트 어시스트로도 일해보았고요.

그렇게 저는 2011년 메르시보니를 열었지요. 메르시보니에서는 차를 이용한 모든 것들을 하고 있어요. 차와 음식의 어울림인 티 페어링을 연구하고 '어떻게 하면 좀 더 대중들이 차를 편안하게 생각할 수 있을까' 하며 차를 넣은 여러 가지 음료를 만들기도 해요.

이 책에는 제가 차와 함께 살아오면서 배우고 느낀 것들을 모두 담았어요. 차를 처음 시작하거나, 아니면 이미 충분히 알고 있다고 생각하는 분들도 이 책으로 더 재밌고 새로운 차의 세계를 만나게 되었으면 좋겠습니다.

CONTENTS

PART 1.

TEA

베리에이션 티

PART 2.

TEA FOOD

티 푸드와 티 페어링

PART 1

TEA

차는 어디로부터 오는 걸까?

우리는 무엇을 차라고 이야기할까요?

다양한 답변이 나올 수 있겠지요. 녹차나 홍차를 떠올리는 사람도 있을 것이고, 페퍼민트나 캐모마일을 이야기하는 사람도 있을 거예요.

국어사전에서 '차'를 찾아보면 '차나무의 어린잎을 달이거나 우린 물, 식물의 잎이나 뿌리, 과실 따위를 달이거나 우리거나 하여 만든 마실 것을 통틀어 이르는 말'이라고 나와 있어요. 여기서 차나무는 '카멜리아 시넨시스Camellia sinensis'를 말해요.

녹차와 홍차는 같은 식물인 차나무에서 나온 음료예요. 페퍼민트와 캐모마일 같은 허브류는 각각 다른 식물에서 나죠. 그래서 차를 분류할 때는 차나무 잎으로 만든 '차'와 우리 몸에 좋은 효능을 가진 식물을 채취해서 만든 '허브차'로 나누어요.

차나무 '카멜리아 시넨시스'의 발견

차나무 '카멜리아 시넨시스'는 동백나무과에 속해요. 차나무에 대한 기록은 기원전의 중국 문서에도 등장하니 아주 옛날부터 있었던 것으로 짐작할 수 있어요. 차나무는 중국 서남부(운남지역)에서 시작되었다고 알려져 있고, 차를 음용하기 시작했던 것은 기원전 2,700년이었어요. 처음에는 우려서 마시는 것이 아니라 찻잎째로 먹었다고 해요. 그러다 물에 띄워 마시기도 하고, 뜨거운 물에 진하게 우려 마시기도 하고 여러 가지 차를 음용할 수 있는 방법들이 생겨났어요.

차나무의 전설

기원전 2,700년쯤 중국 신화에 나오는 황제인 신농씨가 약초를 연구하려고 숲에서 약초들을 먹다가 독초를 먹게 되었어요. 몸을 가누기 힘들었던 신농씨는 해독할 약초를 찾아 다니다가 우연히 맑은 향이 나는 식물을 발견하고 그 잎을 조금 뜯어 먹었더니 온몸이 개운해지는 것을 느꼈어요. 신농씨가 발견한 이 식물이 바로 차나무예요.

알고 보면 녹차와 홍차의 나무가 다르다?

녹차와 홍차는 '카멜리아 시넨시스'라는 차나무에서 재배되지만 품종이 달라요. 차나무에는 찻잎이 여리고 작게 크는 '소엽종'과 찻잎이 큰 '대엽종' 2가지가 있어요. (더 많은 품종이 개량되고 있지만, 크게 보았을 때 2가지로 나누어져요.) 소엽종은 주로 중국, 일본, 한국에서 자라고 찻잎이 작은 만큼 맛과 향이 맑아 최대한 찻잎 그대로를 살린 녹차로 만들어요. 대엽종은 주로 중국 서남부, 인도, 스리랑카에서 자라고 찻잎이 크고 맛과 향이 강해서 홍차를 만들기 적합해요.

소엽종

대엽종

차는 왜 마시는 걸까?

신농씨가 찻잎을 발견한 이후 중국에서 차는 몸에 독성을 빼고 기운을 북돋아준다는 이유로 많은 이들에게 사랑을 받게 되었어요. 그리고 티베트와 중국 사이에 차마고도(車馬高道, 말과 차를 교역하던 옛길)가 생겨날 정도로 활발히 무역이 이루어졌고요. 비타민을 섭취하기 힘든 이들에게 중요한 영양제 역할도 했어요. 뿐만 아니라 유럽 전 지역에서는 차를 마시면 머리가 맑아지고 모든 병이 낫는다고 만병통치약으로 알려지기까지 했어요. 과연 차에는 어떤 성분이 있길래 이토록 수 세기 동안 많은 사람에게 사랑을 받은 걸까요?

1 **카테킨** : 차를 마실 때 느껴지는 떫은맛이 바로 카테킨이에요. 차를 마셔서 몸에 축적된 카테킨은 몸에 있는 세포를 감싸 보호해 주기 때문에 항바이러스 작용, 노화 방지, 비만 억제뿐만 아니라 발암 억제 효능이 있어요. 건강에 정말 좋은 성분이지요. 차를 자주 마시는 사람들은 감기에 덜 걸린다는 연구 결과도 있고요.

2 **테아닌** : 차에만 들어 있는 아미노산으로 감칠맛을 내는 성분이에요. 이 성분은 열에 약하기 때문에 햇볕을 피해 자란 잎이나 열에 많이 노출되지 않은 녹차에 많이 들어 있어요. 스트레스를 완화시키고 집중하는 데 굉장한 도움을 주죠.

3 **카페인** : 커피에 있는 카페인이 차에도 있답니다. 이뇨 작용과 피로 회복에 도움을 주는 성분이에요. 이 카페인 때문에 차를 멀리하는 사람들도 있어요. 하지만 커피 1잔이 가지고 있는 카페인과 차 1잔이 가지고 있는 카페인은 월등히 달라요. 커피 1잔에는 18~20g의 원두가 필요하고, 차 1잔에는 2~6g의 찻잎이 필요하거든요. 게다가 차의 카테킨은 카페인이 몸에 들어오는 것을 막아주는 역할을 하기도 해요.

차를 만드는 과정

차나무에서 찻잎을 딴 농부들은 그 찻잎을 어디로 가져가는 걸까요? 그리고 같은 찻잎인데 녹차와 홍차는 왜 우린 물의 색과 맛이 다른 걸까요? 차나무의 잎이 우리가 사 먹는 찻잎이 되기까지 과정을 알아볼게요.

찻잎이 어떤 과정을 거쳤는지에 따라 맛, 향, 색이 모두 달라져요. 얼마만큼의 수분을 날렸는지, 어떻게 비비기를 했는지 등에 따라서 녹차, 홍차 등 여러 종류의 차가 만들어진답니다. 이러한 과정을 통해 왜 녹차와 홍차의 맛과 색이 다른지 알 수 있고 어떤 차가 어떤 성분이 더 많은지, 내 몸에 맞는지 알 수 있어요. 또한 차를 만드는 과정을 제다 과정이라고 하는데, 이는 차의 품질을 결정짓는 아주 중요한 과정이기도 해요.

우리나라에서도 제다 과정을 체험해 볼 수 있어요

우리나라에도 보성, 하동, 제주도 등지에 차나무가 자라기 때문에 체험을 위해 개방되어 있는 농장이 있어요. 직접 찻잎을 따보고 비비기도 해보고 차를 직접 만들다 보면 시간 가는 줄 모를 거예요. 보성, 하동, 제주도 등에는 녹차 박물관이 있어 차를 공부하는 사람뿐 아니라 차에 관심이 있는 사람이라면 누구나 즐겁게 관람할 수 있답니다.

첫 번째, 찻잎 따기 (채엽)

차를 만들기 위한 첫 번째 과정은 차나무의 잎을 따는 것이에요. 최고 품질로 따지는 차를 만들기 위해서는 어린순과 그 밑에 달린 어린 찻잎 1~2장 정도가 필요해요. 그리고 일정한 크기의 찻잎을 따야 하고요. 찻잎을 따는 것이 쉬워 보일 수 있지만 의외로 어렵고 힘들다는 것은 직접 해보지 않으면 모를 거예요. 드넓은 차나무 밭에서 작은 순을 계속 찾는 것은 눈에 피로감을 주는 일이거든요. 찻잎을 따는 일은 손으로 하거나 기계로 하는데, 기계로 채엽하면 어린잎과 순이 다치고 차나무 아래쪽에 있는 억센 잎까지 같이 자를 수 있어 아주 좋은 품질의 차는 만들 수 없어요. 그래서 고급 차는 주로 손으로 찻잎을 따고 섬세한 작업을 필요로 하지요.

두 번째, 시들리기 (위조)

찻잎이 가지고 있는 수분을 날리는 과정으로, '위조'라고 불러요. 차 종류마다 조금씩 다르지만 생잎은 줄기에서 떨어지면 자연스럽게 시들기 시작하고 얼마만큼 수분을 증발시켰는지에 따라 찻잎의 맛과 향이 달라져요.

세 번째, 찌거나 덖기 (살청)

찻잎에는 산소와 결합이 되면 자체적으로 변화를 일으키는 산화 효소(폴리페놀 옥시다아제polyphenol oxidase)가 있어서 찻잎을 점점 갈색으로 변하게 하죠. 녹차처럼 녹색을 가진 잎을 만들려면 이 산화 효소가 활동하지 못하도록 해야 해요. 그 과정이 바로 찻잎을 찌거나 높은 온도의 솥에서 덖는 '살청 과정'이에요. 우리나라 녹차와 일본 녹차를 비교해 보면 우리나라 녹차는 구수하고 우린 찻물 색이 연 노란색에 가까운데 비해 일본 녹차는 맛이 진하고 찻물 색이 녹색에 가깝죠. 우리나라는 주로 솥에 덖고, 일본에서는 주로 수증기로 쪄서 만들기 때문에 나타나는 차이예요. 이때 어떠한 방법으로, 얼마큼 찌거나 덖었는지에 따라 녹차의 고유 향과 맛이 크게 달라져요.

네 번째, 비비기와 산화 발효 시키기 (유념)

찻잎은 고유의 향이 있어요. 마치 로즈메리를 비볐을 때 향이 더 많이 나는 것처럼 시들린 찻잎을 비비면 즙이 나오고 향과 맛이 더 풍부해져요. 고급 수제차를 만드는 경우에는 주로 손으로 밀가루 반죽하는 것처럼 둥글게 말아 손바닥으로 비비고, 공장에서 대량으로 만드는 경우 롤링(rolling) 기계를 사용해서 찻잎에 상처를 주어 조금 더 빨리 산화 발효를 시키죠. 산화 발효 정도에 따라 차 종류가 달라지는데, 오래 산화시키면 시킬수록 찻잎의 색은 어둡게 짙어져요. 그래서 녹차와 백차의 경우는 이러한 과정이 거의 없고, 우롱차, 홍차, 흑차의 경우 이 과정이 들어가죠.

다섯 번째, 건조

모든 차는 찻잎이 상하지 않도록 수분을 최대한 날리는 작업이 필요해요. 불이나 바람에 말리고 건조된 찻잎은 처음 생잎에 비해 4~5% 이하의 수분 양을 가지고 있어요.

여섯 번째, 분류

이 과정에서는 분류기에 넣어 찻잎의 크기에 따라 나누기도 하고, 찻잎에 섞인 필요 없는 줄기 등을 없애기도 해요.

일곱 번째, 포장

포장은 수분과 햇빛이 들어오는 것을 막아줄 수 있는 봉투에 포장한 뒤 서늘한 곳에서 직사광선을 피해 보관해요. 녹차의 경우 녹색 빛을 유지하기 위해 저온 창고에서 보관해요.

녹차의 색이 변했어요.

건조까지 마무리된 녹차에는 산화 효소가 완전히 없다고 할 수 없어요. 찌거나 덖음으로 인해 효소의 활동을 억제시킨 것이지 없앤 것은 아니에요. 이러한 녹차는 공기 중에 노출되거나 빛을 받게 되면 변화가 서서히 일어나 녹차가 처음 가지고 있던 빛깔과 맛을 잃게 되어요. 그래서 녹차처럼 산화 발효가 덜 된 종류의 차(백차, 청색의 우롱차, 허브차)는 햇볕을 차단하고 냉장이나 냉동고에서 보관하면 처음 구매했던 차 맛 그대로 유지할 수 있어요.

차의 종류

차가 우리 손에 오기까지 어떤 과정을 거쳤는지 알았다면,
차가 만들어지는 과정에 따라 맛과 빛깔이 조금씩 달라진다는 것을 눈치챘을 거예요.
그렇다면 차에는 어떤 종류가 있고 어떤 맛이 나는지 저의 솔직한 담화를 덧붙여 설명해 볼게요.

녹차

녹차는 이렇게 만들어져요

채엽 → 위조 → 살청(찌거나 덖음) → 유념 또는 생략 → 건조 및 분류

녹차는 산화 발효를 시키지 않은 비산화차로, 산소와 결합되어 생기는 변화를 막기 위해 찌거나 덖어서 녹색 잎을 그대로 유지한 찻잎의 종류를 말해요. 녹색의 잎을 유지하기 힘들고 변화가 생기기 쉬워 유통기한이 짧아요. 신선도 유지를 위해서 냉장이나 냉동고에 보관한답니다.

녹차는 주로 중국, 일본에서 많이 생산되고 유명하지만, 우리나라나 태국, 베트남 등 많은 나라에서도 생산돼요.

중국 녹차

중국 녹차의 세계는 정말 넓고도 깊어 다 말할 수는 없지만, 추운 지역을 제외하고는 중국 전 지역에서 중국 녹차가 나온다고 볼 수 있어요. 앞서 설명한 것처럼 녹차는 더 이상 산화 발효가 되지 않도록 살청 과정을 거치는데, 중국에서는 여러 가지 방법으로 살청을 한답니다.

솥에 덖거나(초청), 건조기를 쓰거나 불을 떼 건조시키거나(홍청), 햇볕에 말리는(쇄청) 작업을 통해 하지요. 우리가 자주 접하는 중국 녹차는 솥에 덖거나 불을 떼 건조시키기 때문에 고소한 향과 단맛을 느낄 수 있어요.

중국 녹차로는 용정차, 벽라춘, 태평후괴, 안길백차 등이 유명해요.

필자의 첫 느낌

용정차를 처음 봤을 때 작은 인삼 같다고 생각했어요. 잎이 너무 여린 순과 잎으로 이루어져 있었고 고소하고 달달한 완두콩을 먹는 느낌이었어요. 그리고 벽라춘은 아주 작은 어린잎들로만 만들어 솜털이 아주 많기 때문에 모양만 보았을 때는 '차통에 웬 먼지 덩어리만 있지?'라는 생각이 들 정도였지요. 하지만 우린 찻잎은 은은한 망고 향과 꽃 향을 풍기고 있었어요.

또, 처음 태평후괴를 보았을 때 찻잎이 너무 크고 길어서 어떻게 우려 마셔야 할지 당황스럽더라고요. 그래서 작은 유리 티포트에 찻잎을 꾸깃꾸깃, 국수 삶을 때처럼 뜨거운 물에 집어넣어 어렵게 마셨지만 마실 때만큼은 난꽃 향과 죽 향이 올라오는 것이 참 신기했어요. 태평후괴 같은 큰 찻잎을 만나면 놀라지 마세요. 중국에서는 녹차가 우려지는 모습을 보기 위해 긴 유리컵(하이볼 글라스)에 우려 마시기 때문에 어렵지 않게 우릴 수 있어요.

용정차

벽라춘

태평후괴

일본 녹차

일본은 오랜 세월 동안 자신들만의 제다 기술(녹차 만드는 방법)을 연구했고 세계적인 녹차 생산지가 되었어요. 일본은 차나무에 들어오는 햇볕을 가려 더욱 부드럽고 연한 찻잎으로 키우는데 이것을 차광 재배라고 해요. 이렇게 만들어진 찻잎을 증기에 쪄서 말리면 정말 감칠맛이 뛰어난 차가 만들어져요. 일본의 녹차 생산지로는 시즈오카, 가고시마, 우지, 후쿠오카 지역이 유명해요.

일본의 녹차는 보통 고급 녹차인 교쿠로차와 말차 정도만 많이 알려져 있지만 사실 종류가 아주 많아요. 늦봄에서 초여름까지 만드는 센차, 볶은 녹차인 호우지차, 차 줄기로만 만드는 쿠키차 등이 있어요.

필자의 첫 느낌

일본 찻집에서 올해의 신차(新茶)라고 소개해서 주문했는데, 다구에 교쿠로차를 가득 담고선 적은 양의 물을 붓고 찻잔에 반도 안 되게 따라주더라고요. 마시기 전까진 너무 적게 줘서 실망했지만 진하게 우러난 찻물을 입에 머금는 순간 입안에 미역과 김이 헤엄치고 있는 줄 알았어요. 일본에서는 그것을 감칠맛이라 하고 '우마미'라고 표현하지만 일본 차를 처음 접했던 저에게는 너무 깜짝 놀랄 소금 맛이더라고요. 또 호우지차를 아이스티로 처음 먹어봤을 땐 연한 아이스 아메리카노에 감칠맛을 내기 위해 미원을 살짝 넣은 것처럼 느껴졌어요.

교쿠로차

호우지차

말차

찻잎을 그대로 쪄서 말린 잎(덴차)을 맷돌에 갈아 만든 고운 입자 형태의 차예요. 그래서 우리지 않고 물에 풀어 찻잎을 그대로 마시죠. 일본 말차는 크게 3가지 등급으로 나뉘어요.

농차

박차

농차용 말차(고이차) : 봄에 피는 새싹으로 만드는 교쿠로차와 같은 찻잎으로 만들어 맛이 아주 부드러워요. 차광 재배를 하기 때문에 더욱 맛이 부드럽죠. 그래서 이 부드러운 맛을 더 많이 느끼기 위해 찻사발에 많은 양의 찻가루를 넣고 적은 양의 물을 넣어 굉장히 진하게 먹어요. 이렇게 진하게 먹는 차를 농차 또는 고이차라고 불러요. 이런 말차는 가격도 비싸고 귀하기 때문에 주로 고급 찻자리에서 만나볼 수 있어요.

박차용 말차(우스차) : 차광 재배로 기른 봄 센차와 같은 어린 찻잎으로 만든 가루차예요. 농차용보다는 쌉싸름한 맛이 있어서 적은 양의 찻가루에 적당한 물을 담고 거품을 내어 마셔요. 이 차는 농차보다 옅고, 박차 또는 우스차라고 불러요. 격불 말차나 부드럽고 고급스러운 말차 라테를 만들 때 사용되는 말차에요.

베이킹용 말차(료리차) : 여름부터 수확한 잎으로 만든 가루차로, 원래는 연둣빛을 띠고 있지만, 클로렐라를 넣어 만들기도 해서 농차나 박차용 말차처럼 진한 녹색을 띠고 있을 때가 많아요. 대부분 차광 재배를 하지 않은 찻잎으로 만들기 때문에 쌉싸름한 맛을 가지고 있어서 다른 재료와 섞여도 말차 특유의 맛이 올라온답니다. 그래서 베이킹이나 음료용으로 많이 사용되고 있어요.

농차용 말차

박차용 말차

베이킹용 말차

한국 녹차

아직 중국이나 일본만큼 널리 알려지지는 않았지만 최근 들어 한국 녹차에 대한 관심 역시 점점 늘어나고 있답니다. 저는 한국 차를 정말 좋아하는 편인데요, 우리나라에서 자란 작물을 먹기 때문에 푸드 마일리지(유통 거리)를 줄일 수 있고, 나에게 딱 맞는 기운을 몸에 불어넣는 기분이 들기 때문이에요.

우리나라는 계절에 따라 차에 이름을 붙이는데 봄비가 내리기 전에 따는 차를 우전, 우전을 수확하고 올라오는 새싹으로 만든 세작, 늦봄과 초여름에 딴 차인 중작, 이후 가을까지 딴 차를 대작이라고 해요.

한국에는 하동, 보성, 제주 등에 차나무가 자라고 있고, 주로 솥에 덖는 과정으로 산화 발효를 멈추어요. 녹차뿐만 아니라 홍차나 발효차도 생산하고 있어요.

그리고 고려 시대의 차 문화를 엿볼 수 있는 전통 떡차인 청태전도 빼놓을 수 없지요.

필자의 첫 느낌

제 생에 처음으로 제대로 차 맛을 알게 해준 차가 바로 세작이에요. 21살 때, 우연히 하동 상선암 보성 스님이 만드신 세작을 마시게 되었는데 구수하면서 단팥과 같은 단맛이 있어 따뜻했고, 무엇보다도 내 몸이 건강해지고 있다는 것이 느껴졌어요. 이 차는 저에게 우리나라 녹차의 우수성을 알려주었고, 한국 녹차에 대한 자부심까지 갖게 해주었지요.

백차

백차는 이렇게 만들어져요

채엽 → 위조 → 건조 및 분류

한약재로도 많이 쓰이는 백차는 산화 발효 과정 없이 찻잎을 따서 그대로 말려 만든 차랍니다. 다른 차에 비해 수색이 옅기도 하고 이름에 흰 백(白)이 들어가니 가장 순하게 느껴지는 경우가 많아요. 하지만 발효 과정이 없어 그만큼 차나무 성분을 그대로 가지고 있기 때문에 성질 또한 차갑답니다. 예부터 열이 나면 먹는 해열제로 쓰였고, 더울 때 몸의 온도를 낮춰주는 효능이 있어 여름에 마시는 차이기도 하지요. 백차에는 새싹의 순만 따서 만든 하얀 백호은침, 아래 잎까지 따서 만든 백모단, 더 큰 찻잎을 따서 만든 수미가 있어요.

백차는 중국이 원산지이지만 일본, 인도, 스리랑카 등에서도 연구 개발하여 생산하고 있어요.

필자의 첫 느낌

처음 백차를 접할 때 마시는 차는 대부분 백호은침(실버니들)이 아닐까 싶어요. 백차 중 가장 고급스럽고 인기가 많아서 판매하는 곳이 많기 때문에 쉽게 접할 수 있어요. 저 또한 백차 중 백호은침을 가장 먼저 접하게 되었어요. 백호은침은 하얀 솜털이 나 있는 것이 특징인데 건잎의 보드라운 느낌이 정말 좋았어요. 그 잎을 우렸을 땐 수색이 너무 맑아서 '이게 제대로 우려진 건가?' 싶었지요. 그러나 마셨을 땐 꽃 같은 향이 많았어요. 솜털 때문에 목 넘김에 까끌까끌한 느낌이 있었지만 맛보다는 향이 좋다고 생각했죠. 그런데 그 향에 취해 계속 마시니 머리가 띵한 느낌이 들더라고요. 보기와는 다르게 차의 성분이 굉장히 많다는 걸 알 수 있었지요. 그 다음부터 백차를 마실 때는 다른 차에 비해 천천히, 적당히 마시게 되었고요.

우롱차

우롱차는 이렇게 만들어져요

채엽 → 위조 → 산화 발효(주청) → 살청 → 유념 → 건조 → 재건조(홍배) → 분류

오룡차, 청차라고도 불리는 이 차는 향기가 대단한 차랍니다. 우롱차를 마실 때 향기를 맡을 수 있게 준비하는 '문향배'라는 다구가 있을 정도니까요. 문향배는 길쭉하게 생긴 찻잔인데, 여기에 찻물을 넣은 다음 다른 찻잔에 옮겨 담으면, 문향배에는 차향이 가득 담겨 있어서 손으로 비비면서 향을 감상할 수 있어요.

우롱차는 주로 중국과 대만에서 많이 생산하는데, 발효의 정도가 녹차보다는 길고 홍차보다는 짧아서 '반 발효차'라고 이야기해요. 또 그 발효 시점의 범위가 굉장히 넓어서 겉보기에 녹차 같은 우롱차(청향 계열의 우롱, 그린 우롱, 제이드 우롱)도 있고, 홍차 같이 생긴 우롱차(농향 계열의 우롱, 블랙 우롱, 엠버 우롱)도 있죠. 모두 신기하게도 향이 너무나 좋아요. 두향(콩 향), 과향(과일 향), 화향(꽃 향), 첨향(설탕 향) 등 향을 표현하는 단어들도 정말 다양해요. 이 향은 우롱차를 만드는 과정 중 찻잎을 대나무 통에 넣고 흔들었다가(요청) 멈추었다가(정치) 반복하는 산화 발효 과정인 '주청'과 유념에서 많이 생겨나죠. 주청이라는 과정은 우롱차에만 있는 과정이에요.

그리고 우롱차의 건잎 형태도 다양한데, 그중 동글동글 구슬처럼 말려 있는 것은 유념 과정에서 찻잎을 보자기에 싸서 비비는 '포유' 때문에 만들어진 모양이에요.

중국의 우롱차에는 무이암차, 봉황단총, 안계철관음 등이 있고, 대만에는 동방미인(백호오룡), 금훤, 동정오롱 등이 생산되고 있어요.

필자의 첫 느낌

대만 여행을 다녀온 친구가 차를 선물해 줬는데, 향기가 너무 좋아서 향이 첨가된 차인 줄 알았어요. 꽃 향이 엄청나게 나다가 뒤엔 달콤한 복숭아 향이 올라오더라고요. 그 차는 바로 '동방미인'이었어요. 그 신기한 향을 잊을 수가 없어 우롱차에 폭 빠져들게 되었답니다. 이 차는 처음에 '백호오룡'이라고 불렀는데, 너무나 화려한 향에 놀란 영국의 빅토리아 여왕이 동방계의 미인을 만난 것 같다고 말을 하여 '동방미인'이라고 다시 이름 붙여진 차예요.

금훤

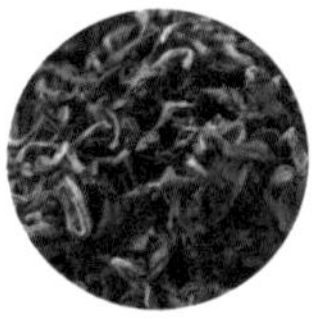
동방미인

대홍포

홍차

홍차는 이렇게 만들어져요

채엽 → 위조 → 유념 → 산화 발효 → 건조 및 분류

'아편전쟁'과 '보스턴 차 사건'에 대해 들어본 적이 있을 거예요. 그 시작점에는 홍차가 있지요. 동양뿐만 아니라 서양의 역사까지 뒤흔든 이 차는 중국, 인도, 스리랑카, 대만, 인도네시아, 케냐 등 많은 나라에서 생산할 만큼 전 세계적으로 사랑받는 차 중 하나예요. 산화 발효도가 제일 높아서 의외로 카페인이 적은 차라고 할 수 있습니다. 그렇다면 처음 홍차는 어떻게 만들어졌을까요? 그리고 어떻게 유럽 사람들은 홍차에 빠져들게 된 걸까요?

홍차 역시 차의 시작지인 중국에서 처음 만들어졌어요. 구체적으로는 복건성의 동목촌이라는 곳인데 당시 전쟁통에 녹차를 만들다가 피신을 가야 하는 차농들이 살청을 제대로 하지 못해 차가 그대로 산화 발효되어 버렸어요. 사람들은 녹색 빛을 잃은 찻잎을 어떻게 할지 고민하다가 소나무에 불을 떼 건조시켰고, 찻잎에 소나무 훈연 향이 입혀졌어요. 소나무의 향을 잡내라고 생각했던 중국 사람들은 싼값에 그 차를 팔았고, 녹차를 사러 온 유럽인들 손에 들어가게 되었답니다. 베이컨의 훈연 향과 과일 비슷한 달콤함에 매료된 유럽인들은 이 차에 빠져들었고, 오늘날까지 홍차에 대한 사랑이 이어지고 있어요.

이렇게 처음 만들어진 홍차의 이름은 바로 '정산소종'입니다. 홍차의 매력에 빠진 영국인들은 중국에 로버트 포춘을 파견했고, 차나무를 인도로 가져와 연구한 끝에 인도, 스리랑카에서 홍차 대규모 생산을 할 수 있게 되었어요.

인도 홍차에는 다즐링, 아쌈 등이 있고, 중국에는 기문, 운남홍차 등이 있어요. 그리고 스리랑카에는 우바, 캔디 등이 있고요. 홍차는 블렌딩된 차가 많은데, 그중 잉글리시 브랙퍼스트, 얼그레이가 유명해요.

베르가모트 향을 가진 얼그레이

유럽인들이 홍차 사랑에 빠졌을 때 영국의 어느 한 백작도 홍차에 푹 빠져 있었어요. 특히 선물 받은 중국차의 맛에 사로잡혀 있었지요. 그 홍차의 이름은 '정산소종'이었어요. 선물 받은 정산소종의 맛을 잊을 수가 없어서 영국의 차 회사에 이 차와 닮은 차를 만들어달라고 의뢰를 했죠. 그러나 훈연 향은 따라 만들 수 있었지만 달콤한 과일 향이 무엇인지 알 수가 없었어요. 이것저것 시도해보다가 당시 향 재료로 많이 사용되었던 베르가모트를 넣어 홍차를 완성했어요. 이 홍차를 만들어달라고 의뢰했던 사람이 바로 그레이 백작이었고, 그의 이름을 따서 '얼그레이'라고 부르게 되었답니다. 그리고 그 얼그레이를 처음 판매한 곳이 바로 영국의 유명한 차 회사 '트와이닝'입니다. 지금의 얼그레이는 대중들의 입맛에 맞춰 훈연 향을 빼고 베르가모트 향만 넣어 만들고 있는데, 처음 얼그레이가 개발되었을 때의 맛이 궁금하다면 '스모키 얼그레이'를 찾아보세요. 그냥 마시기에도 좋지만 식사나 디저트에 모두 찰떡궁합인 매력적인 차랍니다.

필자의 첫 느낌

사실 제가 처음 마신 홍차는 그렇게 유쾌한 느낌이 아니었어요. 어릴 적 〈홍차왕자〉라는 만화를 보고 홍차를 한번 마셔봐야겠다 싶어 우리게 되었죠. 어떻게 마셔야 할지 몰라서 티백을 뜨거운 물에 오랫동안 담가두었더니 쓰고 떫어서 '이게 사람이 먹는 거야?' 하는 생각이 다 들더라고요.

이런 경험 때문에 홍차와 친해지지 못하는 사람들이 많을 것 같아요. 우리는 방법을 모르면 이런 경험은 누구에게나 있을 수 있으니까요. 그러다 한참 후에 카페에서 잘 우려져 나온 홍차를 마셨는데 제가 알고 있던 홍차 맛이 아니더라고요! 알 수 없는 매력적인 향에 빠져들게 되었고 같이 먹는 케이크마저 더 맛있게 느껴졌어요. 그게 바로 '마리아주 프레르'의 '마르코폴로'였답니다.

홍차 잎의 크기

1 OP(Orange Pekoe)

: 가장 큰 잎, 주로 스트레이트티, 아이스티로 마셔요.

2 BOP(Broken Orange Pekoe)

: 잘게 부서진 잎, 주로 스트레이트티, 밀크티에 사용해요.

3 BOPF(Broken Orange Pekoe Fannings)

: 고운 입자의 잎, 주로 진한 스트레이트티, 밀크티, 베이킹에 사용해요.

4 DUST

: 가루에 가까운 입자의 잎, 주로 밀크티, 베이킹에 사용해요.

CTC(Crush Tear Curl)

아쌈 지역에서 시작된 홍차 잎 제조 방식으로 한 기계에서 단 시간 내에 찢고(Crush), 부수고(Tear), 말아서(Curl) 만들어요. 찻잎 모양도 동글동글 말려 있어요.

오렌지페코(orange pekoe)**? 오렌지 맛이 나는 차인가요?**

오렌지페코는 '오렌지'와 '페코'의 합성어인데, 페코는 차 줄기에서 자란 맨 위에 있는 어린 찻잎을 의미해요. 하얗고 잔잔한 솜털이 있어 중국어로는 백호(白毫, bai hao)라고 부르는데, 백호의 발음이 어려웠던 유럽인들은 이 어린 새싹을 페코라고 불렀어요. 차를 처음 유럽에 소개한 네덜란드 오렌지 가문의 이름을 따서 오렌지페코라고 이름을 붙였다는 이야기도 있고, 수색이 맑은 오렌지 빛이 돈다고 해서 붙여진 이름이라고 하는 이야기도 있어요.

지금은 오렌지페코를 줄여서 OP라고 부르고, 부서지지 않은 홀 잎(whole leaves)을 말해요. 홍차에서는 찻잎의 등급을 나눌 때 기준점으로 사용하기도 해요. 틴케이스에 들어가 있는 1cm 이상의 찻잎들을 대부분 OP 급이라고 표현해요.

OP BOP BOPE DUST CTC

흑차

흑차는 이렇게 만들어져요

채엽 → 위조 → 쇄청 건조 → 살청(덖기) → 유념 → 재살청 → 재유념 → 건조 및 분류

보이 생차: → 긴압(압축하기) → 건조 / **보이 숙차:** → 미생물 발효(악퇴) → 긴압

흑차는 진짜 발효차라고 할 수 있어요. 그럼 이제까지 설명한 녹차, 백차, 우롱차, 홍차는 발효차가 아닌가 의문이 들지요? 지금까지 말한 발효는 산소에 의해 찻잎 자체적으로 변화된 산화 발효라면, 흑차는 만들어진 차를 적정한 환경에 두고 미생물에 의해 발효될 수 있도록 한 후 발효차랍니다. 흑차는 녹차에 비해 오랜 기간 동안 보관할 수 있고, 잘 보관되고 오래된 흑차일수록 맛이 부드러워지며 기운도 뛰어나 많은 사람들에게 값어치를 인정받아요. 주로 중국에서 생산하는데, 우리가 잘 알고 있는 보이차가 바로 이 흑차에 속해요.

보이차에는 생차와 숙차가 있는데, 생차는 자연스럽게 미생물 발효시킨 차를 말하고, 숙차는 단시간 내에 미생물이 생길 수 있도록 습기와 온도를 주는 '악퇴' 과정을 거친 차를 말해요. 보이차라고 하면 아주 짙은 갈색 찻물을 생각하는데, 보이 숙차가 그러한 색을 가졌고, 보이 생차는 옅은 색과 맛을 가지고 있어요.

보이 생차　　보이 숙차

오래된 보이차는 다 비싸고 좋은 걸까?

"선생님, 보이차를 옛날에 선물 받았는데 먹을 수 있어요?"

"저 오래된 보이차 있는데 지금 팔면 비싸게 받을 수 있어요?"

수업을 하면서 이런 질문을 정말 많이 받았어요. 답은 어떤 보이차를 어떻게 보관했느냐에 따라 다르다는 거예요.

보이차에는 천천히 자연 발효시켜 만드는 생차와 급하게 발효시킨 숙차로 나뉘는데, 너무 습한 곳에서 보관하면 둘 다 진짜 곰팡이가 생길 수 있어요. 그래서 송풍이 잘 되는 책장에 보이차 받침에 세워두고 보관하기도 하고, 종이박스 안에 넣어 보관하기도 해요. 생차는 생산한 해에 사면 비교적 저렴하지만 시간이 흐르면 흐를수록 가격은 올라갑니다. 이유는 고급 와인에서의 빈티지와 같다고 생각하면 될 것 같아요. 그 해에 생산된 테루아의 맛을 다음에 똑같이 맛볼 수 있다는 장담은 못 하거든요. 그래서 시간이 흐르면서 잘 보관된 차는 비싼 값어치를 가지게 되는 거죠. 보이차는 원료를 중요하게 생각하는데 숙차에서도 원료를 어떤 것을 썼느냐에 따라 가치가 달라진답니다. 그러나 숙차는 생차에 비해 저렴하고 이미 발효가 많이 되어 있기 때문에 오래 묵히지 말 고 생산된 지 1년이 지나고부터 먹는 것이 좋습니다.

필자의 첫 느낌

처음 마셨던 흑차는 보이 숙차였는데 정말 별로였어요. 맛도 그렇고 향도 그렇고 흑차는 저랑 절대 맞지 않는다고 단정 지을 정도였죠. 그런데 어느 날 친한 차 선생님이 주신 흑차를 마시고 관심이 생겨 공부하기 시작했어요. 그때 차가 너무 단단해서 그냥 먹기에는 힘들어 냄비에 물과 함께 끓여 마셨거든요. 거의 조리다시피 끓여서 마셨는데, 차에 설탕이 들어 있는 줄 알았어요. 대추고 같은 단맛이 있더라고요! 알고 보니 잘 숙성된 흑차는 시간이 지나면 지날수록 깊은 단맛을 가지게 되는 것이었어요. 그렇게 맛있게 먹었던 흑차가 중국의 '천량차'였어요. 천량차는 37.5kg 정도 나가는 찻잎을 긴 원기둥 모양으로 만들어서 모양 자체만으로 관심을 끌게 만드는 차예요. 단맛과 상쾌한 맛을 동시에 가지고 있어서 많은 사람들에게 인기 있는 흑차 중 하나죠.

허브차

허브차는 이렇게 만들어져요

채엽 → 살청 또는 생략 → 건조 및 분류

보통 '차'라고 하면 차나무에서 딴 잎으로 만든 것을 이야기하지만 '허브차'는 차나무가 아닌 다른 나무나 열매, 씨 등을 이용해서 만든 것을 말해요. 세상에는 정말 많은 종류의 식용 식물이 있고 가지고 있는 맛과 향, 효능이 모두 다르기 때문에 '향이나 맛이 있고 식용이 가능하며, 몸에 이로운 효능이 있는 식물'을 총칭해 허브라고 일컫게 되었답니다. 많은 식물이 있겠지만 우리가 음료로 흔히 볼 수 있는 허브차에는 민트, 캐모마일, 히비스커스 등과 같은 아로마 허브와 시나몬, 정향, 후추 등과 같은 스파이스 허브가 있어요. 허브는 음료로만 사용되지 않고 각종 요리나 베이킹에 많이 사용된답니다.

로즈 플라워

고대부터 있었던 장미는 역사적으로 오랫동안 사랑받아온 허브차예요. 터키에서는 잼으로 만들거나 홍차, 설탕, 장미수와 함께 끓여 마시는 것을 많이 볼 수 있어요. 프랑스에서는 차나 디저트 재료로 많이 이용되어 왔고요. 5~6월이 제철이고, 색과 향이 강해서 차로 마시기 정말 좋아요. 비타민과 플라보노이드, 에스트로겐 등의 성분이 풍부해서 면역력 향상, 피부 미용에 도움을 주죠. 또한 붉은색을 띤 채소나 허브는 심장에 좋은데, 붉은 장미 역시 심장에 좋고 혈액 순환에 도움을 줘요. 하지만 꽃 알레르기가 있을 때는 주의해서 마시는 것이 좋아요.

캐모마일

캐모마일은 '대지의 사과'라는 뜻으로 꽃이지만 과일향이 있어서 마시면 긴장이 풀리고 몸이 따뜻해지는 것을 느낄 수 있어요. 약 5000년 전부터 마셔온 이 허브는 테르펜 등과 같은 항산화 성분이 많이 들어 있어서 면역력을 증가시키고, 염증 치료, 피부 미용, 숙면에도 도움을 주죠. 단, 캐모마일도 로즈 플라워처럼 꽃 알레르기가 있을 때 피하는 것이 좋아요.

페퍼민트

민트에는 스피어민트, 초코민트, 애플민트 등 다양한 종류의 민트가 있지만 그중 허브차로 가장 많이 마시는 차는 페퍼민트죠. 멘톨 성분이 많기 때문에 입안을 시원하게 해주고 위장 장애 해결에도 도움을 줍니다. 더울 때 마시면 몸을 시원하게 해주고, 추울 때 마시면 따뜻하게 만들어주기 때문에 사계절 내내 즐길 수 있는 허브차랍니다.

라벤더

연보랏빛이 예쁜 라벤더는 정신적, 신체적 스트레스를 풀어주는 데 도움을 주는 허브로 요즘 사회인들에게 꼭 필요하죠. 오래전부터 천연 진통제로 사용되었고 치통, 생리통 등을 완화시켜주는 역할을 해왔어요. 그렇지만 자궁을 수축시킬 수 있기 때문에 임산부는 피하는 것이 좋아요.

로즈메리

향균과 살균에 뛰어난 로즈메리는 음식에 많이 사용되지만 차로 우려 마시기도 하죠. 특히 향을 내는 성분이 두뇌를 자극해 활성화시키기 때문에 기억력 향상에 많은 도움을 줍니다. 그래서 치매, 뇌졸중 예방에 도움을 주고, 공부하는 수험생에게도 필수인 허브인 셈이죠. 로즈메리는 강한 향과 쌉싸름한 맛 때문에 너무 많은 양을 넣고 우리거나 길게 우리지 않아요.

히비스커스

붉은 꽃인 이 차는 진한 루비색과 새콤한 맛이 매력적이어서 음료뿐만 아니라 요리나 베이킹에도 사용하기 정말 좋아요. 이집트 클레오파트라도 이 차를 마셨다는 기록이 있을 정도로 효능이 대단합니다. 히비스커스의 신맛은 구연산의 역할을 하여 과일과 함께 먹으면 비타민을 빠르게 체내에 흡수시키죠. 또한 체지방을 줄이는 데 도움을 주고 부기를 제거해

주며 여성 호르몬 불균형을 맞춰주기 때문에 여성에게 정말 좋은 차예요.

루이보스

루이보스는 알레르기 유발 성분이 없는 허브차로 아토피처럼 피부 질환이 있거나 카페인에 민감한 임산부부터 어린아이들까지 마음 놓고 마실 수 있어요. 폴리페놀과 같은 항산화 성분이 뛰어나 노화 방지, 다이어트에도 도움을 주죠. 하지만 루이보스가 가지고 있는 특유의 향 때문에 어떤 사람들은 소독약과 비슷하다고 생각해서 호불호가 많이 갈리는 허브차예요.

허브차에는 카페인이 없나요?

물론 카페인이 있는 허브차도 있어요. 허브의 범위는 무척 넓고 다양하기 때문이에요. 커피, 녹차와 함께 세계 3대 차로 알려져 있는 마테차에는 카페인이 소량 들어 있어서 카페인에 민감하다면 피하는 것이 좋아요. 또한 우리나라에서 자주 마시는 둥굴레차에도 소량의 카페인이 들어 있기 때문에 카페인에 민감하거나 임신한 경우라면 연하게 우려 마시는 걸 추천해요.

내 몸에 맞는 허브차를 선택해요

허브차는 각기 다른 이름과 성분을 가지고 있고, 식물을 그대로 건조시켜 만든 차라서 식물의 효능을 그대로 섭취하는 것과 같아요. 그래서 건강 상태에 따라 선택하는 것이 좋고요. 예를 들어서 소화가 잘되지 않는다면 페퍼민트를 선택하는 것이 좋고, 릴렉스한 기분을 얻고 싶다면 캐모마일이 제격이지요. 가끔 건강 상태가 좋지 않은 상태에서 나와 맞지 않는 허브차를 마신다면 어지러움을 느끼거나 메스꺼움이 발생할 수 있으니 마시기 전에 효능을 찾아보고 마시는 게 좋아요! 또한 꽃 알레르기와 같이 허브차에 반응할 수 있는 알레르기가 있다면 꼭 확인하고 마셔야 한답니다.

임신 초기의 임산부가 조심해야 할 허브차

펜넬, 레몬그라스, 로즈메리는 자궁을 수축시키고 유선을 발달시켜 젖을 돌게 하기 때문에 임신 초기나 조산기가 있는 임산부는 먹지 않는 것이 좋아요. 하지만 출산하고 모유를 먹여야 하는 시기에는 절대적으로 필요한 허브차지요. 그래서 수유 중인 엄마들이 마시는 모유차에도 들어가는 허브랍니다.

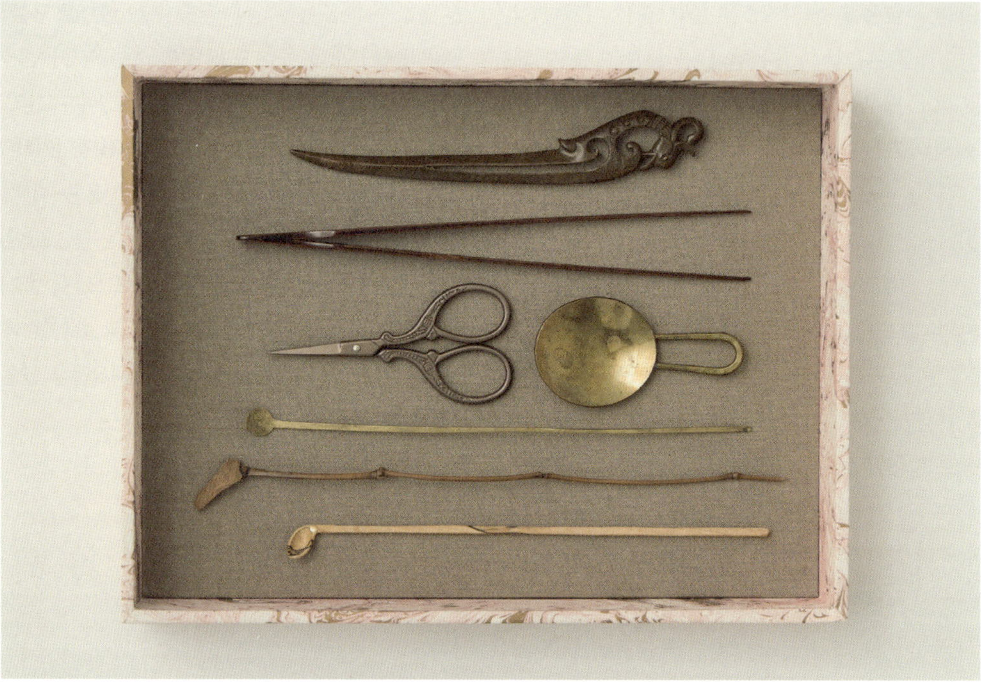

내가 쓰는 다구

티스푼은 1ts(5g), 1Ts(15g)이 양쪽으로 있는 것이 좋은데요, 찻잎을 빠르게 계량할 수 있어서 정말 자주 쓰인답니다. 스트레이트티로 우릴 때는 1ts을, 베리에이션티로 우릴 때는 1Ts을 사용하면 적합해요.

나무 스푼은 차를 스트레이너에 거르기 직전에 한 번 저어주는데 사용하거나 음료 재료들을 섞을 때 사용해요. 나무 스푼이 아니어도 되지만, 온도에 예민한 밀크티를 만들 때 온도 차를 덜 주기 때문에 사용하면 좋아요.

계량기는 소수점까지 나오는 정밀 계량기와 일반 계량기 둘 다 사용해요. 정밀 계량기는 차를 비교 시음할 때 사용하는데요, 똑같은 g의 차를 넣어야 정확한 비교 분석을 할 수 있기 때문이죠. 베리에이션 티를 만들 때는 정밀 계량기를 사용하지 않고 주로 티스푼을 이용해 찻잎을 계량하고, 일반 계량기를 이용해서 시럽이나 우유 같은 재료들을 계량하죠. 일반 계량기는 음료 시럽이나 과일청을 만들 때처럼 많은 양을 한 번에 계량할 때 쓰기 때문에 5~10kg까지 잴 수 있는 것을 추천해요.

전기포트는 물을 끓일 때 필요하죠. 저는 물을 끓일 때 포트 뚜껑을 오픈하고 끓이는 경우가 많은데, 이렇게 끓이면 정확하게 100℃까지 끓일 수 있기 때문이에요. (냄비에 물을 끓이는 것도 좋아요.) 그래서 포트 뚜껑을 열어도 멈추지 않는 포트를 사용해요. (포트 뚜껑을 열고 멀리 가면 큰일 나요! 팔팔 끓으면 바로 뚜껑을 닫을 수 있도록 옆에서 지켜주세요.) 그리고 편리한 세척을 위해서 스테인리스를 쓰고 있어요.

저그는 유리 저그와 스팀 피처를 사용해요. 차를 우리거나 시럽을 만들 때, 또는 냉침차를 만들 때 사용하죠. 밀크 스팀 피처는 350ml와 600ml를 사용하고 있어요. 요즘엔 스팀 온도를 알 수 있는 스마트 피처가 있으니 스팀을 처음 칠 때 사용하기 좋아요.

다관은 백자 다관, 유리 다관, 자사호, 개완 등 다양하게 사용하고 있어요. 다관은 어떤 재질인지에 따라 차의 맛과 향에 영향을 많이 끼치거든요. 은은한 향과 맛을 지닌 차일수록 기공이 많이 없는 백자나 유리 다관을 쓰는 것이 좋고, 짙은 향을 순화시키고 순수 차의 맛만 보기 위해서는 기공이 있는 재질의 다관이나 자사호를 쓰면 좋아요. 그리고 개완은 빠르게 찻물을 빼고 많이 우려 마시는 우롱차에 자주 쓰는 편이에요.

다하는 차를 우리기 전에 찻잎을 올려서 감상하는 용으로 쓰거나 차호에 넣을 때 흘리지 않고 잘 넣을 수 있게 도와주는 역할로 많이 사용해요. 흰색 계열을 사용하면 차의 형태나 색이 한눈에 쉽게 들어와서 저는 흰색을 많이 사용하는 편이에요.

찻사발은 말차 서빙용과 음료를 만드는 용도인 말차 전용 숙우로 나누어 사용하고 있어요. 서빙하는 찻사발은 일반적인 형태로 평범하게 생겼지만, 말차 전용 숙우는 말차 라테처럼 음료를 만드는 데 사용하기 때문에 한쪽에 뾰족한 주둥이를 가지고 있어요. 이런 숙우가 있으면 말차 격불도 쉽고 그러데이션을 만들기에도 아주 유용해요.

차칼은 단단한 흑차 찻잎을 떼어낼 때 사용해요. 끝이 너무 날카로운 것보다 약간 동그랗게 생긴 것이 찻잎을 많이 다치게 하지 않고 떼낼 수 있어요.

스트레이너는 스트레이트티를 우리는 용도와 밀크티용으로 구분해서 써요. 스트레이트티는 찻잎이 조금 큰 형태를 사용해서 단일 망을 사용해도 되지만, 밀크티는 주로 얇은 형태의 찻잎을 사용하기 때문에 고운 망이나 이중 망을 써요. 게다가 밀크티는 유제품을 사용하기 때문에 세척을 잘 하더라도 물로만 우리는 스트레이트티의 맛과 향에 영향을 미칠 수 있어 따로 사용하고 있답니다.

티 음료의 기본

스트레이트티

예전에는 '스트레이트티'라고 하면 '다원(茶園)에서 바로 가져온 차'라고 하여 아무것도 섞이지 않은(블렌딩이 되지 않은) 차를 말하곤 했어요. 하지만 지금은 아무것도 섞지 않고 차를 그대로 물에 우린 찻물을 이야기해요.

기본적으로 차를 우릴 때는 찻잎의 생김새를 보고 어떻게 차를 우릴지 생각하고 결정해야 해요. 예를 들면 찻잎이 크면 조금 길게, 작은 입자의 찻잎이면 짧게 우리죠. 또 산화 발효가 덜 된 차는 낮은 온도로, 산화 발효가 많이 된 차는 높은 온도로 우리죠.

차 우리기에 아주 중요한 '물'

물은 차를 우리는 데 있어 가장 중요한 재료예요. 지역과 암반에 따라 미네랄 성분이 달라지기 때문에 어떤 물을 썼는지에 따라 차의 수색과 맛이 아주 달라집니다. 물에 미네랄이 많으면 많을수록 경수가 되고, 미네랄이 적으면 적을수록 연수가 되죠. 어떤 차를 어떻게 우릴지에 따라 물을 골라 사용하는 것이 중요한데, 차 본연의 맛과 향을 느끼고 싶다면 연수로 우리는 것이 좋고, 차를 부드럽게 마시고 싶거나 가향차(향이 첨가된 차)의 에센셜 오일 향을 많이 느끼고 싶다면 경수로 우리는 것이 좋아요. 덧붙여서 말하자면, 연수로 우린 찻물은 색이 연하지만 차의 성분이 많이 빠져나오고, 경수로 우린 찻물은 색이 진하지만 미네랄 성분 때문에 차의 성분이 많이 우려지지 못해서 차 본연의 맛과 향은 약한 편이에요. 우리가 쉽게 물의 경도를 알 수 있는 방법은 먹는 샘물(생수)에서 칼슘과 마그네슘의 함량을 보고 대략적으로 판단할 수 있어요. 우리나라는 연수부터 경수까지 다양한 물을 만날 수 있어요.

녹차 우리기

녹차는 어떻게 만들어졌는지에 따라 차를 우리는 온도가 결정되는데, 찻잎을 보았을 때 녹색 빛이 진하거나 새싹으로만 만들어졌다면 낮은 온도로, 연둣빛이거나 찻잎이 큰 상태면 약간 높은 온도로 우리면 좋아요. 녹차는 연수로 우리는 걸 추천해요.

녹차 1~2g, 60~85℃ 물 100~120g

1. 다관에 녹차를 담고 물을 천천히 따릅니다.
   (이때, 물 줄기가 녹차를 건드리지 않게 합니다.)
2. 30초~1분 정도 짧게 우려 공도배(잎차를 우리고 난 뒤 찻물을 따르는 그릇)에 옮기고 잔에 담아 마십니다.
3. 녹차는 짧게 여러 번 우려 마십니다.

말차 격불

말차는 가루 형태의 녹차를 말하는데요, 찻잎을 쪄서 건조해 맷돌에 곱게 갈아 만들어요. 말차의 입자는 아주 고와서 일반 거품기로 풀거나 수저로 풀면 다 뭉쳐버리기 마련이죠.

그래서 반드시 차선이라는 도구가 필요해요. 보통 대나무 100가닥으로 만들진 솔을 많이 써요. 이것을 '백본(百本)'이라고 하고요. 라테나 진한 말차를 먹을 때는 솔이 적은 것이 좋고, 일반적인 옅은 말차는 솔이 많은 것이 더 좋아요.

이런 차선을 사용해서 물에 개는 행다(行茶)를 격불이라고 합니다. 말차는 옅게 먹는 박차와 짙게 먹는 농차로 나누어져요. 말차는 '마신다'라고 하지 않고 '먹는다'라고 표현하는데, 그 이유는 말차는 우려내는 것이 아니라 찻잎을 그대로 먹기 때문이지요.

차 성분이 강한 말차는 중경수를 추천해요. 물론 차 본연의 향을 더 많이 느끼고 싶다면 연수를 쓰는 것이 좋겠죠.

옅은 말차(박차 薄茶)

말차 2g, 90℃ 물 70g

1. 찻사발에 뜨거운 물을 부은 뒤 차선을 적셔 부드럽게 만듭니다. (차선은 대나무로 만들어졌기 때문에 부드럽게 풀어주지 않는다면 솔이 쉽게 부러져요.)
2. 깨끗한 다건(수건)으로 찻사발의 물기를 깨끗이 닦아낸 뒤 말차를 담습니다.
3. 뜨거운 물을 살며시 부어 차선으로 거품을 냅니다.

진한 말차(농차 濃茶)

말차 8g, 90℃ 물 50g

1. 찻사발에 뜨거운 물을 부은 뒤 차선을 적셔 부드럽게 만듭니다.
2. 깨끗한 다건(수건)으로 찻사발의 물기를 깨끗이 닦아낸 뒤 말차를 담습니다.
3. 뜨거운 물을 살며시 부어 차선으로 풀어줍니다.

말차? 가루차? 녹차 가루?

마트에 파는 녹차 가루는 말차일까요? 보통 마트에 파는 녹차 가루는 찻잎을 곱게 갈아 만든 형태인데요, 앞서 말했듯이 말차는 생찻잎을 쪄서 그대로 맷돌에 갈아 만든 마이크로 입자의 형태예요. 따라서 말차는 생찻잎으로, 녹차가루는 제다과정이 모두 끝난 찻잎으로 만든 가루라고 생각하면 돼요.

우롱차 우리기

우롱차는 산화 발효의 정도가 다양하고, 만드는 방법도 다양해요. 찻잎의 모양이나 색을 보고 어떻게 우릴지 생각해 보는 재미가 있어요. 구슬처럼 동글동글하게 말려 있는 찻잎은 95℃ 뜨거운 물에 찻잎이 충분히 펴질 때까지 우려 맛보는 것이 좋고, 새싹으로 만들어진 '동방미인'의 경우, 90℃ 온도의 물에 짧게 우리는 것이 좋아요. 또 무이암차와 같이 산화 발효가 많이 된 우롱차는 95~100℃ 물에 우려 마시는 것이 좋아요.

우롱차는 찻잎이 가진 단맛과 향이 많아서 연수로 우리면 그 맛과 향을 충분히 즐길 수 있어요. 다만, 우롱차는 다양한 물질들이 있어서 연수로 우리면 한 번에 많은 성분들을 섭취하기 때문에 극연수는 피하는 것이 좋아요.

우롱차 2~3g, 90~100℃ 물 100~120g

1. 다관을 데운 뒤 우롱차를 넣고 물을 붓습니다.
2. 말려 있던 찻잎이 펴지는 것을 보고 공도배에 옮겨 잔에 담아 마십니다.
3. 여러 번 우려 마십니다.

우롱차는 꼭 향을 맡아보세요

우롱차는 다른 차에 비해 향이 다채로워요. 그래서 잔을 고를 때 모양이 길쭉하고 깊은 것을 선택하면 향도, 맛도 제대로 즐길 수 있지요.

'문향배'는 이런 우롱차의 향을 음미할 수 있도록 만든 다구인데요, 우려진 찻물을 문향배에 넣고 뚜껑처럼 잔을 덮은 다음 뒤집어서 천천히 문향배에 담긴 찻물을 찻잔에 뺍니다. 이후 문향배를 손바닥 사이에 넣고 천천히 돌리면서 향을 음미하고, 찻잔에 담긴 우롱차를 마시며 맛을 음미하지요. 이렇게 향 감상 전용 다구가 있을 정도로 우롱차의 향이 다양하답니다.

홍차 우리기

홍차는 다른 종류의 차에 비해 산화 발효가 많이 되어 찻잎이 가진 성분이 비교적 적기 때문에 여러 번 우려 마시기 보다 단 한 번에 맛과 향을 뽑아내는 것이 좋아요. 그래서 우리는 게 더 까다로워 영국에서는 골든룰까지 만들었죠. 이렇게 까다로운 홍차를 여러 번 우리다 보면 다른 차 종류를 우리는 것이 좀 더 쉬워져요.

홍차 중에도 산화 발효도가 비교적 낮은 차가 있는데, 고산지대에서 생산되는 인도의 다즐링이 대표적이에요. 안개가 낀 고산지대에서는 완벽한 산화 발효가 되지 않아 약간의 녹색 빛이 보이기도 해요. 그리고 솜털이 많은 형태를 가지고 있죠. 이런 찻잎의 경우 너무 뜨거운 물보다 조금 낮은 온도인 90~95℃ 물을 사용하는 것이 좋아요.

홍차도 차의 진한 맛과 향을 느끼기 위해서는 연수로 우리는 것이 좋지만, 얼그레이 홍차처럼 가향이 된 차를 우릴 때는 연수물로 우리게 되면 차 자체의 맛이 에센셜 오일의 향을 가리기 때문에 극연수는 피하는 것이 좋아요.

홍차 2g, 90~100℃ 물 300~350g

1. 다관을 충분히 예열해 둔 뒤 찻잎을 담고 뜨거운 물을 붓습니다.
2. 3분간 우린 다음 스트레이너로 찻잎을 걸러 다른 다관에 담습니다.
3. 홍차 잔에 따라 마십니다.

골든룰

차를 여러 번 우렸을 때 일정한 맛이 나오도록 하는 것이 바로 기술이죠. 한 번에 정성스럽고 섬세하게 우리기 위해 예부터 영국에서는 많은 사람이 홍차 우리는 방법에 대해 많이 고민하고 연구했어요. 그중 빅토리아 시대의 요리연구가인 이사벨라 메리 비튼이 주장한 홍차의 골든룰 5가지를 알려드릴게요.

1. **좋은 품질의 홍차** : 비싸고 많이 알려져 있는 것만이 좋은 품질의 홍차가 아니에요. 신선하면서 보관이 잘 되어 있는 것이 바로 좋은 품질의 홍차라고 할 수 있어요. 홍차는 햇빛과 습기를 피한 곳에서 밀폐 용기에 넣어 보관하는 것이 좋아요.

2. **신선한 물** : 차를 우리는 데 있어 가장 중요한 것은 물이에요. 물에 따라 차의 맛이 아주 많이 달라져요. 차를 우리기 위해 신선한 물을 쓴다는 것은 미리 끓였던 물을 한참 뒤에 다시 끓여 우리지 않는다는 뜻이에요. 신선한 물을 끓여 바로 사용해요.

3. **예열** : 찻물은 식을수록 떫은맛이 더 많이 느껴져요. 다관과 잔을 충분히 예열하면 차의 떫은맛을 줄일 수 있어요.

4. **정확한 계량** : 홍차의 양을 정확히 계량하여 넣으면 우릴 때마다 차의 맛을 비슷하게 낼 수 있어요. 계량기도 좋지만 가볍게 티스푼을 사용하면 정말 편하답니다. 홍차는 대략 1ts(5ml)이면 2g, 1Ts(15ml)이면 6g 정도가 되어요.

5. **정확한 우리는 시간** : '우려지는 시간까지 기다린다'라는 원문의 의미는 차가 충분히 우려질 때까지 기다린다는 의미로 해석할 수 있어요. 홍차는 대부분 3분이면 충분히 우릴 수 있어요. 충분히 우렸다면 바로 찻잎을 거르는 것이 떫고 쓴맛을 최소화하는 방법이에요.

백차 우리기

백차는 찻잎을 그대로 건조시킨 것으로 성분이 아주 많답니다. 그래서 아주 길게 우리는 것보다 짧게 여러 번 우려 마시는 것이 좋아요. 백호은침의 경우 어린순(새싹)으로 만들어져서 생김새가 예쁘고 향이 좋기 때문에 기공이 많이 없는(향이 흡수되지 않는) 유리 다관에 우리는 걸 추천해요.

백차 2g, 90~95℃ 물 100~120g

1. 다관에 찻잎을 담고 뜨거운 물을 붓습니다. (이때, 물줄기가 백차를 건드리지 않게 합니다.)
2. 짧게 1분 정도 우려 공도배에 옮긴 뒤 잔에 담아 마십니다.
3. 여러 번 우려 마십니다.

흑차 우리기

흑차는 여러 가지 모양을 하고 있어요. 단단하게 찻잎을 눌러 만든 흑차는 차칼을 이용해서 찻잎을 떼어내고, 뜨거운 물을 부어 찻잎을 조금 풀어준 뒤 우려 마시면 좋아요. 일반 찻잎처럼 흩어져 있는 흑차는 차 스푼으로 떠서 우려 마시면 좋습니다.

그리고 흑차에는 특유의 발효 향이 있어서 자사호에 우리는 것을 추천해요. 차 우릴 물을 선택할 때는 흑차의 발효 정도와 악퇴 유무를 보는 것이 좋아요. 차를 제대로 음미하기 위해서는 연수가 좋지만, 발효 향이 너무 강하다면 부드럽게 마시기 위해 경도가 있는 물을 선택하는 것이 좋겠죠.

흑차 2g, 95~100℃ 물 100~120g

1. 다관에 찻잎을 담고 뜨거운 물을 부어 짧게 우려 버립니다. (이 과정을 '세차[洗茶]'라고 합니다.)
2. 다시 뜨거운 물을 부어 30초~1분 정도 짧게 우린 뒤 찻물을 공도배에 옮겨 잔에 담아 마십니다.
3. 흑차는 여러 번 우려 마십니다.

흑차를 끓여 마셔보세요

어느 정도 마시고 난 뒤 찻잎을 버리려고 하면 아깝다는 생각이 듭니다. 이럴 때는 우리고 난 찻잎을 모아두었다가 냄비에 계피, 생강, 흑설탕을 약간 넣은 뒤 함께 팔팔 끓여 마셔보세요. 몸에 따뜻한 기운이 돌아 감기 예방에 효과가 있답니다. 특히 추운 겨울철에 마시기 정말 좋아요.

허브차 우리기

허브차는 차와 달리 각기 다른 모양과 무게를 가져서 그램 수보다 부피에 맞추어 계량하는 것이 좋아요. 티스푼으로 계량하면 쉽고 간편하게 알맞은 양을 담아낼 수 있어요. 허브차는 효능으로 마시는 경우가 많은데 허브차의 맛과 효능을 모두 추출하려면 길게 우리는 것이 좋아요.

허브차 1ts, 95~100℃ 물 300~350g

1. 다관에 찻잎을 담고 뜨거운 물을 부어 5~10분 우립니다.
2. 잔에 담아 마십니다.
3. 찻잎을 빼지 않고 오래 우려 마셔도 괜찮습니다.

가향차를 우리는 방법은 달라요

가향차는 에센셜 오일이 찻잎을 한 번 덮고 있는 경우가 많아서 차의 성분까지 제대로 우리려면 30초~1분 정도 더 우리는 것이 좋아요. 따라서 가향 되지 않은 홍차를 우릴 때 3분 정도가 필요하다면, 가향차는 3분 30초~4분 정도 우리는 것이 적합하다는 이야기죠.

녹차와 홍차가 블렌딩된 티

우리는 물의 온도가 다른 녹차와 홍차가 함께 블렌딩된 경우 물의 온도를 어떻게 해야 할까요? 이럴 때는 연구 개발한 회사의 추천 레시피에 따라 온도를 설정하는 것이 제일 좋아요. 만일 패키지에 다른 지침이 없다면 물의 온도를 홍차에 맞춰 우려주세요. 낮은 온도에서는 홍차의 단맛이 충분히 나오지 않기 때문이에요.

아이스티

아이스티를 우리는 방법도 다양해요. 우리는 방법에 따라 찻물의 색과 맛이 많이 달라지고요. 아이스티를 만드는 데 가장 중요한 것은 '크림 다운 현상(백탁 현상)'이 안 일어나도록 하는 것이에요. 크림 다운 현상이란, 차가 갑자기 차가워졌을 때 타닌 성분이 굳어서 찻물이 뿌옇고 탁해지는 것을 말해요. 물론 차를 마시는 데는 큰 문제가 없지만, 불투명하고 탁한 색의 차를 마시는 것보다 맑고 투명한 차를 마시는 것이 더 좋겠죠. 이런 크림 다운 현상 없이 깨끗하고 맛있는 아이스티를 만드는 방법에는 어떤 것들이 있을까요?

차마다 무게와 부피가 다르기 때문에 티스푼으로 레시피를 작성했어요.

다이렉트 쿨링 법

진하게 우린 차를 얼음 잔에 바로 부어 식히는 방법이에요. 쉽고 빠르게 만들 수 있는 방법이지만 크림 다운 현상이 쉽게 생길 수 있어요. 그래서 이 방법으로 우릴 때는 찻잎의 형태가 OP 급이어야 하고 타닌 성분이 적은, 맑은 수색을 가진 차를 사용해야 해요.

차 2ts, 뜨거운 물 150g, 얼음이 가득 담긴 잔

1. 저그에 찻잎을 넣고 뜨거운 물에 3~5분 우립니다.
2. 찻잎을 스트레이너로 걸러 얼음 잔에 담아 마십니다.

더블 쿨링 법

크림 다운 현상을 조금 더 줄일 수 있는 방법이에요. 진하게 우린 차에 큰 얼음을 넣고 온도를 살짝 내려준 뒤 다시 큰 얼음이 담긴 저그에 옮겨 담아요. 찻물이 차갑게 느껴지면 다시 얼음 잔에 담아낸답니다. 온도를 서서히 떨어뜨리니 투명한 찻물 색을 유지할 수 있어요. (너무 진하게 우려진 차는 천천히 온도를 내려도 백탁 현상이 생기지만 먹는 데는 문제가 없어요.)

차 2ts, 뜨거운 물 150g, 큰 각 얼음 2개,
얼음이 가득 담긴 잔

1. 저그에 찻잎을 넣고 뜨거운 물에 3~5분 우립니다.
2. 큰 각 얼음이 담긴 저그에 차를 담고 미지근하게 만듭니다.
3. 2를 다른 각 얼음이 담긴 저그에 담아 차갑게 만듭니다.
4. 찻잎을 스트레이너로 걸러 얼음 잔에 담아 마십니다.

냉침 법

냉침 법은 오랜 시간을 기다려야 하는 만큼 정성을 쏟아야 하지만 아이스티를 제일 맛있게 우릴 수 있는 방법이에요. 차의 쓴맛과 떫은맛은 뜨거운 온도에서 쉽게 흘러나오는데, 낮은 온도의 물로 우리면 단맛과 향 위주의 아이스티를 만들 수 있어요.

차 4ts, 차가운 물 1L

1. 저그에 찻잎과 차가운 물을 담아 냉장고에서 6~8시간 동안 우립니다.
2. 찻잎을 스트레이너로 걸러 그대로 마시거나 얼음 잔에 담아 마십니다.

다이렉트 쿨링 법과 더블 쿨링 법의 물 온도는 스트레이트티 우릴 때의 온도와 같게 합니다.

밀크티

차에 부드러운 우유를 넣는다면 달콤함과 영양이 더 풍부해지죠. 밀크티를 만드는 방법도 나라마다 아주 다양하답니다. 밀크티에는 아이스티와 다르게 작은 입자의 찻잎을 사용해요. 우유의 밀도가 물에 비해 높기 때문에 차 성분이 잘 우러나오도록 하기 위함이에요. 그래서 BOP, BOPF, DUST, CTC와 같은 찻잎을 사용합니다. 찻잎이 크다고 해서 무조건 못 쓰는 건 아니에요. 손으로 찻잎을 부수거나 푸드프로세서에 찻잎을 넣고 곱게 가는 방법도 있어요.

영국식 밀크티

영국에서는 진하게 우려진 찻물에 우유를 넣어 마신답니다. 다관에 찻잎이 그대로 담겨 있는 상태에서 차를 마시다가 나중에 진하게 우려진 마지막 잔에 우유를 넣지요. 영국의 우유는 유지방이 많고 진한 맛과 향을 가졌기 때문에 적은 양의 우유로도 맛있는 밀크티를 만들 수 있어요. 우리나라에도 영국 우유 중 '저지 품종'의 우유가 수입되고 있는데, 그 우유를 사용하면 영국 현지의 클래식한 풍미를 가진 밀크티를 만들어볼 수 있어요. 또는 우리나라 우유 중 '파스퇴르'의 '저온 살균 우유'나 '매일우유'의 '22% 식물성 커피 크림'을 사용하면 바디감 있는 영국식 밀크티를 맛볼 수 있어요.

차 1Ts, 물 150g, 저지 우유 50g, 설탕 적당량

1. 충분히 예열한 다관에 찻잎을 넣고 뜨거운 물을 부어 5분간 우립니다.
2. 찻잎을 스트레이너에 꾹 짜서 걸러낸 뒤, 중탕하여 데운 저지 우유를 넣고 섞은 다음 기호에 따라 설탕을 넣어 마십니다.

MIA(milk in after) **vs. MIF**(milk in first)

밀크티를 만들 때는 찻물을 먼저 넣느냐(MIA) 우유를 먼저 넣느냐(MIF)에 따라 맛에 큰 영향을 미쳐요. MIA는 차의 맛과 향이 진하게 느껴지고, MIF는 우유의 맛이 진하게 느껴져서 부드럽고 달콤하게 마실 수 있어요. 영국 사람들은 어떤 것이 더 나은지 오랜 시간 논쟁을 벌였어요. 그 끝에 영국 왕실 화학협회에서 MIF가 영양소를 파괴하지 않으면서 부드럽게 먹을 수 있다는 연구결과를 발표했지요. 하지만 아직도 많은 차 애호가들은 MIA를 선호한답니다. 저의 개인적인 취향 역시 MIA지요. 차의 맛이 진하게 느껴지니까요. 이건 비단 영국식 밀크티를 만드는 데에만 관련되어 있지 않아요. 티 시럽을 이용해서 밀크티를 만들 때, 티 시럽을 먼저 넣으면 차의 맛이 더 많이 나고, 우유를 먼저 넣으면 우유 맛이 더 많이 나요. 음료를 만들 때 어떤 재료가 먼저 들어갔는지에 따라 그 맛과 향이 달라진다는 것을 설명하는 내용이기도 하죠.

인도식 밀크티

흔히 '차이티'라고 알려진 인도식 밀크티는 냄비에 홍차, 향신료, 우유를 넣고 함께 푹 끓여낸 것을 말해요. 사실 이 밀크티의 본 레시피는 티베트의 '수유차(Tibetan butter tea)'에서 시작되었고 이후 인도로 전해졌어요. 인도의 홍차생산이 많아지면서 인도 현지에서 많은 인기를 누리게 되어 수유차보다 더 많이 알려지게 되었지요. 향신료는 기호에 따라 여러 가지를 쓸 수 있지만 기본적으로 시나몬과 생강을 넣는답니다. 그리고 전지분유를 풀어 만든 우유를 사용하면 인도 오리지널의 차이 밀크티를 맛볼 수 있어요.

차 1Ts, 향신료 가루(시나몬, 생강, 카다멈 등) 1ts, 설탕 12~16g, 물 100g, 우유 200g(또는 물 200g + 전지분유 40g)

1. 냄비에 찻잎, 향신료 가루, 설탕, 물을 넣고 끓인 뒤 5분간 우립니다.
2. 차를 우린 냄비에 우유를 넣고 팔팔 끓인 뒤 찻잎을 스트레이너에 꼭 짜 걸러 잔에 담아 마십니다.

차이티를 시켰는데 밀크티가 아니에요

"터키에서 차이티를 시켰는데 에스프레소 잔에 진하게 우려진 차가 나왔어요. 사약인 줄 알았어요." 수업 중 이런 질문을 받았어요. 차이(chai)라고 하는 것은 차를 부르는 명칭이에요. 그래서 서남아, 중동 지역에서는 일반적인 차를 일컫고, 향신료나 민트를 더해 아주 진하게 우린답니다. 차이 밀크티를 찾는다면 혹시 모르니 주문 전에 꼭 "with milk" 또는 "milk tea"라는 표현을 덧붙이세요.

수유차

티베트는 건조하고 높은 지대에 위치해 있기 때문에 채소와 과일과 같은 비타민을 섭취하기 어려웠어요. 그러다, 차마고도를 통해 중국으로부터 차를 구할 수 있었고, 그 차를 통해 비타민을 섭취할 수 있었죠. 추운 티베트에서는 차를 팔팔 끓여 야크 버터, 소금, 고추, 견과류 등을 넣어 마셨는데 이 차를 '수유차'라고 해요.

일본식 밀크티

제일 많이 알려진 밀크티인 '로열 밀크티'예요. 인도처럼 냄비에 끓이지만 향신료는 넣지 않고 홍차, 우유만 넣고 데우는 형태랍니다.

차 1Ts, 물 100g, 우유 150g, 설탕 12g

1. 냄비에 찻잎과 물을 넣고 끓인 뒤 우유를 넣고 가장자리가 보글보글 끓을 때까지 데웁니다.
2. 불을 끄고 설탕을 넣은 뒤 5분간 우립니다.
3. 찻잎을 스트레이너에 꼭 짜서 걸러 잔에 담아 마십니다.

로열 밀크티는 오래 끓이지 않아요

차이 밀크티는 오래 끓여야 향신료의 맛과 향이 우러나오기 때문에 오랜 시간 끓이지만, 로열 밀크티에는 차만 들어가 짧은 시간으로 충분히 맛과 향이 나올 수 있죠. 우유는 너무 높은 온도에 끓이게 되면 표면에 얇은 막이 생기는데 단백질이 변형되어 생기는 유막이에요. 유막이 생기면 비릿한 냄새가 나기 때문에 최대한 유막이 생기지 않도록 만드는 것이 중요해요. 따라서 로열 밀크티는 가장자리가 끓기 시작하면 불에서 바로 내려야 해요.

홍콩식 밀크티

스타킹 밀크티로 알려진 홍콩식 밀크티는 얇은 입자의 찻잎을 진하게 우린 뒤 연유를 넣어 완성하죠. 차의 맛이 진하지만 영국식 밀크티처럼 연하지 않고 묵직하면서 단맛을 가지고 있어서 홍콩, 대만에서 인기가 아주 많은 스타일의 밀크티예요. 보통 밀크티에는 홍차가 들어가지만, 여기에는 녹차, 우롱차를 사용해 다양하게 만들기 때문에 더 유용하게 쓰이는 방식이랍니다.

차 1Ts, 물 120g, 설탕 12g, 얼음 적당량, 무가당 연유 80g

1. 냄비에 찻잎과 물을 넣고 끓인 뒤 설탕을 넣고 5~10분간 우립니다.
2. 찻잎을 스트레이너로 꼭 짜서 걸러 잔에 담습니다.
3. 얼음, 무가당 연유를 넣어 완성합니다.

연유

무가당 연유 대신 가당 연유를 사용한다면 설탕을 빼고 연유를 40~50g 정도 넣어주세요

냉침 밀크티

높은 온도에서 밀크티를 만들었을 때 생길 수 있는 우유의 비릿한 향과 차의 떫고 쓴맛을 잡기 위해서 많이 사용하는 방법이에요. 100% 우유로만 냉침하면 우유의 밀도감이 높기 때문에 냉침 아이스티와 달리 하루 만에 우리기가 어려워요. 그래서 100% 우유로 냉침 밀크티를 만들 땐 48시간 이상의 긴 시간이 필요해요. 좀 더 빨리 냉침 밀크티를 만들 수 있는 방법은 소량의 물을 사용해서 홍차를 미리 충분히 우린 뒤에 우유를 넣는 거예요. 그리고 차가운 우유에도 차 성분이 빨리 우려질 수 있도록 얇은 입자의 찻잎을 사용하는 거죠.

밀크티용 차 35g, 설탕 60g, 물 150g, 우유 800g

1. 1.2L 병에 찻잎과 설탕을 담고 끓인 물을 넣어 10~20분간 우립니다. (차의 떫은맛과 쓴맛이 싫다면 끓인 물이 아닌 실온의 물을 사용하여 1시간 정도 우립니다.)
2. 차가운 우유를 넣고 섞은 뒤 냉장고에서 24시간 이상 우립니다.
3. 찻잎은 고운 이중 스트레이너에 꼭 짜서 거른 뒤 냉장고에 보관해 두었다가 마십니다. (완성된 밀크티는 냉장고에서 3일 정도 보관하여 마시는 걸 추천해요.)

밀크티 시럽

마실 때마다 바로바로 우려 마시면 신선한 맛과 향기가 있어서 정말 좋지만 매번 우려 마시는 것이 귀찮기도 하고 편하게 먹는 방법이 없을까 고민될 때가 있어요. 미리 시럽으로 만들어두면 빠르고 쉽게 밀크티를 만들어 마실 수 있답니다.

물 500g, 설탕 140g, 홍차 60g

1. 냄비에 물을 끓인 뒤 설탕을 넣고 녹을 때까지 끓입니다.
2. 불을 끄고 찻잎을 넣습니다.
3. 20분간 우린 뒤 스트레이너에 찻잎을 걸러 소독된 병에 담습니다.
4. 냉장 보관하여 하루 숙성합니다.
5. 밀크티 시럽 50g, 우유 150g을 잔에 담아 마십니다.

말차 밀크티

말차 밀크티는 쌉싸름하면서도 달콤한 맛이 일품이어서 사람들에게 많은 사랑을 받고 있답니다. 말차는 가루 형태로 되어 있어서 차선을 이용해서 물에 충분히 풀어준 뒤 우유에 넣어 마셔요.

말차의 등급에 따라 색과 맛이 달라지는데, 농차용, 박차용 말차는 부드럽기 때문에 많은 양이 들어가고, 요리용(베이킹 및 음료용) 말차는 쌉싸름한 맛이 강하기 때문에 적은 양이 들어가요. 또한 부드러운 말차는 우유보다 먼저 들어가는 것이 좋고, 쌉싸름한 말차는 우유를 먼저 넣는 것이 더 맛있어요.

말차 4g, 설탕 12g, 물 25g, 우유 200g (또는 우유 120g + 얼음)

1. 잔에 말차와 설탕을 담고 뜨거운 물을 담아 격불합니다.
2. 따뜻하게 데워진 우유를 넣습니다.

밀크티 시럽처럼 말차 시럽을 만들고 싶다면 말차, 설탕, 물을 비율에 맞추어 용량을 늘린 다음 믹서기에 넣고 돌리면 쉽게 만들 수 있어요.

일러두기

* 음료는 재료의 향 조화를 아주 중요시해요. 그래서 제가 레시피를 만들 때 중요하다고 생각하는 재료 또는 향의 포인트를 적어두었어요.
* 각 레시피에서는 선호하는 제품을 사용하면 되지만 제가 사용한 제품의 이름을 적어두었어요.
* 음료의 용량은 250~350g에 맞추어져 있어요.
* 과일 시럽이나 청 레시피에는 각 과일의 브릭스(brix)에 맞춰 설탕의 양을 적어두었어요. 쉽게 상할 수 있는 과일에는 1:1로 적었지만, 이외 과일은 과일 총량의 70~85%랍니다. (설탕이 너무 많이 들어가면 차의 향미에 영향을 미칠 수 있어요.)

VARIATION

베리에이션 티

TEA

베리에이션 티는 차 이외에 설탕, 탄산음료, 시럽, 파우더 등 다양한 재료들이 합쳐진 티 음료를 말해요. 차를 이용해서 따뜻한 차, 밀크티, 아이스티, 티 에이드, 티 스무디 등 다양하게 만들 수 있어요. 여기에서는 이러한 여러 가지 음료 레시피를 소개하고, 각 레시피마다 재료에 대해 자세히 안내를 달아두었어요. 그러니 이 책만 있다면 카페에서 만날 수 있는 음료를 집에서 쉽게 만들어 마실 수 있어요.

베리에이션 티 레시피를 볼 때 알아 두어야 하는 point

차 : 차는 커피와 달리 은은하기 때문에 다른 재료와 섞이면 향과 맛이 많이 가려져요. 그래서 차의 특징이 강하거나 가향이 되어 있는 차를 사용해서 음료를 아로마틱하게 만들어요. 또한 베리에이션 티를 만들 때는 너무 고급 차는 사용하지 않아요. 고급차는 물로서만 우려 천천히 감상하는 것이 일반적이고 값이 비싸기 때문에 그냥 마시기에도 아까울 정도죠.

물의 온도 : 뜨거운 물은 95~100℃, 따뜻한 물은 80~85℃, 미지근한 물은 실온의 물을 말해요.

데운 우유 : 따뜻한 우유는 70~80℃ 정도로 데웁니다. 85℃가 넘어가면 우유의 단백질 변형이 일어나서 유막이 생기고 비릿한 냄새가 나요.

찻잎 계량 : 찻잎은 형태, 부피, 무게가 조금씩 다르기 때문에 스푼으로 계량하면 더욱 편리해요. 찻잎 1ts은 대략 2g 정도이고, 1Ts은 대략 6~7g입니다. 허브류는 1ts이 0.5~1g 정도고, 1Ts은 1.5~3g 정도예요. 그리고 티백으로 만들어진 차는, 일반적인 차는 보통 2g에 맞추어 생산되지만, 허브차는 허브마다 티백 1개에 들어간 무게가 모두 다르기 때문에 꼭 확인해서 사용해 주세요.

믹서기와 핸드 블렌더, 그리고 핸드믹서 : 믹서기는 냉동과일이나 얼음을 갈 때 사용하기 때문에 단단한 재료들을 쉽게 갈 수 있는 것으로 선택해요. (제가 사용하는 믹서기는 '바이타믹스'의 '콰이어트원'이에요.) 그리고 핸드 블렌더는 일명 '도깨비 방망이'라고 부르는데 주로 적은 재료를 블렌딩할 때 사용해요. 특히 적은 양의 생크림을 거품 낼 때 아주 유용하게 쓰이죠. 생크림이나 머랭 거품을 낼 때 쓰는 도구는 핸드믹서라고 부르는데요, 핸드 블렌더와 헷갈릴 때가 많아요. 핸드믹서는 거품기가 2개 달려 있어서 많은 양의 생크림이나 흰자를 빠르게 거품 낼 수 있어요.

다시백(공티백) : 티백이 아닌 찻잎을 티백에 넣는다고 표현되어 있다면 티백 망이나 작은 다시백을 사용하면 좋아요.

고운 체, 굵은 체 : 과일 시럽이나 음료 베이스를 만들 때 사용하는 도구들로, 작은 입자까지 거르고 싶다면 밀가루 체와 같은 고운 체를 사용하면 좋고, 많은 양의 과일즙을 한 번에 걸러낼 때는 튀김체와 같은 굵은 체를 사용하는 것이 좋아요.

불 : 불을 쓸 수 있는 수단에는 가스레인지, 인덕션, 하이라이트가 있죠. 저는 주로 가스레인지를 사용하는데요, 짧은 시간에 빠르고 정확하게 끓일 수 있기 때문이죠. 특히 밀크티처럼 열에 오래 노출이 되면 단백질 변형이 생기기 때문에 밀크티 만들 때는 가스레인지를 사용하는 편이에요.

물 : 제가 베리에이션 티에 사용하는 물은 생수인데, 자주 사용하는 브랜드는 '삼다수', '몽베스트', '산수', '풀무원'이에요. 차의 맛과 향을 진하게 내고 싶을 때는 삼다수와 몽베스트를, 차의 맛을 살리되 가향된 에센셜 오일 향을 표현하고 싶을 때는 산수와 풀무원을 사용하죠.

설탕 : 차 음료를 만들 때 기본적으로 백설탕을 사용해요. 순도가 높은 설탕은 은은한 차 향이나 과일 향을 방해하지 않고 순수 단맛만 높여주기 때문에 다른 언급이 없다면 백설탕을 사용해요. (백설탕은 '백설'의 '백설탕'을 사용해요.) 하지만 다른 향미가 필요할 때는 유기농 설탕, 황설탕, 다크 머스코바도를 사용해요. 유기농 설탕에는 꿀과 비슷한 향이 있고, 황설탕에는 캐러멜 향, 다크 머스코바도에는 대추고 향이 있어서 주재료에 맞추어 설탕을 골라 사용하는 편이에요.

우유 : 제가 자주 사용하는 우유는 '매일우유'의 '오리지널 3.6%'이지만 바디감과 같이 특징 있는 밀크티를 만들 때에는 다른 우유를 사용해요.

얼음 : 음료에 들어간 얼음이 별다른 역할을 못할 거라고 생각하는 분들이 많아요. 하지만 빨리 녹는 얼음을 쓴다면 맛 전체가 금방 흐려질 거예요. 그리고 밸런스가 쉽게 깨지겠죠. 그래서 음료에 쓰는 얼음은 아주 단단한 것을 쓰는 것이 좋아요. 이 책의 레시피에서는 '풀무원'의 '돌얼음'을 기본으로 사용해서 음료를 만들었어요.

생크림과 휘핑크림 : 생크림은 '서울우유' 동물성 우유 100% '생크림'을 사용하고, 휘핑크림은 '매일우유' 동물성 '휘핑크림'을 사용해요. 생크림은 전반적으로 깔끔한 맛을 내서 라테에 바디감을 주거나 깔끔한 뒷맛을 내고 싶을 때 사용해요. 음료 위에 올라가는 크림에는 레이어드를 만들기 위해서 휘핑크림을 사용해요.

시럽이나 청의 보관 : 직접 만든 시럽과 청에는 화학첨가물이 들어가 있지 않기 때문에 소독된 용기에 넣어 보관하는 것이 좋아요. 그리고 이 책에 나오는 레시피에는 설탕 함량이 비교적 적기 때문에 냉장고에 보관해 두어도 빠르게 사용하는 것이 좋아요. 오랫동안 보관하기 위해서는 냉동 보관을 추천해요. 냉장 보관을 하면 1개월, 냉동 보관하면 1년 정도 두고 사용할 수 있어요.

ROSE GREEN FARM

로즈그린팜

{ Rose + Green Grape }

제가 처음으로 만든 티 음료 레시피예요.
청포도 청에 로즈 잎을 넣고 함께 숙성하여 만든 음료랍니다.
향이 정말 매력적이어서 이 음료를 모티브로 홍차 블렌딩 티까지 개발했답니다.

로즈그린팜 시럽

씨 없는 청포도 200g, 설탕 150g, 로즈 플라워 2Ts

1. 청포도를 4등분으로 잘라 설탕과 함께 버무립니다.
2. 로즈 플라워를 넣고 잘 섞습니다.
3. 냉장고에서 5~7일간 숙성합니다.
4. 숙성이 끝나면 고운 체에 과육과 찻잎을 짜서 걸러냅니다.
5. 시럽을 냉장 또는 냉동 보관합니다.

완성

로즈그린팜 시럽 50g, 얼음 적당량, 코코넛 젤리 1Ts, 레몬 향 탄산수 120~150g

1. 로즈그린팜 시럽과 코코넛 젤리를 넣습니다.
2. 얼음, 레몬 향 탄산수 순으로 넣습니다.

로즈 플라워

로즈 플라워에는 여러 가지 형태가 있는데, 레시피에서 사용된 것은 꽃잎으로만 만들어진 '로즈 페탈'이에요. 꽃받침이 있는 로즈 버드는 장미 자체의 향기보다 산미가 있고 좀 더 복합적인 맛을 가지고 있어요.

코코넛 젤리

코코넛 젤리는 빙수용과 음료용이 있는데 빙수용 코코넛 젤리는 크기 때문에 '나타드코코'라는 이름으로 검색하면 음료용 코코넛 젤리를 찾을 수 있어요. 많은 양의 '나타드코코'를 구매하기 부담스럽다면 시판되는 '코코팜'에 든 코코넛 젤리를 사용해도 돼요.

탄산수도 여러 종류가 있죠

브랜드마다 모두 다른 특성을 가지고 있어서 그 특성에 맞추어 사용하면 좋아요. 이 레시피에서는 '씨그램 레몬 향'을 사용했는데, 레몬 향은 과일의 신선함을 돋보이게 해주는 향이기 때문에 에이드 레시피에 많이 사용된답니다.

LOVELY JASMINE

설렘 재스민

{ JASMINE + PEAR + RASPBERRY }

맑은 색을 가진 밀크티를 만들고 싶어서 배와 재스민을 넣고 열심히 끓이다가
잔에 라즈베리 시럽이 담긴지 모르고 그대로 밀크티를 부어 우연히 만들어진 레시피예요.
처음부터 의도하지는 않았지만 색도 맛도 좋은 새로운 레시피가 탄생했어요.

재스민 녹차 5g, 우유 200g, 배 주스 50g, 라즈베리 시럽 10g

1. 냄비에 재스민 녹차, 우유, 배 주스를 넣고 가장자리가 끓을 때까지 데운 뒤 불을 끄고 5분간 우립니다.
2. 잔에 라즈베리 시럽을 담아 준비합니다.
3. 찻잎을 스트레이너에 꼭 짜서 걸러 잔에 담고 잘 섞어줍니다.

재스민 꽃차 아니고 재스민 녹차

레시피 속 재스민은 재스민 향을 품고 있는 재스민 녹차를 말합니다. 재스민 꽃차와는 다르기 때문에 꼭 재스민 녹차를 사용해야 해요. 재스민 녹차는 꽃봉오리가 완전히 열리기 직전의 재스민을 따서 흡향성이 좋은 녹차와 섞어 만드는데, 향이 잘 흡수될 때까지 새로운 재스민을 넣고 제거하고를 반복해요. 이 과정을 '음화 과정'이라고 하고요. 이 음화 과정을 많이 하면 할수록 향이 깊어지고 고급스러운 재스민 녹차가 돼요.

재스민 녹차에는 재스민 꽃잎이 없는 것이 맞지만 요즘은 재스민 녹차의 인기가 많아지면서 다양한 모습을 한 재스민 녹차가 만들어지고 있답니다. 일반적인 찻잎 형태의 재스민 녹차보다 동글동글하게 말린 진주 형태의 재스민 펄이 더 고급스럽고 향이 좋아요. 진한 향기를 가진 재스민 음료를 만들고 싶다면 재스민 펄을 추천해요. 저는 '타바론'의 '재스민 펄'을 사용했어요.

우유에도 종류가 많죠

제가 사용한 우유는 '매일우유'의 '오리지널 3.6%'랍니다.
유지방이 아주 많지도 않고 적지도 않아 차의 맛과 향을 잘 살려주는 우유지요. 밀크티의 단맛과 바디감을 원한다면 '서울우유'의 '나 100%'를 추천해요.

라즈베리 시럽

라즈베리 시럽의 산도가 높으면 우유 분리 현상이 일어날 수 있어요. 우유 분리 현상은 산 성분이 우유 단백질에 닿으면서 단백질을 고형처럼 굳게 만드는 현상이에요. 그래서 마치 요거트처럼 덩어리진 것처럼 보이죠.
따라서 산도가 적고 향이 짙은 시럽을 사용해 주세요. 저는 '1883 라즈베리 시럽'을 사용했어요.

TIFFANY PUNCH

티파니 펀치

{ CHAMOMILE + SODA + APPLE }

주얼리 브랜드 '티파니'를 생각하며 만든 음료인데 밀크 소다에 캐모마일이 더해져
칵테일처럼 예쁘고 맛있으면서도 아주 쉽게 만들 수 있는 레시피예요.

캐모마일 3g, 물 50g, 블루 큐라소 시럽 10g, 사과주스 20g, 얼음 적당량, 밀크 소다 120g

1. 저그에 캐모마일을 넣고 뜨거운 물을 부어 5분간 우립니다.
2. 잔에 블루 큐라소 시럽, 사과주스, 찻잎을 걸러낸 1을 넣고 섞습니다.
3. 얼음, 밀크 소다 순으로 넣습니다.

캐모마일? 친숙하면서 낯선 차

캐모마일은 '대지의 사과'라는 뜻으로, 아주 신선한 캐모마일은 진짜 사과 같은 향과 맛을 갖고 있어요. 그렇지만 시간이 흐르면서 그런 향미는 사라지기 마련이죠. 그러니 신선한 캐모마일을 즐기고 싶다면 사과를 곁들이길 추천해요.

캐모마일에는 독일산과 이탈리아산이 있는데 독일산이 좀 더 풍미가 강하고 끝 맛이 좋아요. 저는 주로 독일산 캐모마일을 사용한답니다.

참! 주목해 주세요. 꽃차는 실온보다 냉장이나 냉동 보관하는 것이 좋아요. 그래야 신선함이 유지가 되고 벌레를 먹지 않거든요. 오랫동안 방치해 둔 뜯지 않은 수레국화가 있었는데, 마시려고 뜯으니 꽃은 없고 가루만 잔뜩 있었어요. 그리고 자세히 들여다 보니 벌레가 다 먹었더라고요. 이런 불상사를 막기 위해 꼭 냉장이나 냉동 보관하는 것이 좋아요. 차가 냉장고 냄새를 흡수할 수 있으니 반드시 지퍼 백에 한 번 더 포장해서 보관해 주세요.

블루 큐라소 시럽

오렌지 껍질을 추출하여 만든 시럽으로 시트러스가 가진 상큼함과 산미를 가지고 있어 과일 음료에 많이 사용된답니다. 그리고 푸른 색이라 음료 디자인할 때 유용하게 잘 쓰이죠. 이 레시피에서는 캐모마일의 은은한 향을 살리기 위해 색감을 내는 정도로만 사용했어요. 블루 큐라소 시럽은 대부분의 시럽 회사에서 판매하고 있기 때문에 쉽게 찾아볼 수 있어요. 저는 그중 색감이 뚜렷하면서 산미가 강하지 않은 '모닌'의 '블루 큐라소'를 사용했답니다.

사과즙이 아닌 사과주스

착즙된 사과보다는 갈변되지 않는 맑은 톤의 시판 사과주스가 좋아요. 저는 '과일촌'의 '아침에 사과'를 사용했어요. 전반적인 음료 톤을 탁하게 하지 않고 상큼한 향까지 더해줄 수 있어요.

밀크 소다

사과주스와 블루 큐라소 시럽에는 산이 있어서 유제품이 많이 들어간 음료는 적합하지 않아요. 그래서 저는 '암바사'를 사용했답니다. '밀키스'에는 유청 분말이 들어가 있어서 쉽게 분리될 수 있어요.

+MINI RECIPE

캐모 애플 티 CHAMO APPLE TEA

캐모마일 10g에 뜨거운 물을 50g 정도 넣어 찻잎을 적셔준 다음에 차가운 사과주스 500g을 넣어주세요. 그리고 냉장고에 2~3일 정도 넣어두면 정말 맛있는 캐모 애플 티가 된답니다.

ORANGE PONDANT

오렌지 퐁당

{ EARL GREY + CHOCOLATE + ORANGE }

많은 실패 끝에 만들어진 레시피로 제가 처음으로 출전한 골든티어워드(티대회)에서 1등을 수상한 레시피랍니다.
프랑스 파리에서 잠시 공부했던 시절의 느낌을 담아 표현한 음료로,
직접적으로 우유를 사용하지 않고 만든 밀크티예요.
오렌지 향이 퐁당 담긴 느낌, 그리고 뜨거운 찻물에 아이스크림이 퐁당 빠지는 느낌을 담았습니다.

오렌지 머랭

물 37g, 설탕 150g, 흰자 57g, 오렌지 즙 10g

1. 냄비에 물과 설탕을 넣고 118도까지 끓입니다.
2. 볼에 흰자를 넣고 핸드믹서로 거품 내다가 1의 시럽을 넣고 생크림처럼 될 때까지 거품을 올립니다.
3. 마지막으로 오렌지 즙을 넣고 한 번 더 믹싱하여 완성합니다.

완성

얼그레이 홍차 8g, 물 150g, 아이스크림 80g,
오렌지 시럽 15g, 초콜릿 소스 6g, 얼음 적당량,
오렌지 머랭 1스쿱, 오렌지 칩(장식용)

1. 저그에 얼그레이 홍차를 담고 뜨거운 물을 부어 5분간 우립니다.
2. 찻잎을 스트레이너로 거릅니다.
3. 믹서기에 아이스크림, 오렌지 시럽, 초콜릿 소스, 2를 넣고 갈아줍니다.
4. 잔에 3, 얼음을 담은 뒤 오렌지 머랭을 1스쿱 올립니다.
5. 토치를 이용해 머랭을 구운 뒤 오렌지 칩으로 장식하여 마무리합니다.

얼그레이는 향이 센 걸 사용해요

얼그레이는 이탈리안 감귤과인 베르가모트의 향을 추출하여 홍차에 착향해서 만든 차로, 브랜드마다 아주 다른 맛과 향을 가지고 있어요. 그래서 얼그레이는 어떤 브랜드를 사용하는지에 따라 음료도, 디저트도 아주 다르게 표현되지요. 이 레시피의 얼그레이는 '딜마'의 't시리즈 얼그레이'입니다. 이 얼그레이는 퀄리티 높고 신선한 찻잎에 향을 첨가하여 강한 향을 가지고 있어요. 진한 향미를 가진 음식이나 재료와 페어링하기 정말 좋은 차랍니다.

유지방 적은 아이스크림

음료에 아이스크림의 유지방 함량이 많으면 많을수록 느끼해진답니다. 그래서 정제수가 많이 포함되어 있는 아이스크림을 선택하면 좋아요. 저는 마트에서도 쉽게 살 수 있는 '투게더'를 사용했는데 '조안나' 아이스크림도 좋아요.

왜 하필 머랭이었을까요?

일반적인 음료가 아닌 디저트 같은 음료가 있었으면 좋겠다고 생각했어요. 지금은 크림이 올라간 음료가 많지만 당시엔 별로 없었거든요. 아이스크림이 올라가면 맛이 무거워져서 금방 배부르고 느끼하지만 머랭이 올라가면 녹지 않고 장식도 오래가며 따로 떠먹을 수도 있으니 음료 하나에 디저트까지 들어간 느낌이 들죠.

CHERRY POP

체리 팝

{ GREEN TEA + CHERRY + RED BEAN }

2015년도 하동에서 열린 코리아 티챔피언 대회에서 1위 수상한 음료예요.
처음 하동 야생차로 만든 세작을 마셨을 때 팥 물 같은 향이 났는데 그 향이 외할머니와의 추억을 떠올리게 했어요.
어릴 적 팥죽을 자주 끓여주셨는데, 팥을 싫어하던 저에게 늘 팥죽과 함께 체리 사탕을 주셨지요.
체리 사탕을 물고 팥죽을 먹던 그때가 문득 떠올라 만들어본 레시피예요.

하동 세작 녹차 5g, 물 50g, 연유 5g, 우유 70g,
고운 팥앙금 10g, 체리 시럽 20g, 소금 약간, 얼음 적당량,
생크림, 체리 맛 스파클링 슈거

1. 저그에 하동 세작 녹차, 뜨거운 물을 넣고 5분간 우립니다.
2. 찻잎을 스트레이너로 거릅니다.
3. 잔에 연유, 우유, 고운 팥앙금, 체리 시럽, 2, 소금을 넣고 섞습니다.
4. 얼음을 담고 생크림, 체리 맛 스파클링 슈거로 장식합니다.

우리나라 야생 녹차

우리나라 차 시배지인 하동에는 야생 차밭이 많이 있어요. 매년 5월이면 하동 야생 차 문화 축제가 열리기도 하지요. 야생 차밭에서 딴 잎으로 만든 녹차는 잎이 다른 지역에 비해 크고 거칠어 보이지만 부드럽고 섬세한 맛을 가지고 있어요. 야생 녹차는 너무 낮은 온도의 물보다 조금 높은 온도에서 우리는 것을 추천해요. 그러면 야생 녹차만이 가지고 있는 기운과 단맛을 충분히 느낄 수 있답니다.

연유의 역할

단맛보다 전체적으로 바디감을 형성시켜 주기 위해서 연유를 소량 넣었어요. 이 레시피에서는 단맛이 적은 '매일우유'의 연유를 사용했어요.

고운 팥앙금

팥앙금에 덩어리가 있으면 음료에 희석되었을 때 덩어리가 식감을 방해하죠. 그래서 저는 '대두식품'의 '고운 팥앙금'을 사용했는데, 114쪽에 직접 만드는 팥앙금 레시피가 있으니 그 레시피를 참고해도 좋아요. 음료의 색상을 더욱 분홍빛으로 만들기 원한다면 고운 흰 앙금을 사용하는 것을 추천해요.

체리 시럽

체리 시럽은 맛도 있고 색도 풍부해야 음료에서 제 역할을 톡톡히 할 수 있어요. 여기에서의 체리 시럽은 체리 통조림에 든 시럽이에요. 체리 통조림 시럽 대신에 체리 농축액을 사용해도 좋아요. '서울팩토리'의 '체리 농축액'은 제가 자주 쓰는 음료 베이스예요.

감칠맛을 더하는 소금

음식에 사용하는 소금과는 조금 달라요. 여기에서 사용한 소금은 '히말라야 핑크 소금'인데 감칠맛과 단맛을 동시에 주기 때문에 사용해요. 그리고 깔끔한 매력 때문에 같이 곁들이는 재료들을 잘 살려주죠. 음료에 소금을 넣으면 단맛이 상승하는 효과도 주지만 밸런스를 맞추는 데도 도움이 돼요.

TEA FRAPPE

티 프라페

{ BLACK TEA + ICE CREAM + COOKIE }

밀크티로 만드는 밀크셰이크예요.
웨이퍼 롤이나 다이제 같은 과자를 곁들어서 먹으면 정말 환상적이죠.
아이들도 좋아하는 맛이에요.

잉글리시 브랙퍼스트 홍차 6g, 설탕 4g, 우유 150g,
얼음 120g, 아이스크림 90g, 쿠키 적당량

1. 냄비에 잉글리시 브랙퍼스트 홍차와 우유를 넣고 가장자리가 끓을 때까지 데웁니다.
2. 불을 끈 뒤 설탕을 넣고 5분간 우립니다.
3. 얼음을 1~2개 넣어 차갑게 식힌 뒤 찻잎을 꼭 짜서 걸러줍니다.
4. 믹서기에 얼음 120g, 아이스크림, 3을 넣고 믹싱합니다.
5. 잔에 담고 쿠키로 장식합니다.

잉글리시 브랙퍼스트 홍차

영국에서 아침 식사와 함께 아침잠을 깨우기 위해 마신다고 알려진 이 홍차는 줄임말로 '잉블'이라고 불리죠. 맛이 아주 진한 홍차라고 생각하는 사람들이 많은 것 같아요. 예전에는 강한 맛을 낼 수 있도록 아쌈을 기본으로 넣고 다른 나라의 홍차들을 섞어서 만들었는데, 요즘은 차를 만드는 회사가 많아지고 특징 있는 잉글리시 브랙퍼스트 홍차를 만들기 위해 중국의 기문이나 스리랑카의 우바와 같은 홍차를 기본으로 해서 좀 부드럽게 만들기도 해요. 그래서 강한 맛을 생각하고 구매했는데 생각보다 순하고 부드러운 맛이 나서 놀랄 수도 있어요. 이 레시피에서는 '트와이닝'의 '잉글리시 브랙퍼스트'를 사용했어요. 케냐, 아쌈, 인도네시아 등의 홍차를 섞어 만들어 대중적인 맛을 가졌고, 찻잎의 입자가 얇아서 밀크티용 홍차로 쓰기 적합해요.

얼음에 따라 양이 달라질 수 있어요

스무디나 프라페처럼 얼음을 갈아 만드는 음료는 얼음의 상태에 따라 텍스처와 음료 양이 달라져요. 얼음이 단단하고 크면 양이 적게 들어가고, 작은 얼음을 넣으면 들어가는 양도 많아지고 좀 더 묽게 나오지요. 저는 크기도 크고 단단해서 잘 녹지 않는 '풀무원'의 '돌얼음'을 사용했답니다. 정수기에서 나오는 얼음은 레시피와 다르게 160g까지 들어가요. 얼음은 묽기를 확인하면서 추가로 더 넣을 수 있어요.

쿠키를 꼭 넣어야 할까요?

필수는 아니에요. 그렇지만 파르페처럼 쿠키를 곁들이면 비주얼이나 맛 모두 완벽해지죠.

(티챔피언 레시피)

LAVENDER PEACH

라벤더 피치

{ LAVENDER + PEACH + MILK }

프랑스 프로방스 라벤더 밭에서 본 멋진 결혼식을 생각하며 만든 음료예요.
탄산음료에 밀크 폼을 올리면 떨어지는 하얀 줄기가 마치 샴페인이 터지는 모습 같기도 하고
축하 폭죽이 터진 후 떨어지는 모습 같기도 해요.

라벤더 1g, 복숭아 향 홍차 2g, 물 50g, 복숭아 시럽 15g,
얼음 적당량, 스프라이트 120g, 밀크 폼 적당량

1. 저그에 라벤더, 복숭아 향 홍차를 넣고 뜨거운 물에 5분간 우립니다.
2. 찻잎을 스트레이너로 걸러 잔에 담습니다.
3. 복숭아 시럽을 넣고 잘 섞어줍니다.
4. 얼음, 스프라이트를 넣고 밀크 폼으로 장식합니다.

심신 안정에 도움을 주는 라벤더

라벤더는 섬유 유연제나 비누에 많이 사용되기 때문에 식용으로는 거부감이 있는 허브 중 하나입니다. 강한 라벤더의 향은 호불호가 있지요. 그래서 라벤더 하나만으로 맛을 내기보다 다른 재료들과 블렌딩하여 사용합니다. 라벤더는 다른 허브랑 달리 너무 오랫동안 우리게 되면 한약재 같은 쓴맛이 올라와 거부감 드는 맛이 되니 대략 5분 안팎으로 우려 마시면 좋습니다.

라벤더와 잘 어울리는 복숭아 향 홍차

비누 향처럼 느껴지는 라벤더의 호불호를 줄여주기 위해 과일 향이 필요하죠. 라벤더는 주로 레몬, 청포도, 복숭아 등과 잘 어울리는데 저는 그중 복숭아를 선택했어요. 이 레시피에서는 복숭아 향이 들어간 홍차를 사용했고요. 저는 '프리미어스'의 '피치멜바'를 사용했는데, 복숭아 향에 장미가 더해져서 라벤더의 꽃 향을 더 잘 받쳐주는 홍차예요.

복숭아 향을 뒷받침해 주는 복숭아 시럽

여기서는 라벤더와 함께 복숭아 향이 중요하기 때문에 시럽을 잘 써야 해요. 저는 과즙의 함량이 높은 것으로 유명한 '다빈치'의 '복숭아 시럽'을 사용했어요.

과일 향을 잘 살려주는 스프라이트

'사이다'가 아니고 '스프라이트'를 사용하는 이유는 '사이다'에 들어간 레몬 향과 '스프라이트'에 들어간 레몬 향이 다르기 때문이에요. '사이다'의 레몬 향은 소다 향과 레몬 향이 섞인 느낌이라면, '스프라이트'는 레몬 껍질에서 나는 시트러스 향이 강한 느낌이에요. 그래서 '사이다'는 달콤한 맛을 가진 음료를 만들 때 사용하고, '스프라이트'는 과일의 신선함을 살려주고 싶을 때 사용하는 편이에요. 이 레시피에서는 라벤더와 복숭아가 신선하고 상큼하게 느껴질 수 있도록 '스프라이트'를 사용했어요. '스프라이트'의 레몬 향은 홍차와 과일의 향을 더 신선하게 해준답니다. 또한 일반적인 에이드를 만들 때보다 티 에이드를 만들 때 탄산과 차가 결합되면서 탄산이 많이 사라지게 되는데 '스프라이트'는 다른 탄산음료에 비해 탄산의 유지력이 좋아요.

ROSE MILK TEA

로즈 딸기 밀크티

{ STRAWBERRY + ROSE + MILK }

홍콩의 만다린 오리엔탈 호텔에는 로즈 잼이 유명해요.
이 잼은 딸기 잼인데 끝 맛에 알 수 없는 우아함이 느껴지죠. 한참을 생각하다가 장미 향이란 걸 알게 돼요.
이 밀크티는 은은한 장미 향이 딸기 향을 고급스럽게 받쳐주는 음료예요.

딸기 향 홍차 티백 2개, 로즈 플라워 1Ts, 설탕 14g, 물 120g, 우유 80~100g, 밀크 폼 적당량

1. 저그에 딸기 향 홍차 티백, 로즈 플라워, 설탕, 뜨거운 물을 넣고 10분간 우립니다.
2. 찻잎을 스트레이너에 걸러 꼭 짜내고 차갑게 식힙니다.
3. 잔에 2, 차가운 우유 순으로 넣습니다. (얼음 잔에 넣어도 맛있어요.)
4. 밀크 폼으로 장식합니다.

딸기 향 홍차

'아마드'의 '스트로베리 센세이션'이라는 홍차를 사용했어요. '아마드'에는 히비스커스 베이스의 '와일드 스트로베리'라는 차도 있으니 헷갈리면 안 돼요. 히비스커스는 산도가 높아 이 레시피에 사용하면 우유가 분리된답니다. 아마드 제품이 아니더라도 다른 회사의 딸기 향 홍차를 사용할 수 있어요. '아크바'의 '스트로베리 크림', '베티나르디'의 '스트로베리 크림티', '테틀리'의 '스트로베리 홍차'를 추천해요.

물이 우유에 비해 많아요

로즈 플라워는 우려내면 향기가 아주 약합니다. 그 향기를 살려내는 방법은 우려낸 찻물을 많이 넣는 거예요.

티 시럽처럼 미리 만들어놓을 수 있어요

딸기 향 홍차 티백, 로즈 플라워, 설탕, 뜨거운 물을 비율에 맞추어 용량을 늘려 한 번에 많은 양을 만들어두었다가 찻물 120g, 우유 80g을 잔에 담으면 간단하게 음료를 만들 수 있어요.

+MINI RECIPE 01

만다린 오리엔탈의 로즈 잼 따라 하기 Rose Jam

여름 딸기 또는 냉동 딸기 500g, 로즈 시럽 200g, 설탕 120g

1. 딸기는 손질해서 설탕과 로즈 시럽을 넣고 버무립니다.
2. 실온에 잠시 두었다가 냄비에 넣고 103~104도가 될 때까지 조려줍니다.
3. 소독된 병에 담아 냉장 보관합니다.

+MINI RECIPE 02

직접 만드는 로즈 시럽 Rose Syrup

로즈 플라워 10g, 물 200g, 설탕 200g, 레몬즙 10g,
레몬 제스트 1개분

1. 냄비에 로즈 플라워, 물을 넣고 팔팔 끓입니다.
2. 전반적으로 끓으면 불에서 내리고 설탕을 넣습니다.
3. 설탕이 충분히 녹으면 레몬즙과 레몬 제스트를 넣습니다.
4. 10~20분간 충분히 우려줍니다.
5. 스트레이너에 찻잎과 레몬 제스트를 걸러 사용합니다. (잼 레시피 용도뿐만 아니라 아이스티나 에이드 시럽으로 사용해도 좋습니다. 잔에 로즈 시럽 50g, 얼음 적당량, 물이나 탄산수 120~150g을 넣으면 된답니다.)

BABAMBA LATTE

바밤바 라테

{ EARL GREY + CHESTNUT + APPLE }

밤과 사과로 음료 베이스를 만들고 싶었는데 사과의 진한 맛이 나지 않더라고요.
그래서 향이 있는 얼그레이 홍차를 넣었더니 우리에게 익숙한 바밤바 맛이 되었어요.
아래 소개하는 밤 페이스트는 우유와 섞어 마셔도 좋고, 잼이나 베이킹 재료로도 활용할 수 있어요.

얼그레이 애플 시럽

얼그레이 홍차 10g, 물 120g, 설탕A 200g, 사과즙 120g, 설탕B 100g

1. 저그에 얼그레이 홍차, 뜨거운 물, 설탕A를 순서대로 넣고 10분간 우립니다.
2. 찻잎을 스트레이너로 거른 뒤 차갑게 식혀줍니다.
3. 믹서기에 2, 사과즙, 설탕B를 함께 넣고 갈아서 냉장하여 사용합니다.

밤 페이스트

밤 300g, 물 500g, 유기농 설탕 300g, 바닐라빈 1/4개

1. 밤은 뜨거운 물을 부어 겉을 살짝 익혀 껍질을 깝니다.
2. 냄비에 물을 넣고 끓인 뒤 끓기 시작하면 깐 밤을 넣고 완전히 익힙니다.
3. 설탕을 넣고 설탕이 완전히 녹을 때까지 끓입니다.
4. 불을 끄고 한 김 식힌 뒤 믹서기에 넣고 바닐라 빈 씨와 함께 곱게 갑니다. (이때 주의할 점! 믹서기에 뜨거운 상태의 내용물을 넣고 밀폐해 작동하면 뜨거운 온도 때문에 압력이 높아져 펑 하고 터질 수 있어요. 그래서 김이 빠질 수 있도록 뚜껑에 있는 분리형 뚜껑을 열고 작동해야 해요.)

완성

밤 페이스트 30g, 얼그레이 애플 시럽 40g, 우유 200g(또는 얼음 적당량, 우유 120~150g)

1. 잔에 밤 페이스트와 얼그레이 애플 시럽을 넣고 충분히 섞습니다.
2. 스팀 피처에 우유를 넣고 데워 잔에 담습니다. (또는 얼음과 우유를 넣습니다.)

과일과 잘 어울리는 얼그레이 홍차

여기서는 '테일러스 오브 헤로게이트'의 '얼그레이'를 사용했어요. 우아하면서도 부드러운 향의 베르가모트 향을 가지고 있어요. 그래서 향이 강하지 않은 과일과 잘 어울리는 얼그레이랍니다.

시판 사과주스를 사용하면 안 되나요?

이 레시피의 시럽을 만들기 위해는 사과즙이 필요해요. 당분이 있는 사과주스를 사용한다면 너무 달아지기 때문에 착즙된 사과즙을 사용하는 것이 좋아요. 집에서 사과를 직접 착즙한다면 껍질 없이 과육만 내려주세요. 그래야 텁텁한 맛 없이 깔끔해요.

진짜 밤 페이스트

가을 햇밤으로 만드는 밤 페이스트는 그냥 빵에 발라만 먹어도 너무 맛있어요. 우리나라에는 공주 밤이 유명한데 단맛이 일품이지요. 그중 옥광 밤은 동글동글하고 고소한 단맛이 아주 좋습니다. 하동의 밤도 유명한데 하동 밤은 좀 더 담백한 것이 특징이어서 음식에 사용하기 아주 좋고 깔끔한 다식을 만들 때도 많이 사용됩니다. 요즘은 깐 밤도 위생적이고 맛도 좋아서 깐 밤을 사용해도 좋아요. 깐 밤을 사용한다면 약 250g 정도를 쓰면 되고요. 직접 만들기 어렵다면 시판되는 '세미 베버시티'의 '밤 라떼 페이스트'를 사용해도 좋아요.

+MINI RECIPE 01

빨리 만드는 카페용 바밤바 라테

밤 페이스트 30g, 시판 얼그레이 시럽 20g, 시판 사과 시럽 10g, 얼음 적당량, 우유 120~150g

1. 잔에 밤 페이스트, 얼그레이 시럽, 사과 시럽을 넣고 섞습니다.
2. 얼음과 우유를 넣습니다.

+MINI RECIPE 02

얼그레이 애플 에이드 EARL GREY APPLE ADE

사과가 콕콕 씹히는 재미를 주는 수제청은 탄산수, 우유, 물 어느 것과 섞어도 맛이 좋아요.

〈얼그레이 애플청〉

얼그레이 홍차 티백A 1개, 물 100g, 설탕A 100g,
사과 200g, 설탕B 120g, 얼그레이 홍차 티백B 3개, 레몬즙 10g

1. 저그에 얼그레이 홍차 티백A와 설탕A를 담고 뜨거운 물을 부어 5분간 우린 다음 티백을 짜서 꺼냅니다. (얼그레이 홍차 시럽 완성!)
2. 볼에 껍질을 벗긴 사과를 잘게 다이스해서 담습니다.
3. 설탕B와 섞습니다.
4. 얼그레이 홍차 티백B와 레몬즙을 넣습니다.
5. 4에 우린 1을 넣어 냉장 숙성하여 완성합니다.

〈완성〉

얼그레이 애플청 50g, 얼음 적당량, 탄산수 120~150g

잔에 얼그레이 애플청, 얼음, 탄산수를 넣어 마무리합니다. (또는 잔에 청, 얼음, 우유를 넣어도 맛이 좋답니다.)

사과

사과는 700가지나 되는 품종이 있는데 우리나라에서는 부사, 홍로, 홍옥, 감홍, 아오리 등 10개 정도 되는 품종을 재배하고 있어요. 그중 비교적 신맛이 적고 단맛이 많으며 과육의 밀도감이 어느 정도 있는 부사나 홍로를 사용하면 청을 만들더라도 식감이 오래 남는답니다.

꼭 시럽을 따로 넣어야 하나요?

밀도가 높은 사과 과육과 설탕만 섞은 청은 삼투압이 잘 되지 않고 사과의 맛과 향이 제대로 나지 않아요. 약간의 액상이 들어가면 삼투압의 매개체 역할도 하면서 향도 올려주기 때문에 넣는 것이 좋아요.

BANANA CHAI

바나나 차이티

{ ASSAM + BANANA + CINNAMON }

토스트에 바나나를 올리고 시나몬 파우더를 솔솔 뿌리면 정말 맛있겠죠?
이 레시피도 그런 맛을 가졌답니다.
차이 밀크티에서 우유만 바꿨더니 굉장히 색다른 맛이 탄생했어요.

아쌈CTC 홍차 7g, 너트메그 파우더 1/4ts,
시나몬 파우더 1/4ts, 물 100g, 바나나우유 150g, 밀크 폼,
시나몬 파우더 약간(데코용)

1. 냄비에 아쌈 CTC 홍차, 너트메그 파우더, 시나몬 파우더, 물을 넣고 끓입니다.
2. 바나나우유를 넣고 가장자리가 끓을 때까지 데운 뒤 불을 끄고 5분간 우립니다.
3. 찻잎을 걸러 잔에 담은 다음 밀크 폼과 시나몬 파우더로 장식합니다.

인도의 대표적인 홍차, 아쌈

〈홍차왕자〉라는 만화에도 등장하는 아쌈. 아쌈은 인도 북동부에 위치한 지역 이름이에요. 중국과 미얀마 국경과 가까운 곳에 위치한 이곳에서 영국인 로버트 브루스가 야생 차나무를 발견하게 되고, 이후 찰스 알렉산더 브루스가 차나무를 재배하는 데 성공하게 되죠. 그렇지만 중국의 깊은 맛을 낼 수 없어 로버트 포춘이라는 사람을 스파이로 보내 아쌈을 시작으로 다즐링, 닐기리, 스리랑카 등에 홍차 나무를 심게 되었답니다. 이것은 홍차 대량생산의 시작이 되었죠.
아쌈은 사실 생산 지역이 넓고 다원도 많아 어떻게 만들었는지에 따라 맛이 많이 달라지지만 일반적인 아쌈의 특징을 살펴보자면 몰트(Malt) 향이죠. 그래서 밀크티에 진한 몰트 향과 단맛, 그리고 바디감을 주기 위해 이 아쌈을 주로 사용해요.

몰트

다른 말로 맥아, 엿기름이라고 하는데, 아쌈에서는 엿기름으로 만든 식혜를 마셨을 때 느껴지는 달콤한 향미를 느낄 수 있어요. 향이라는 것은 사람마다 각자 다른 단어들로 머릿속에 저장되어 표현하는 방법이 다른데, 저에게는 이 몰트 향이 황설탕 시럽을 조릴 때 나는 향으로 느껴지더라고요. 이런 몰트 향은 아쌈 뿐만 아니라 스리랑카 갈레, 루후나 지역에서 나온 홍차에서도 느낄 수 있어요.

밀크티엔 꼭 아쌈CTC여야만 해요?

아뇨. 꼭 그런 건 아니에요. 그렇지만 아쌈CTC를 쓰는 데에는 이유가 있죠. 아무래도 사람 손을 덜 거치고 짧은 시간 내에 만들어지니 가격도 저렴할 수밖에 없겠죠. 가격뿐만이 아니에요. 짧은 시간에 유념되고 건조되기 때문에 찻잎이 가지고 있는 향과 맛이 채 발휘되지 못한 상태로 만들어지기 때문에 공들여 만든 차와 비교했을 때 다소 맛이 밋밋하게 느껴질 수 있어요. 이 밋밋함은 전체적으로 일반 찻잎에 비해 성분이 많이 없다는 뜻으로 오래 끓여도 쓴맛과 떫은맛이 많이 나오지 않아서 팔팔 끓여 만드는 차이티에 너무나도 적합한 거죠. 이 레시피에 사용된 차는 '프리미어스'의 '아쌈CTC'입니다. 아쌈CTC 중에서도 퀄리티가 높은 편이에요. 이외 '아크바'의 '아쌈CTC'도 좋아요.

같은 듯 다른 시나몬과 계피

시나몬과 계피의 차이점을 아시나요? 나무의 조상은 같지만 품종이 다르다고 생각하면 돼요. 시나몬은 주로 스리랑카에서 생산되서 '실론 시나몬'이라고 부르고 계피에 비해 부드럽고 단맛이 있어 티, 음료 또는 베이킹에 많이 사용되고 있어요. 계피는 매운맛과 향이 강해서 커피, 요리, 약 재료로 사용해요. 시나몬과 계피의 큰 차이점은 유제놀(Eugenol) 성분의 유무인데 시나몬에는 있지만 계피에는 없죠. 이 유제놀은 청량감과 단맛을 주는 향기 물질로 시나몬에 독특한 단맛을 줘요. 이 레시피에서 사용한 시나몬 파우더는 실론 시나몬 파우더인데, 마트에서 파는 대부분의 시나몬 파우더는 계핏가루이기 때문에 사용 시 확인하고 구매하세요.

시나몬

계피

이렇게도 해보세요

바나나우유를 딸기우유로 바꾸면 또 다른 매력의 차이티를 맛볼 수 있어요.

+MINI RECIPE

바나나 시나몬 밀크티 BANANA CINNAMON

애플망고 농축액을 넣으면 더 상큼한 차이티가 되요.

아쌈CTC 홍차 7g, 시나몬 파우더 1/8ts, 물 50g, 바나나우유 240g, 애플망고 농축액 30g

1. 저그에 아쌈CTC 홍차, 시나몬 파우더, 뜨거운 물을 넣고 5분간 우립니다.
2. 바나나우유를 따뜻하게 데웁니다. (냄비 또는 스티머를 이용해서 데워주세요.)
3. 잔에 애플망고 농축액, 우유를 넣습니다.
4. 아쌈CTC 홍차 잎을 스트레이너에 거른 뒤 잔에 천천히 따릅니다.
5. 차갑게 식혀 마셔도 맛있어요.

SEXY MANGO

섹시 망고

{ MANGO + RASPBERRY + MILK }

라즈베리의 붉은 빛깔과 망고의 과육이 살짝살짝 보여
섹시한 느낌을 주는 과일 밀크티랍니다.

망고 향 홍차 6g, 물 50g, 라즈베리 시럽 20g,
화이트초콜릿 소스 20g, 얼음 적당량, 우유 100g,
망고 슬라이스 적당량

1. 저그에 망고 향 홍차와 뜨거운 물을 넣고 5분간 우립니다.
2. 찻잎을 스트레이너로 걸러 잔에 담습니다.
3. 라즈베리 시럽과 화이트초콜릿 소스를 넣고 섞습니다.
4. 얼음과 망고 슬라이스를 넣습니다.
5. 우유를 넣어 완성합니다.

망고 향 홍차

은은한 망고 향이 있는 '타바론'의 '망고멜랑'을 사용했어요.

음료의 안정제 역할을 하는 화이트초콜릿 소스

산도가 있는 과일의 시럽이나 퓌레에 우유를 섞으면 분리가 되지요. 밀도감이나 당도감을 만들어주면 분리되는 것을 막아줄 수 있어요. 이 레시피에 사용한 소스는 '다빈치'의 '화이트초콜릿 소스'랍니다. 많은 양이 부담된다면 연유로 대체해서 사용할 수 있어요.

라즈베리 시럽

'다빈치'의 '라즈베리 랩소디'를 사용했어요. 라즈베리가 가진 상큼함을 그대로 담고 있어서 쓰기 좋아요.

OREO MINT

오레오 민트티

{ BLACK TEA + OREO + PEPPER MINT }

누구나 좋아하는 오레오가 들어가 씹히는 맛이 매력적인 밀크티예요.
민트가 더해져 입안에 개운함을 더해준답니다.

우바 홍차 4g, 페퍼민트 1g, 우유 150g, 설탕 14g,
오레오 1개 반, 얼음 적당량, 생크림 적당량, 민트 색소 약간,
민트(장식용), 오레오(장식용)

1. 냄비에 우바 홍차, 페퍼민트, 우유를 넣고 가장자리가 끓을 때까지 데웁니다.
2. 불을 끈 뒤 설탕을 넣고 녹인 다음 스트레이너에 찻잎을 걸러 차갑게 식힙니다.
3. 믹서기에 크림을 뺀 오레오와 2를 넣고 갈아줍니다.
4. 잔에 얼음, 3을 담습니다.
5. 민트 색소를 넣은 생크림을 올리고 민트와 오레오로 장식합니다.

'진흙 속의 장미' 우바 홍차

세계 3대 홍차 중 하나로 스리랑카 지역의 이름이자 그곳에서 생산되는 차 이름이기도 해요. 높은 지대에 위치한 우바는 건기가 7~9월 여름에 찾아와 이 시기에 생산된 우바는 아주 좋은 퀄리티를 가지고 있답니다. 주로 장미 향과 멘톨 향이 느껴진다고 하는데, 조금 더 와닿는 표현을 쓴다면 70% 이상의 카카오 함량을 가진 다크초콜릿 같은 신맛과 적당한 단맛이 조화롭게 어우러져 있답니다. 그래서 스트레이트티로 다크초콜릿과 곁들여 마시기 좋고, 밀크티 베이스로도 사용하기 좋아요. 이 레시피에서는 우바로 유명한 '할페티FBOP'를 사용했어요.

페퍼민트

우바 속에 숨어 있는 멘톨 향을 키워주는 재료예요. 페퍼민트는 원활한 소화에 도움을 주기 때문에 오레오, 생크림 등 자칫 소화하기 어려운 재료와 함께 사용하기 정말 좋아요. 또한 페퍼민트는 소화 개선뿐만 아니라 텁텁한 입안을 상쾌하게 만들어주고 불면증 개선에도 도움을 주는 허브예요. 생 허브는 풀 내음이 많이 나니 건 페퍼민트를 사용해 주세요.

오레오는 꼭 크림을 빼고 넣어요

오레오의 크림은 트랜스지방이 포함된 쇼트닝으로 만들었기 때문에 음료에 들어가면 느끼할 뿐만 아니라 분리된 것처럼 덩어리가 동동 떠서 식감에 방해가 되니 꼭 빼주세요. 오레오의 크림을 빼는 것이 귀찮다면 오레오 분태를 구매해서 10~12g을 넣어주세요.

EARL GREY CHOCOLATE

얼그레이 초콜릿

{ EARL GERY + DARK CHOCOLATE + MILK }

진한 초콜릿에 얼그레이가 퐁당!
초콜릿을 좋아하는 사람이라면 누구나 사랑에 빠질 음료예요.

얼그레이 홍차 6g, 설탕 12g, 물 50g, 다크초콜릿 30g,
우유 150g, 얼음 적당량

1. 냄비에 얼그레이 홍차, 설탕, 물을 넣고 끓여줍니다.
2. 우유를 넣고 가장 자리가 끓을 때까지 데웁니다.
3. 불에서 내린 뒤 다크초콜릿을 넣고 잘 섞어줍니다.
4. 5분간 우린 뒤 스트레이너에 찻잎을 꼭 짜서 걸러냅니다.
5. 그대로 마시거나 차갑게 식혀 얼음 잔에 담아 마십니다.

다크초콜릿과 잘 어울리는 얼그레이

여기서 사용한 얼그레이는 '딜마 t시리즈'의 '얼그레이BOP'예요. 이 레시피에서는 다크초콜릿의 맛과 향을 뚫고 나올 수 있는 정도로 강한 베르가모트 향을 써야 한답니다.

다크초콜릿

카카오 함량이 50% 이상인 것을 다크초콜릿이라고 하는데 여기서는 57% 다크초콜릿을 사용했어요. 이 얼그레이 초콜릿은 홍차가 들어가기 때문에 카카오 함량이 너무 높으면 뒷맛이 쓰고 텁텁할 수 있어요. 그래서 카카오 함량이 70% 미만인 제품을 추천해요. 저는 '칼리바우트'의 '57.9% 다크초콜릿'을 사용했어요. 이외 얼그레이와 잘 어울리는 다크초콜릿은 '발로나'의 '까라이브'가 있어요. 밀크초콜릿은 카카오 버터와 전지분유의 함량이 높아져 느끼할 수 있으니 가급적 피하는 것이 좋아요.

이렇게도 해보세요

음료가 완성이 되고 맨 마지막에 바닐라 설탕을 솔솔 뿌려 보세요. 섞지 않고 그대로 마시면 마실 때마다 입가에 바닐라 설탕이 묻으면서 아주 고급스러운 색다른 맛을 경험할 수 있어요. 바닐라 설탕 레시피는 바닐리아(160쪽)에서 만날 수 있어요.

SWEET CORN MATCHA

초당옥수수 말차

{ MATCHA + SWEET CORN }

여름이면 아삭하고 달콤한 초당옥수수의 인기가 대단해요.
Non GMO인 우리나라 초당옥수수로 다양한 음료를 만들어볼 수 있어요.
또한 말차에는 고소한 맛이 있어서 곡식류와 정말 잘 어울려요.

초당옥수수 베이스

초당옥수수 250g, 옥수숫대 2개분, 물 적당량, 설탕A 25g, 구운 천일염 1g, 설탕B 200g

1. 초당옥수수를 알갱이만 잘라 250g 준비합니다.
2. 옥수숫대를 냄비에 넣고 물을 자작하게 넣어 끓입니다.
3. 다른 냄비에 옥수수 알갱이, 옥수숫대 우린 물 50g, 설탕A, 구운 천일염을 넣고 익힙니다. (여기까지 만들면 수제 통조림 옥수수예요.)
4. 한 김 식힌 3과 설탕B를 믹서기에 넣고 곱게 갈아줍니다.
5. 고운 체에 걸러 완성합니다.
6. 냉장고에 보관합니다.

완성

말차 3g, 물 25g, 초당옥수수 베이스 60g, 얼음 적당량, 우유 120g

1. 찻사발에 말차, 물을 넣고 격불하여 준비합니다.
2. 잔에 베이스, 얼음, 우유, 격불한 말차 순으로 넣습니다.

초당옥수수는 어떤 옥수수인가요?

여름이 되면 아삭아삭한 식감을 가진 달콤한 초당옥수수의 인기가 아주 뜨겁습니다. 일반 옥수수보다 당도가 3배 이상 높고 수분 함량이 많아서 과일처럼 생으로도 먹을 수 있는 옥수수예요. 외국으로부터 스위트콘 종자를 수입해서 국내에서 개발한 초당옥 1호, 감미옥 등의 품종이 있어요.

초당옥수수는 이렇게 보관해요

초당옥수수는 수확 직후부터 당도가 점점 떨어지기 때문에 바로 찜기에 쪄서 먹는 것이 제일 좋아요. 그렇지만 많은 양을 구매해서 한 번에 먹기 어렵다면 이런 방법으로 보관하면 좋아요. 껍질을 모두 벗기지 말고 찜기에 찐 뒤 껍질에 싸여 있는 채로 냉장이나 냉동 보관해요. 바로 찔 수 없다면 껍질에 싸여 있는 채로 냉동하면 좋아요. 그렇지만 찌지 않았다면 냉동에서 7일 이상 두지 마세요.

유전자 변형 농수산물, GMO

수입되는 콩, 옥수수는 유전자 변형 농수산물이 섞여 있어서 먹기에 불안하죠. 그렇지만 우리나라에서 생산되는 초당옥수수는 자연적으로 생긴 품종들을 교배하여 개발해 만들었기 때문에 유전자 변형이 없어 안심하고 먹을 수 있답니다.

부드러운 말차

높은 등급의 말차는 쓰고 떫은맛보다 곡식의 고소한 맛과 단맛이 올라옵니다. 이 레시피에서는 '묘차'의 '제주 프리미엄 말차'를 사용했어요. 가지고 있는 말차에 쓴맛이 있다면 1g 정도 줄여 넣으세요.

+MINI RECIPE 01

콘 크렘브륄레 라테 CORN CREAM BRULEE LATTE

휘핑크림 40g, 초당옥수수 베이스 40g,
얼음 적당량, 우유 100~120g, 황설탕 약간, 콘수프 가루 약간

1. 볼에 휘핑크림과 베이스를 넣고 핸드 블렌더로 휘핑합니다.
2. 잔에 얼음, 우유, 1 순으로 넣습니다.
3. 황설탕을 약간 뿌린 뒤 토치로 굽습니다.
4. 콘수프 가루를 살짝 뿌려 완성합니다.

+MINI RECIPE 02

화이트 식빵과 잘 어울리는 초당옥수수 잼 CORN JAM

초당옥수수 150g, 설탕 100g, 생크림 25g, 우유 25g

1. 옥수수는 알갱이만 잘라 준비합니다.
2. 냄비에 옥수수, 설탕, 생크림, 우유를 넣고 끓입니나.
3. 옥수수가 익으면 핸드 블렌더로 1/2 정도 간 뒤 조립니다. (차가운 접시에 올렸을 때 약간 흐르는 정도까지 조려줍니다.)
4. 다시 핸드 블렌더로 곱게 간 뒤 불에 올려 한 번 더 끓입니다.
5. 소독된 병에 담아 뒤집어 보관합니다.

PUMPKIN MATCHA

단호박 말차

{ MATCHA + PUMPKIN + CORN }

초당옥수수 말차에서 더 업그레이드된 레시피예요.
단호박에 황설탕과 옥수수를 더하면 단호박의 비린 냄새를 없애주고 고소한 단맛을 더욱 잘 살려줍니다.
그래서 더욱 세련된 느낌의 말차 라테가 완성되죠.

단호박 베이스

찐 단호박 150g, 황설탕 100g, 옥수수 15g

1. 믹서기에 단호박, 황설탕, 옥수수를 넣고 갈아줍니다.
2. 고운 체에 내린 뒤 냉장 또는 냉동 보관하여 사용합니다.

완성

말차 2g, 물 30g, 단호박 베이스 50g, 우유 120~150g

1. 찻사발에 말차와 물을 넣고 차선으로 격불합니다.
2. 1에 단호박 베이스, 우유를 넣고 잘 섞은 뒤 우유 거품을 올립니다.

단호박은 어떻게 조리하면 좋을까요?

단호박을 끓는 물에 삶아 준비하면 수분감이 있어 부드러운 텍스처가 되기 때문에 음료 베이스 재료로 사용하기 적합해요. 그렇지만 단호박을 쪄서 준비하면 더 고소하고 맛있는 베이스가 만들어지지요. 음료용으로만 사용한다면 물에 넣어 삶고, 베이킹이나 요리용으로 함께 사용할 단호박 퓌레를 만든다면 쪄서 만드는 것을 추천해요. 직접 만들 시간이 없다면 '선인'의 '호박 페이스트'를 사용하면 편리하답니다.

꼭 황설탕이어야 할까요?

의외로 황설탕이 백설탕보다 단맛이 적게 느껴져요. 단맛보다 캐러멜 향이 많기 때문에 자칫 비릿한 향이 올라올 수 있는 단호박, 고구마 같은 뿌리채소와 섞으면 잡내를 제거하고 재료가 가진 고소함을 잘 살려주죠. 제가 사용한 황설탕은 '백설' '황설탕'이에요. 곡물류와 잘 어울리는 캐러멜 향을 가지고 있어요. 꼭 황설탕이 아니더라도 유기농 설탕을 사용할 수 있어요.

옥수수

이 레시피의 옥수수는 초당옥수수 말차 레시피의 수제 통조림 옥수수를 사용했어요. 간편하게 시판 통조림 옥수수를 사용할 수 있어요. 시중에 판매되는 것 중에 '오뚜기'의 '수퍼 스위트 콘'은 설탕이 들어가지 않은 제품이라서 좀 더 담백하고 고소한 맛을 살릴 수 있어요.

CREAM CITRUS

크림 시트러스

{ EARL GREY + IRISH CREAM + ORANGE }

얼그레이에 아이리시 크림 향이 들어간 부드럽고 매력적인 칵테일 같은 음료예요.

크림 얼그레이 홍차 티백 2개, 물 50g,
아이리시 크림 시럽 10g, 오렌지주스 90g, 얼음 적당량,
스프라이트 90g, 오렌지 슬라이스 1/4개

1. 잔에 크림 얼그레이 홍차 티백과 뜨거운 물을 넣고 5분간 우립니다.
2. 티백을 짠 뒤 뺍니다.
3. 아이리시 크림 시럽, 오렌지주스, 얼음, 스프라이트 순으로 넣습니다.
4. 오렌지 슬라이스로 장식합니다.

크림 얼그레이

'크림 얼그레이'는 '믈레즈나'의 대표적인 홍차 중 하나예요. 기본 얼그레이에 크림 향이 추가되어 시트러스함이 강하지 않고 한층 부드러운 맛을 낸답니다. '테들리'의 '얼그레이 바닐라 홍차'를 사용해도 좋아요.

아이리시 크림 시럽

이 레시피에서의 아이리시 크림 시럽은 오렌지와 베르가모트, 스프라이트의 레몬 향 등 가볍고 통통 튀는 시트러스함을 차분히 가라 앉혀주는 역할을 해요. 아이리시 크림 시럽 대신에 바닐라 시럽을 넣거나 약간의 위스키를 넣어도 정말 맛이 좋답니다. 저는 '1883'의 '아이리시 크림 시럽'을 사용했어요.

과육 없는 오렌지주스

시중에 파는 오렌지주스의 종류는 정말 많아요. 여기서는 생 오렌지를 착즙하여 분당체에 걸러 과육 없이 깨끗이 사용했어요. 그래야 깨끗하고 투명한 음료를 만들 수 있답니다. 따라서 시중에 판매하는 오렌지주스 중에 탁도가 없고 과육이 없는 깨끗한 주스를 사용하는 것을 추천해요.

음료의 과일은 그냥 장식인가요?

생 오렌지나 생 레몬 슬라이스가 들어가면 음료가 더 신선하고 화사한 느낌이 됩니다. 꼭 필수는 아니지만 과일의 느낌을 잘 살리고 싶다면 넣는 걸 추천해요.

APPLE CINNAMON

애플 시나몬티

{ CINNAMON + APPLE + MUSCOVADO }

추운 계절에 싸늘한 바람이 불면 온몸을 녹여줄 그런 차가 필요해요.
사과 향이 나는 차와 함께 끓여서 너무 무겁지만은 않은 시나몬 차예요.

애플 시나몬 베이스

사과즙 480g, 시나몬 파우더 1/2ts, 유기농 설탕 300g,
흑당 100g, 애플 시나몬 티백 2개,
사과 슬라이스 또는 다이스 1개분

1. 믹서기에 사과즙, 시나몬 파우더, 유기농 설탕, 흑당을 갈아줍니다.
2. 애플 시나몬 티백, 사과 슬라이스를 담아 냉장고에서 5~7일간 숙성합니다.
3. 사과 슬라이스와 티백을 넣은 채로 보관하지만, 사용할 때는 사과 슬라이스를 제외하고 시럽 위주로 사용합니다.

완성

애플 시나몬 베이스 60g, 사과 슬라이스 3개, 물 250~300g

1. 잔에 애플 시나몬 베이스, 사과 슬라이스, 팔팔 끓는 뜨거운 물을 넣습니다. (냄비에 베이스, 사과 슬라이스, 시나몬 스틱 1개를 함께 넣고 끓여도 좋아요.)

애플 시나몬 티백

여기서는 '런던후르츠'의 '애플 앤 시나몬'을 썼어요. 시나몬보다 사과 향이 더 진한 허브차예요. 진한 시나몬 향이 좋다면 '푸카'의 '와일드 애플 시나몬'을 써보세요. 그리고 애플 시나몬 티 대신에 '보이 숙차'를 넣으면 쌍화탕같이 따뜻한 기운을 불어 넣어줄 차가 완성돼요.

실론 시나몬 파우더

계핏가루가 아닌 '실론 시나몬 파우더'를 사용했어요. 실론 시나몬은 가격이 높아 '커클랜드'의 '시나몬 파우더'를 사용해도 무방합니다. 매운 향이 아닌 달콤하고 부드러운 향을 지닌 시나몬이면 된답니다. 홀 시나몬이 아닌 파우더를 쓰는 이유는 홀 시나몬은 아주 오랜 시간 끓여야 제맛을 내지만 파우더는 단시간 내에도 제맛을 쉽게 낼 수 있기 때문입니다. 홀 시나몬을 쓴다면 부러뜨려 넣거나 푸드프로세서에 갈아서 사용하는 것이 일반적입니다.

유기농 설탕

정제되지 않고 미네랄 성분이 그대로 있다고 해서 몸에 좋은 것으로 알려진 유기농 설탕. 유기농 설탕의 원산지는 아주 많지만 차와 잘 어울리는 유기농 설탕을 원한다면 브라질산 '고이아사 케인 슈거'를 쓰거나 '라삐르슈(프랑스령인 레위니옹 섬에서 만들어진 유기농 설탕)'를 쓰면 돼요. 유기농 설탕은 음료에 꿀 내음을 더해주는 설탕이죠. 이 레시피에서는 '고이아사 케인 슈거'를 사용했어요.

흑당과 흑설탕은 달라요

흑당은 사탕수수의 즙을 가열하여 만든 설탕으로 흑갈색을 띠고 있으며 미네랄 성분도 아주 풍부하답니다. 반면에 흑설탕은 정제된 백설탕에 흑당을 추가하여 만드는 것으로 제조 방법도 다르고 맛도 다르죠. 여기서 사용한 흑당은 '다크 머스코바도'예요. '다크 머스코바도'는 대추고, 곶감고와 같은 향미를 가지고 있어 시나몬, 너트메그, 페퍼 등 스파이스 허브와 아주 잘 어울린답니다. 그래서 겨울 음료 베이스에 많이 쓰는 설탕이에요. 흑당이나 흑설탕은 개봉 후에 공기 중 수분과 결합되면서 돌덩이처럼 뭉치게 되니 밀폐를 잘 해야 해요. 식빵 1조각을 넣어두면 단단하게 뭉치는 걸 막을 수 있어요.

+MINI RECIPE 01

애플 시나몬 라테 APPLE CINNAMON LATTE

애플 시나몬 베이스 50g, 따뜻한 우유 230g을 잔에 담고 시나몬 파우더를 솔솔 뿌리면 맛있는 라테가 완성돼요.

+MINI RECIPE 02

봄여름에 어울리는 애플 시나몬 시럽

APPLE CINNAMON FOR SPRING

에이드를 위한 시럽에는 사과 향을 돋보이게 하는 백설탕이 들어가야 해요.

〈애플 시나몬 시럽〉

사과즙 240g, 백설탕 240g, 시나몬 파우더 1/4ts,
시나몬 향 홍차 티백 1개

1. 믹서기에 사과즙, 백설탕, 시나몬 파우더를 넣고 갈아줍니다.
2. 시나몬 향 홍차 티백을 넣고 냉장고에 3~5일간 숙성합니다.
3. 티백을 뺀 뒤 시럽을 사용합니다.

〈완성〉

애플 시나몬 시럽 60g, 얼음 적당량, 탄산수 120~150g

1. 잔에 애플 시나몬 시럽, 얼음, 탄산수 순으로 넣습니다.

COFFEE GRENADINE

커피 그레나딘

{ BLACK TEA + COFFEE + POMEGRANATE }

커피가 들어가 더욱 친근하게 느껴지는 밀크티예요.
석류 시럽이 들어가서 핑크빛이 도는 예쁜 비주얼을 자랑해요.

석류 향 홍차 6g, 물 50g, 석류 시럽 10g, 깔루아 2g,
에스프레소 2~8g, 우유 90g, 얼음 적당량

1. 저그에 석류 향 홍차와 뜨거운 물을 넣고 5분간 우립니다.
2. 잔에 석류 시럽, 깔루아, 에스프레소, 우유를 넣고 잘 섞습니다.
3. 얼음을 넣고 찻잎을 거른 1을 부어 완성합니다.

석류 향 홍차

'믈레즈나' 홍차 중 석류와 바닐라, 그리고 파인애플 향이 들어간 '몽크블랜드'라는 홍차가 있어요. 이 홍차의 바닐라 향이 커피 향처럼 느껴져서 이 레시피를 만들게 되었어요. '몽크블랜드'는 밀크티에 참 잘 어울리는 홍차예요. '베질루르'의 '크림판타지'를 사용해서도 만들 수 있어요. 이 차는 녹차 베이스로 만들어져서 분홍빛 색감이 더 좋은 음료로 만들 수 있어요.

석류 시럽

색도 예쁘고 과일 본연의 맛이 짙은 '다빈치'의 '석류 시럽'을 사용했어요. 전체적으로 핑크빛을 주는 데에 이 시럽의 역할이 커요.

에스프레소

과일 차와 잘 어울리는 원두는 로스팅이 적게 되어 있는 것이 좋은데, 원두의 아로마가 차보다 훨씬 많기 때문에 진하게 로스팅한 원두는 가급적 피하는 것이 좋아요. 주로 에티오피아, 케냐 등과 같은 산미가 있고 꽃 향, 과일 향이 있는 원두를 선택해서 사용하는 편이고 사용하더라도 아주 소량 넣는답니다. 여기서는 '케냐AA' 커피를 사용했어요.

깔루아

커피 향을 도와주는 역할로 넣었지만 꼭 넣지 않아도 돼요. 럼에 원두를 담아 숙성하여 만든 수제 깔루아를 넣어도 정말 좋아요.
(럼 1병과 원두 30G을 병에 담은 뒤 은박지에 꽁꽁 싸서 6개월 이상 숙성해서 사용해요.)

(CU입점 레시피)

AQUA PEARL

아쿠아 펄

{ SOURSOP + ORANGE + COCONUT }

우리나라에 알려지지 않은 열대 과일인 '사워솝soursop' 향이 들어간 음료예요.
사워솝은 달콤하고 다채로운 맛을 가진 열대 과일이에요.
이 레시피는 그런 사워솝 홍차로 동남아의 아름다운 바다를 표현한 음료랍니다.

사워솝 향 홍차 티백 2개, 물 50g, 블루 큐라소 시럽 20g, 코코넛 럼 2g, 얼음 적당량, 우유 130g

1. 저그에 사워솝 향 홍차 티백과 뜨거운 물을 넣고 5분간 우립니다.
2. 티백을 꼭 짠 뒤 꺼냅니다.
3. 잔에 블루 큐라소 시럽, 코코넛 럼, 2를 넣고 섞습니다.
4. 얼음, 우유를 넣고 완성합니다.

사워솝

아직 우리나라에서는 사워솝이라는 과일이 생소하게 느껴질 것 같아요. 스리랑카에는 두리안과 잭프룻의 사촌처럼 생긴 사워솝이라는 과일이 있는데 잘라보면 완전 다른 모습을 지녔어요. 이걸 먹으면 '종합 과일 맛'이라는 표현이 아주 적합해요. 바나나, 딸기, 망고 등이 모두 다 느껴지는 그런 신기한 맛이거든요. 이 레시피에서는 '믈레즈나'의 '사워솝 홍차'를 사용했어요. 진짜 사워솝의 맛과는 조금 다르지만 다양하고 새로운 과일 향미를 내기 위해 사용하기 좋아요.

블루 큐라소 시럽

푸른 바다를 표현하기 정말 좋은 색감을 가졌어요. 여기에는 사워솝의 새콤함을 살려주는 것이 좋은데, 오렌지 리큐르 '트리플 섹' 느낌이 강한 '다빈치'의 '블루오션 시럽'을 사용했어요. '다빈치'의 제품들은 과일 자체에서 나는 향과 비슷하기 때문에 티 음료에 자주 사용되지요.

코코넛 럼

'말리부'의 '코코넛 럼'을 사용했어요. 소량으로 코코넛 향을 낼 수 있고 과일의 향까지 잘 살려주는 역할을 해요. 코코넛 술 대신 코코넛 밀크를 사용할 수도 있지만 자칫 잘못 쓰면 여기서 사용하는 사워솝 홍차와 코코넛 밀크가 만나 쓴맛과 텁텁한 맛이 많이 남는 음료가 될 수 있어요. 따라서 소량의 코코넛 술을 넣거나 코코넛 시럽을 사용하는 것을 권해요.

GINGER BEER

진저비어

{ MANGO + GINGER }

진저 향이 은은하게 맴도는 달콤한 음료 진저비어는 진짜 맥주가 아니지요.
홍차와 진저 시럽을 이용해 진저비어를 닮은 또 다른 음료를 만들어보았어요.

망고 향 홍차 티백 2개, 물 50g, 진저 시럽 10g,
라임즙 5g, 얼음 적당량, 스프라이트 130g

1. 저그에 망고 향 홍차 티백과 뜨거운 물을 담고 5분간 우립니다.
2. 잔에 진저 시럽, 라임즙, 얼음, 스프라이트를 순서대로 넣습니다.
3. 1을 부어 완성합니다.

망고 향 홍차

이 레시피에서는 '베질루르'의 '망고&파인애플' 홍차를 사용했어요. '베질루르'의 과일 홍차들은 천연 과일 향을 써서 은은한 향미를 가졌어요. 이 레시피는 진저 향이 강하지 않도록 잘 감싸주기 위해 과일 향 차를 쓰기 때문에 '베질루르'를 선택했어요.

진저 시럽

직접 만든 진저 시럽을 사용했지만 시중에 판매하는 '포모나 믹솔로지 진저&레몬 시럽'을 사용해도 돼요. 직접 만든 진저 시럽은 핑크 진저 라테(147쪽)에서 확인하세요.

라임이 꼭 들어가야 하나요?

꼭 들어가지 않아도 되지만 라임이나 레몬은 아이스티 음료에 들어가면 음료의 향과 맛 밸런스를 조절해 주는 역할을 합니다. 따라서 넣으면 훨씬 맛이 좋고 완벽한 음료가 완성되는 거죠.

ROSE GRAPEFRUIT

로즈 자몽

{ ROSE + GRAPEFRUIT + PEAR }

핑크빛 그러데이션의 이 음료는 장미가 들어간 스파클링 음료에요.
장미가 한창 피는 계절인 5~6월에 정말 잘 어울리는 음료지요.

로즈 플라워 2g, 레몬즙 2g, 물 50g, 로즈 시럽 10g,
자몽주스 20g, 배 주스 20g, 얼음 적당량,
스프라이트 150g, 식용 꽃

1. 저그에 로즈 플라워와 뜨거운 물을 넣고 5분간 우립니다.
2. 레몬즙을 떨어뜨려 더욱 빨갛게 우립니다.
3. 찻잎을 스트레이너로 거릅니다.
4. 잔에 로즈 시럽, 자몽주스, 배 주스, 얼음, 스프라이트를 넣습니다.
5. 3을 천천히 넣고 식용 꽃으로 장식합니다.

레몬즙

로즈 플라워를 우리는 동안 레몬의 산도가 더해지면 진한 핑크빛으로 바뀌고 향미는 더욱 산뜻해집니다. 레몬즙은 소량 들어가기 때문에 생 레몬즙 또는 시중에 판매하는 레몬주스 중 어떤 것을 사용해도 괜찮아요.

로즈 시럽

'모닌'의 '로즈 시럽'을 사용했어요. 컬러감을 표현하기 위해 '모닌'의 '로즈 시럽'을 사용했는데, 내추럴한 장미 향을 원한다면 '1883'의 '로즈 시럽'을 사용해도 좋아요.

자몽주스와 배 주스

'썬키스트'의 '자몽주스', 그리고 '갈아만든 배 주스'를 사용했어요. 음료는 회사마다 모두 재료와 향을 다르게 사용하기 때문에 같은 주스여도 아주 다른 맛이 나죠.

FRENCH VANILLA

프렌치 바닐라

{ VANILLA + BLACK TEA + ESPRESSO }

홍콩에는 커피와 홍차를 섞어 마시는 음료인 '원앙차'가 있어요.
밀크티에 커피의 향을 더하면 음료의 풍미가 깊어진답니다.
겨울에 초콜릿 쿠키나 비스코티와 함께 먹으면 마시는 즐거움이 배가 되어요.

바닐라 향 홍차 티백 3개, 설탕 14g, 물 100g, 에스프레소 2g, 우유 200g, 바닐라 설탕 1/4ts, 쿠키(곁들임용)

1. 스팀 피처에 바닐라 향 홍차 티백과 설탕, 뜨거운 물을 넣고 5분간 우립니다.
2. 티백을 짜서 꺼낸 뒤 우유와 에스프레소를 넣습니다.
3. 스티머로 밀크티를 데운 뒤 잔에 담습니다. (냄비로 데워도 좋아요.)
4. 기호에 따라 바닐라 설탕과 쿠키를 곁들여 마십니다.

바닐라 향 홍차

'트와이닝'의 '바닐라 홍차'를 사용했어요. 바닐라 향에는 여러 가지가 있는데, 실제 바닐라빈과 가장 비슷한 향을 지니고 있는 홍차가 '트와이닝'의 '바닐라 홍차'예요. 커피와도 정말 잘 어울리는 향을 가지고 있어요.

에스프레소 대신 사용할 수 있는 것이 있을까요?

에스프레소를 사용하면 추출할 때마다 조금씩 뉘앙스가 달라지기 때문에 '카누'의 블랙커피 분말을 사용하면 더 편리하게 매번 맛을 맞출 수가 있어요. 1/8ts 정도 소량 사용하면 됩니다.

에스프레소는 꼭 나중에 넣어주세요

음료는 어떤 재료가 먼저 들어갔느냐에 따라 미묘하게 맛이 달라진답니다. 따라서 홍차보다 향미가 강한 커피가 먼저 들어가면 커피의 향이 전반적으로 먼저 자리 잡게 되어 홍차의 맛이 잘 느껴지지 않을 수도 있어요. 그래서 티 음료에 커피를 쓰는 경우 커피는 꼭 나중에 넣어야 해요.

우유는 끓이는 것보다 밀크 폼을 내면 더 맛이 좋아요

밀크 폼에는 홍차의 향과 커피 향이 알맞게 어우러져 비스코티나 초콜릿 쿠키를 찍어 먹으면 정말 맛있어요.

바닐라 설탕과 쿠키

바닐라 설탕은 뜨거운 열기를 받고 날아간 홍차의 향을 잡아주고 아이덴티티가 강한 음료로 만들어줘요. 그리고 비스코티, 초콜릿 쿠키 등을 거품에 찍어 먹으면 또 다른 매력을 느낄 수 있답니다. 바닐라 설탕 만드는 방법은 160쪽 바닐리아에서 만날 수 있어요.

홍콩의 원앙차

차와 커피를 섞어 마시는 음료인 원앙차는 '동윤영'이라고도 부르는데 홍콩 차찬텡(간단히 식사를 할 수 있는 카페 겸 식당)에서 만날 수 있어요. 커피의 향은 차의 향보다 강하기 때문에 그 비율을 적절히 맞추는 것이 중요하지요. 바로 우려 만드는 방법 외에 시럽으로 활용한 원앙차를 닮은 레시피를 하나 더 소개할게요.

+MINI RECIPE

블랙 밀크티 BLACK MILK TEA

〈블랙티 시럽〉

밀크티용 홍차 12g, 백설탕 100g, 다크 머스코바도 100g,
물 200g, 에스프레소 14g

1. 저그에 홍차, 백설탕, 다크 머스코바도를 담은 뜨거운 물을 넣고 10분간 우립니다.
2. 에스프레소를 넣고 잘 섞은 뒤 찻잎을 스트레이너에 꼭 짜서 걸러냅니다.
3. 냉장 보관해서 마십니다.

〈완성〉

블랙티 시럽 50g, 우유 190g

1. 잔이나 보틀에 블랙티 시럽과 우유를 넣어 완성합니다. (얼음 잔에 담아 마시면 더 시원해요.)

입자 고운 DUST 등급의 밀크티용 홍차

홍콩 밀크티를 만들 때는 진하게 우리기 위해 끓는 물에 찻잎을 넣고 여러 번 끓인답니다. 더 진한 맛을 내기 위해 입자가 고운 것을 사용하지요. 분쇄되어 있는 차는 단시간 내에 성분이 빠르게 추출되고 맛과 향을 진하게 만들어줘요. 이 레시피에서는 '메르시보니'의 '골드 마일드 밀크티'를 사용했어요. 밀크티용 홍차로 DUST 급에 해당돼서 아주 진한 맛을 자랑하는 차랍니다. 스리랑카 딤블라 베이스로 만들어져 부드러우면서도 향이 짙은 밀크티를 만들 수 있어요.

OOLONG COFFEE

우롱 커피

{ BLACK OOLONG TEA + BROWN SUGAR + COFFEE }

중국 우롱차 중 커피처럼 불을 쐬 탄배를 시키는 무이암차가 있어요.
탄배 무이암차는 불의 향 때문에 커피 같기도 하고 고소하면서도 단맛까지 함께 어우러져 있답니다.
홍차로 만든 원앙차와 또 다른 느낌일 거예요.

무이암차 5g, 물 70g, 황설탕 16g, 콜드브루 1~2g,
얼음 적당량, 우유 120~150g

1. 푸드프로세서에 무이암차를 넣고 갈아서 입자를 곱게 만들어줍니다.
2. 냄비에 찻잎과 물을 넣고 팔팔 끓입니다.
3. 찻잎이 펴지면 불에서 내린 뒤 황설탕을 넣고 녹입니다.
4. 콜드브루 커피를 넣고 잘 섞은 뒤 얼음 1~2개를 넣고 쿨링합니다.
5. 찻잎을 스트레이너에 꼭 짜서 걸러 잔에 담습니다.
6. 우유, 얼음 순으로 넣습니다.

콜드브루만 사용해야 할까요?

에스프레소처럼 진하게 내린 커피는 우롱차의 은은한 향을 가릴 수 있기 때문에 차갑게 우려 쓴맛이 적은 콜드브루를 사용해 음료를 만드는 것이 좋아요.

무이암차

중국 무이산에서 자라는 우롱차를 통틀어 말해요. 이곳의 토양과 기후는 맛 좋은 차를 만들기 아주 적합하고 그 차의 기운도 강해 수련을 하는 스님들이 즐겨마시는 차로도 유명합니다. 이곳에는 육계, 대홍포, 민북수선 등 다양한 품종이 자라고 있는데, 이 레시피에서는 '묘차'의 '대홍포'를 사용했어요. 꼭 '대홍포'를 쓰지 않더라도 발효가 많이 된 홍차 같은 느낌의 진한 우롱차(농향 계열의 우롱차, 블랙 우롱, 엠버 우롱)를 사용하면 비슷한 맛을 낼 수 있어요.

풍미를 살려주는 황설탕

황설탕은 무이암차의 고소한 구운 향을 더 잘 살려주고 캐러멜 향을 더하기 때문에 이 레시피에 잘 맞는 설탕이에요. 무이암차는 황설탕 이외에 흑설탕이나 흑당과도 굉장히 잘 어울린답니다.

THE SHINING MOMENT

빛나는 순간

{ HIBISCUS + COFFEE }

어두운 느낌의 커피와 새콤한 과일 같은 풍미를 지닌 히비스커스가 섞이면 정말 새로운 느낌으로 바뀐답니다. 마치 커피에 숨어 있던 과일 향이 빛나는 것처럼요.

히비스커스 4g, 콜드브루 2g, 물 70g, 얼음 적당량, 스프라이트 180g

1. 저그에 히비스커스와 뜨거운 물을 넣고 5분간 우립니다.
2. 잔에 얼음, 스프라이트를 넣고 1의 찻잎을 스트레이너로 걸러 천천히 담습니다.
3. 마지막으로 콜드브루를 넣습니다.

콜드브루 커피

이 레시피에서는 꽃 향과 신맛이 있는 에티오피아 콜드브루예요. 에스프레소를 사용하면 커피의 강한 맛과 향이 히비스커스의 향을 덮어버리기 때문에 비교적 맛이 약한 콜드브루를 사용했답니다. 콜드브루가 없다면 원두 1~2알을 히비스커스와 함께 우려도 좋고 인스턴트커피 가루를 아주 소량 사용해도 괜찮아요.

스프라이트 대신 탄산수는 안 되나요?

스프라이트는 당도와 밀도가 있어 찻물이나 커피보다 무겁죠. 그래서 투 톤 그러데이션을 쉽게 만들 수가 있답니다. 하지만 탄산수는 당도감이 없어서 찻물이 들어가면 그대로 밑으로 내려가기 때문에 그러데이션을 만들 수가 없어요.

이렇게도 해보세요

어스 라테(166쪽)에서 사용하는 '다빈치'의 '멘타 쿠바노 시럽'을 10g 정도 넣어도 정말 맛있어요.

CHERRY COKE

체리 콕

{ HIBISCUS + CHERRY + COLA }

어릴 때 피자랑 많이 먹던 그 체리 콕!
히비스커스가 들어가서 체리의 산도를 살려주니 더 느낌 있는 체리 콕을 완성할 수 있어요!

히비스커스 블렌딩 티 3g, 물 25g, 체리 농축액 40g,
얼음 적당량, 제로 코카콜라 120~150g

1. 저그에 히비스커스 블렌딩 티와 뜨거운 물을 넣고 1~2분간 우립니다.
2. 스트레이너로 찻잎을 걸러 잔에 담습니다.
3. 체리 농축액을 넣고 섞은 뒤 얼음, 콜라 순으로 넣어 완성합니다.

체리 농축액

저는 간편하게 시중에 판매되고 있는 제품 중 체리의 맛이 잘 살아 있는 '서울 팩토리'의 '체리 에이드'를 사용했어요. 직접 체리로 체리청을 만들어 사용할 수도 있어요. 체리의 씨를 빼고 체리와 동량의 설탕을 넣고 핸드 블렌더로 갈아서 숙성하면 돼요. 이렇게 만들어진 체리청은 음료에 50~60g 정도 들어간답니다.

히비스커스 블렌딩 티

이 레시피에서는 '리쉬티'의 '스칼렛'을 사용했어요. 히비스커스, 로즈힙, 포도가 블렌딩된 허브티인데 체리 향과 비슷해서 이 레시피에 정말 잘 어울리는 차예요.

제로 콜라

체리 농축액에 충분한 당분이 있기 때문에 당 체내 흡수율이 적은 '제로 코카콜라'를 사용했어요. 일반 콜라에 비해 밀도감이 낮아 다른 재료들과 잘 섞인답니다. 진득한 당도가 있는 것을 좋아하면 일반 코카콜라를 사용해도 좋아요.

SALTY RED BEAN MATCHA

레드빈 말차 라테

{ MATCHA + RED BEAN + PINK SALT }

일본에서 말차와 함께 굵은소금이 뿌려진 팥 와가시를 먹은 기억을 떠올리며 만든 음료예요.
소금이 들어가서 말차의 단맛과 감칠맛이 한층 더 높아지고,
달콤한 팥을 사용해 말차의 고소함이 배가 되는 레시피예요.
티 페어링에도 녹차와 팥앙금을 자주 볼 수 있기 때문에 팥앙금 레시피를 함께 소개할게요.

팥앙금(팥 페이스트)

팥(적두) 500g, 물A 적당량, 물B 1L, 소금 1g, 설탕 1kg

1. 팥을 미리 물에 하룻밤 정도 불립니다.
2. 냄비에 팥, 2~3배 정도 양의 물A를 넣고 팔팔 끓입니다.
3. 한 번 삶은 물을 버리고 차가운 물에 팥을 살짝 씻습니다.
4. 냄비에 팥, 물B, 소금을 넣고 팥이 완전히 으깨질 때까지 삶습니다.
5. 설탕을 넣고 한 번 더 끓여 졸여 줍니다. (자작해질 정도로.)
6. 믹서기로 5를 간 뒤 소독된 병에 넣어 냉장 보관하거나 지퍼 백에 넣어 냉동 보관하면 오래 쓸 수 있습니다.

완성

팥앙금 60g, 우유 150g, 얼음 적당량, 말차 2g, 물 30g,
소금 약간

1. 찻사발에 말차와 따뜻한 물을 격불하여 준비합니다.
2. 잔에 팥앙금, 얼음, 우유 순으로 넣습니다.
3. 격불한 말차를 넣고 소금을 살짝 뿌려줍니다.

투 톤의 레드빈 말차

팥앙금이 아래로 깔리면 예쁘긴 하지만 섞어 마시기 어려울 때가 있어요. 그럴 땐 이 순서대로 만들어보세요.

1. 팥앙금과 우유를 믹서기에 넣고 갈아줍니다.
2. 얼음 잔에 담고 말차와 물을 격불하여 올려줍니다.
3. 마지막으로 소금을 살짝 뿌려줍니다.

SALTY RED BEAN MATCHA

팥(적두)

작은 붉은 콩인 팥은 안토시아닌이라는 항산화 성분이 풍부한 식재료예요. 그래서 노화 방지, 염증 치료에 도움을 준답니다. 또한 다양한 미네랄이 풍부해서 몸속 노폐물을 빼는 데도 아주 효과적이에요. 팥에는 사포닌 성분이 많아 다량 섭취를 했을 때 복통이 있을 수 있어서 팥앙금을 만들 때는 반드시 한 번 끓인 물을 버려주는 것이 좋아요.

소금

팥앙금을 만들 때는 '비 온 뒤 첫 소금'을 사용했고, 음료를 만들 때는 '히말라야 핑크 소금'을 사용했어요. 핑크 소금은 일반 소금보다 음료 뒷맛이 깔끔하답니다. 또한 팥의 단맛도 올려주고 차의 감칠맛까지 올려주는 역할을 해요.

추가로 물엿을 넣어보세요

반짝거리는 팥앙금을 만들고 싶다면 물엿을 50~100g 정도 넣어주세요. 물엿은 당도감이 아닌 팥앙금의 색감을 유지시키며 윤기를 더해주는 역할을 해요.

이렇게도 해보세요

팥앙금 60g, 우유 150g~200g을 믹서기에 갈면 달콤한 팥 우유가 완성됩니다.

따뜻하게도 마셔보세요

팥앙금 60g, 우유 200g, 말차 2g, 뜨거운 물 30g

1. 잔에 팥앙금을 넣고 따뜻한 우유를 담습니다.
2. 말차에 뜨거운 물을 넣고 격불한 뒤 1에 넣습니다.

COCO MATCHA

코코 말차

{ MATCHA + VANILA + COCONUT }

코코넛 향이 나는 이국적인 말차 라테 레시피예요.
직접 만든 바닐라빈 시럽은 코코넛 향이 더 달콤하게 느껴질 수 있도록 도와주는 역할을 하죠.
여기서 만드는 바닐라빈 시럽은 홍차 밀크티를 만들 때도 사용할 수 있어요.

바닐라빈 시럽

바닐라빈 1개, 물 250g, 유기농 설탕 200g, 백설탕 50g

1. 바닐라빈은 길게 반을 잘라 씨를 긁어 분리합니다.
2. 냄비에 물과 바닐라빈 씨, 껍질을 함께 넣습니다.
3. 팔팔 끓으면 유기농 설탕과 백설탕을 넣고 한 번 더 끓입니다.
4. 시럽이 끓으면 불을 끄고 냉장 숙성하여 사용합니다.

완성

말차 4g, 물 25g, 바닐라빈 시럽 25g, 히말라야 핑크 소금 1g, 우유 120g, 코코넛 럼 2g, 얼음 적당량, 코코넛 칩 적당량

1. 찻사발에 말차, 따뜻한 물을 넣고 격불합니다.
2. 잔에 바닐라빈 시럽, 핑크 소금, 우유, 코코넛 럼을 담고 섞습니다.
3. 얼음을 넣고 격불한 말차와 코코넛 칩을 올립니다.

말차

말차 하면 일본 말차가 유명하지만 우리나라에서도 말차가 많이 생산되고 있어요. 이 레시피에서는 '묘차'의 '제주 프리미엄 말차'를 사용했는데 맛이 부드럽고 고소한 말차랍니다. 가지고 있는 말차가 있다면 맛을 보고, 부드럽다면 레시피 양 그대로 사용하고, 텁텁하고 쓴맛이 느껴진다면 레시피보다 절반가량 줄여 사용하면 돼요.

특별한 고급 재료, 바닐라빈

사람의 손으로 꽃의 암술과 수술을 옮겨야 꽃이 피고 열매를 여는 고가의 바닐라빈. 수확이 1년에 1번뿐이어서 더 비쌀 수밖에 없죠. 게다가 바닐라빈을 수확하고 오랫동안 그 향을 유지시키기 위해 건조와 발효를 반복해서 만든답니다. 이렇게 많은 정성이 들어간 바닐라빈은 베이킹뿐만 아니라 음료에도 많이 사용되고 있어요. 음료의 잡내를 제거하고 풍미를 올려주는 역할을 하죠. 특히 우유가 들어간 음료에 많이 넣어요. 바닐라빈은 마다가스카르, 타히티, 멕시코, 레위니옹 섬 등에서 자라는데요, 지역마다 가진 향이 다르고 크기도 달라요. 저는 그중 마다가스카르산을 주로 사용하는 편이에요.

+MINI RECIPE 01

바닐라빈 말차 라테 VANILLA BEAN MATCHA

바닐라빈 시럽 40g, 우유 120g, 얼음 적당량, 말차 3g, 물 25g

1. 찻사발에 말차와 따뜻한 물을 넣고 격불합니다.
2. 잔에 바닐라빈 시럽, 우유를 넣고 섞습니다.
3. 얼음, 격불한 말차 순으로 넣습니다.

+MINI RECIPE 02

코코넛 밀크 파우더로 만드는 코코넛 말차

MACHA WITH COCONUT MILK POWDER

말차 3g, 물 30g, 코코넛 밀크 파우더 30g, 생크림 50g, 얼음 적당량, 우유 120~150g

1. 찻사발에 말차, 따뜻한 물을 넣고 격불합니다.
2. 잔에 코코넛 밀크 파우더와 생크림을 넣고 섞습니다.
3. 우유를 넣고 섞습니다.
4. 얼음, 격불한 말차를 넣습니다.
5. 말차를 뿌려 장식합니다.

파우더 말고 코코넛 밀크를 사용하면 안 되나요?

저는 '컵풀'의 '코코넛 밀크 파우더'를 사용했는데, 코코넛 밀크를 사용해도 괜찮아요. 파우더를 사용하면 좀 더 묵직한 바디감과 당도를 줄 수 있어요. 코코넛 밀크를 사용한다면 잔에 코코넛 밀크 120g과 얼음을 넣고 말차 2g, 설탕 14g, 따뜻한 물 50g을 격불해서 넣으면 된답니다.

+MINI RECIPE 03

바나나 말차 우유 GREEN BANANA MATCHA

그린 바나나 시럽 20g, 바나나우유 100g, 얼음 적당량, 말차 2g, 물 30g

1. 잔에 그린 바나나 시럽, 바나나우유, 얼음을 넣습니다.
2. 말차와 물을 격불하여 넣습니다.

그린 바나나 시럽

그린 바나나는 익지 않은 상태의 바나나를 말하는데요, 과일의 풋향과 떫음이 있지만 은은하게 올라오는 바나나 향이 일품이에요. 노란 바나나처럼 단맛이 많이 있지는 않지만 튀기거나 쪄 먹으면 정말 맛있어요. 저는 이 레시피에선 바나나 시럽을 사용했는데, '베드렌' 제품이에요. 그린 바나나의 특징을 잘 살린 제품이랍니다.

바나나우유

바나나우유는 그린 바나나 시럽이 가지지 못한 노란 바나나의 향을 채우기 위해 사용되었어요. 여기서는 '빙그레'의 '바나나우유'를 사용했는데, 원유의 비율이 높아 비교적 무겁지 않고 뒷맛이 깔끔한 음료를 만들기 좋아요. 무거운 바디감을 원한다면 '서울우유'나 '덴마크'의 '바나나우유'를 사용하면 좋을 것 같아요. ('서울우유'나 '덴마크'를 사용한다면 말차를 3g으로 늘려주세요.)

MELONA

멜로나

{ GREEN TEA + MELON }

숙성이 잘 된 멜론은 아주 달콤한 맛과 향을 내죠.
이런 멜론으로 직접 음료 베이스를 만들면 백차, 녹차, 맑은 계열의 우롱차와 정말 잘 어울린답니다.

멜론 베이스

멜론 500g, 설탕 420g

1. 숙성시킨 멜론은 씨 부분을 제거하고 과육을 잘게 잘라 준비합니다. (손질한 과육이 500g이 되도록 준비)
2. 제거한 씨 부분은 따로 모아 즙을 짜고, 그 즙은 과육과 함께 담아 준비합니다.
3. 설탕을 넣고 버무린 뒤 냉장고에서 숙성하여 사용합니다.
4. 5~7일 정도 숙성한 뒤 굵은 체에 과육을 걸러 시럽만 보관하여 사용합니다.

완성

멜론 향 녹차 2g, 물 100g, 얼음 50g, 멜론 베이스 60g, 추가 얼음 적당량

1. 저그에 멜론 향 녹차를 넣고 따뜻한 물을 넣은 뒤 2분간 우립니다.
2. 얼음 50g을 넣고 쿨링시킵니다.
3. 얼음이 모두 녹으면 찻잎을 스트레이너로 거릅니다.
4. 잔에 멜론 베이스, 얼음, 3 순으로 넣습니다.

멜론

멜론은 실온 숙성하여 말랑한 상태에서 쓰는 것이 좋아요. 숙성이 덜 된 상태에서 음료 베이스를 만들면 오이나 수박 껍질과 같은 채소 향미가 올라오기 때문에 완전한 당도가 만들어졌을 때 사용해야 해요. 또한 설탕과 버무린 멜론의 과육을 적당한 때에 건지지 않고 너무 오랫동안 두었을 때 역시 멜론의 향보다 오이 같은 채소 향이 더 많이 나게 됩니다. 따라서 멜론 과육은 7일이 지나면 걸러 주는 것이 좋아요.

멜론 향 녹차

이 레시피에는 '떼오도르'의 '삐쉐미뇽'을 사용했어요. 이 차는 녹차, 멜론 향, 백도 향이 들어가 있어서 멜론 베이스 맛을 잘 살려주는 것뿐만 아니라 녹차가 뒷맛을 깔끔하게 마무리해 주지요.

+MINI RECIPE 01

멜론 베이스를 활용한 다양한 레시피

멜론 우유 MELON MILK

잔에 멜론 베이스 60g, 얼음, 우유 150g을 담아주세요.

멜론 에이드 MELON ADE

잔에 멜론 베이스 60g, 얼음, 탄산수 120~150g을 담아주세요.

+MINI RECIPE 02

멜론 젤리 소다 MELON JELLY SODA

일본에서 젤리가 가득 들어간 캔 음료를 마시고 재밌는 식감이 좋아 따라 만들게 된 레시피예요. 시판용 젤리를 사용해도 좋지만 직접 만들면 다과로도, 샐러드 토핑으로도 사용할 수 있어요.

〈멜론 젤리〉

멜론 베이스 100g, 판 젤라틴 3g

1. 냄비에 멜론 베이스를 담아 40도 정도로 따뜻하게 데웁니다.
2. 차가운 물에 불린 판 젤라틴은 물기를 짜서 넣어줍니다.
3. 젤라틴을 잘 섞고 틀 또는 용기에 담아 냉장고에서 하룻밤 굳힙니다.

〈완성〉

멜론 베이스 40g, 멜론 젤리 30g, 얼음 적당량, 탄산수 150g

1. 잔에 멜론 베이스, 젤리, 얼음, 탄산수를 넣어 완성합니다.

* 탄산수 대신 민트차나 우롱차 아이스티를 넣어도 좋아요.

CUCUMBER MELON

오이 멜론

{ FRUITS GREEN TEA + MELON + CUCUMBER }

멜론은 오래 숙성할수록 달콤한 오이와 비슷해져요.
그 향에 영감을 받아 체내 당 흡수율이 적은 알룰로스로 음료 베이스를 만들고
디톡스에 효과적인 오이와 녹차를 넣어 다이어트에 도움을 주는 티 음료를 만들어보았어요.

무설탕 멜론 베이스

멜론 500g, 알룰로스 400g

1. 씨를 제거한 멜론 과육과 알룰로스를 함께 믹서기에 넣고 갈아줍니다.
2. 고운 체에 걸러줍니다.
3. 냉장이나 냉동 보관해서 사용합니다.

완성

과일 향 녹차 2g, 물 200g, 무설탕 멜론 베이스 50g,
오이 슬라이스 1개, 얼음 적당량

1. 저그에 녹차와 실온의 물을 넣고 하룻밤 냉침합니다.
2. 스트레이너로 찻잎을 걸러줍니다.
3. 잔에 무설탕 멜론 베이스, 오이 슬라이스, 얼음, 2 순으로 넣습니다.

오이

오이는 슬라이스해서 바로 음료에 넣어줍니다. 오이 표면이 마르게 되면 오이 향이 많이 나지 않기 때문에 단면에 즙이 조금 올라왔을 때 바로 음료에 담아주는 것이 좋아요.

과일 향 녹차

이 레시피에서는 'TWG'의 '실버문'을 썼어요. 싱가포르 브랜드인 'TWG'의 대표적 블렌딩 티로 녹차를 베이스로 하고 스트로베리와 바닐라 향이 들어 있어서 산뜻하고 달콤한 맛을 가지고 있어요. 멜론과 오이의 채소 비린 향을 잘 감싸주는 차예요. 이외에 같은 브랜드에서 나오는 '모로칸 민트'도 정말 잘 어울린답니다.

알룰로스

건강이라는 트렌드와 함께 GI 다이어트에 관심이 많아지면서 대체 당에 대한 관심 또한 커졌어요. 알룰로스는 대체 감미료 중 하나인데 건포도나 무화과 등에서 추출한 당을 이야기해요. 설탕의 70~80% 정도의 당도를 가지고 있고 체내에 들어오는 당의 양은 5% 정도랍니다. 하지만 모든 대체 당들의 함정을 조심하세요. 과민성대장증후군이 있거나 건강한 몸 상태여도 하루 적정량 이상을 섭취하게 되면 위염과 장염에 노출될 수 있다는 사실! 따라서 이 레시피의 음료는 하루에 1잔만 섭취하는 것이 좋아요.

HOUJI MILK TEA

호우지 밀크티

{ HOUJI + BROWN SUGAR + RUM }

볶은 녹차로 알려진 호우지차는 미숫가루의 맛과 비슷하여 마셔보면 아주 익숙할 거예요.
오랫동안 로스팅하여 만든 호우지차는
백설탕보다 캐러멜 향이 짙은 황설탕 또는 흑설탕과 잘 어울려요.

볶은 녹차(호우지차) 6g, 물 50g, 우유 200g, 황설탕 14g, 럼 2g

1. 냄비에 물을 넣고 끓인 뒤 볶은 녹차를 넣고 5분간 우립니다.
2. 우유를 넣고 가장자리가 끓을 때까지 데웁니다.
3. 불에서 내린 뒤 황설탕을 넣고 섞은 다음 찻잎을 스트레이너에 걸러 잔에 담습니다.
4. 마지막으로 럼을 넣어 향을 더 좋게 만듭니다.

밀크티를 만들 때 찻잎을 부숴주세요

큰 찻잎은 맛이 부드러워서 그대로 사용하면 우유 맛에 가려져 차의 맛이 느껴지지 않아요. 티백에 든 찻잎보다 크다면 가볍게 손으로 부숴 밀크티를 만들어보세요.

황설탕

황설탕에는 캐러멜이 들어가서 호우지차의 숨겨진 단 향을 잘 살려준답니다. 황설탕은 백설탕보다 생각보다 당도가 약해서 좀 더 넣어야 달달한 맛을 낼 수 있어요. 제가 사용한 황설탕은 '라빼르슈' 황설탕이에요. 다른 황설탕을 사용할 때보다 호우지차 본연의 감칠맛을 잘 살려줘요. 더 진한 캐러멜 향을 원한다면 흑설탕을 사용해도 좋아요.

호우지차

녹차를 열에 구워 만든 차로 일본에서 시작된 차예요. 호우지차는 주로 여름, 가을에 만든 녹차를 구워 만드는데 고소한 향이 마치 곡물차와 비슷하게 느껴져요. 줄기도 함께 섞여 있어서 떫고 쓴맛이 덜하여 데일리 차로 인기가 많답니다. 호우지차에는 교쿠로(일본의 고급 녹차)를 만들고 난 뒤 그 줄기를 볶아 만든 상쿠키 호우지차가 있고, 센 차의 줄기를 볶아 만든 쿠키 호우지차, 가을 녹차를 구워만든 일반 호우지차, 녹차를 만들고 남은 잎과 줄기로 만드는 교반차가 있어요. 쿠키 호우지차는 줄기로 만들어졌기에 부드러워서 차로 마시기 좋고, 밀크티에는 큰 잎차가 섞인 일반 호우지차를 쓰면 맛이 강해서 더 좋답니다. 호우지차는 탄 향이 있어 커피와도 잘 어울리고, 고소한 맛이 있어 곡물류와도 잘 어울려요. 그뿐만 아니라 부드럽고 단맛까지 있어 바닐라빈과도 정말 잘 어울린답니다.

럼

이 레시피에는 럼이 살짝 들어가는데 제가 사용한 럼은 '바카디'의 '골드 럼'이에요. 밀크티에 럼을 넣으면 달콤한 향이 증가되고 럼의 독특한 향이 더해지면서 세련된 음료가 만들어지죠. 럼뿐만 아니라 향이 좋은 위스키나 다른 종류의 리큐르를 사용할 수 있어요.

MAPLE SOY MILK TEA

메이플 소이 밀크티

{ MAPLE + ICE WINE + SOY }

비건이 트렌드인 요즘, 우유가 아닌 두유로 밀크티를 한 번 만들어보세요.
달콤한 향의 홍차로 만들면
두유에서 나는 콩 비린내가 마법처럼 사라진답니다.

메이플 향 홍차 티백 1개, 아이스 와인 향 홍차 티백 1개,
황설탕 12g, 물 60g, 두유 120g, 메이플 시럽 10g

1. 저그에 메이플 향 홍차 티백, 아이스 와인 향 홍차 티백, 황설탕을 넣고 뜨거운 물을 부어 5분간 우립니다.
2. 두유와 메이플 시럽을 넣고 냉장고에서 12시간 우립니다.
3. 티백을 꼭 짜서 걸러내어 완성합니다.

메이플 향 홍차와 아이스 와인 향 홍차

이 음료는 '믈레즈나'의 홍차를 사용한 밀크티예요. 메이플 향 홍차는 메이플 시럽의 향보다 메이플 슈거 향에 가까운 홍차라서 두유와 굉장히 잘 어울린답니다. 아이스 와인 향 홍차는 은은한 샴페인 향이 나기 때문에 밀크티를 한층 산뜻하게 만들어줘요. 두유로 만드는 밀크티에는 향이 없는 차를 사용하면 차의 탄닌 성분이 두유의 콩 비린내를 더욱 살려 전체적으로 두유 특유의 맛이 강해져요. 따라서 두유로 만드는 밀크티에는 가향 차를 사용하는 것이 좋아요.

메이플 시럽

단풍나무에서 채취하여 만드는 시럽으로 요리, 베이킹 등에서 많이 사용하는 재료예요. 설탕보다 혈당 수치에 영향을 적게 주기 때문에 다이어트와 당뇨병 예방에 도움을 준답니다. 메이플 시럽에도 등급이 있다는 것을 아시나요? 시럽의 투명도에 따라서 라이트, 미디엄, 엠버, 다크로 나누어지고(미국에서는 A~E, 캐나다에서는 1~5 순으로 써서 판매가 되어요) 색이 투명하고 맑을수록 고급에 해당되고 향도 좋답니다. 우리나라에서는 주로 A 등급을 팔지만 설탕 시럽을 섞어서 판매하는 경우도 있으니 잘 보고 구매해 주세요. 저는 저는 '커클랜드'의 '메이플 시럽'을 사용했어요. (음료에 잘 어울리는 A 등급 엠버 리치에 해당하는 제품이에요.) 메이플 시럽은 개봉 후에 반드시 냉장 보관해 주세요. 1년 넘게 장기 보관하려면 냉동 보관하는 것이 좋아요.

두유

이 레시피에서는 '베지밀A'를 사용했어요. 예전에는 두유를 다양하게 사용하고 싶어도 판매하는 종류가 많이 없어서 선택이 한정적이었지만 지금은 비건이 트렌드로 자리 잡으면서 많은 제품들을 선택해서 사용할 수 있어요. 낮은 당도와 맛있는 맛 모두 욕심이 난다면 '매일두유'의 '99.89'를 사용해 보세요.

WATERMELON C

수박C

{ WATERMELON + LEMON + PASSION FRUITS }

여름철 달콤한 수박은 정말 좋은데 크기가 너무 커서 냉장고에 보관하기 어려울 때가 많아요.
그래서 바로 먹을 정도만 남기고 나머지는 음료 베이스를 만들어 보관한다면 맛있게 오래 먹을 수 있답니다.
수박에 티백을 더하면 상큼한 칵테일을 마시는 듯한 느낌이 들어요.

수박C 베이스

수박 500g, 설탕 500g, 레몬 80g, 패션후르츠 2~3개,
패션후르츠 향 홍차 티백 1개

1. 수박과 설탕을 믹서기에 갈아 고운 체에 내립니다.
2. 레몬은 양 끝을 잘라내고 깍둑썰기하여 넣습니다. (레몬은 크게 썰어야 숙성 후에 쉽게 꺼낼 수 있어요.)
3. 후숙한 패션후르츠와 패션후르츠 향 홍차 티백을 넣어 냉장에서 2~3일 숙성합니다.
4. 레몬과 홍차를 건져 즙을 짠 뒤 사용합니다.

완성

수박C 베이스 60g, 얼음 적당량, 오렌지 슬라이스 1/4개,
레몬그라스 1개, 레몬 향 탄산수 120~150g

1. 잔에 수박C 베이스를 넣습니다.
2. 얼음, 오렌지 슬라이스, 레몬그라스를 넣습니다.
3. 탄산수를 넣어 마무리합니다.

수박

수박은 반을 가르는 순간부터 세균에 노출되기 쉽고 당도도 점점 떨어지는 과일이에요. 그래서 바로 손질하여 음료 베이스를 만들거나 밀폐 용기에 보관하고 가급적 빠르게 섭취하는 것이 좋아요. 이 레시피에서는 수박의 씨까지 믹서기에 갈아주는데요, 수박 씨는 단백질이 풍부하고 혈액순환에도 도움을 주는 리놀렌산 성분이 많이 들어 있어서 과육과 함께 먹는 것이 좋아요. 믹서기에 간 뒤 다 갈리지 않은 굵은 씨는 고운 체로 거르기 때문에 음료를 마실 때 거슬리지 않아요. 또 수박은 차가운 과일로 따뜻한 성질을 가진 홍차와 잘 어울린답니다.

패션후르츠

백향과라고도 불리는 이 과일은 겉은 자주색인데 반을 갈라보면 노란 과육에 까만 씨들이 무수히 들어 있어요. 새콤한 맛과 달콤한 맛, 그리고 특유의 향기가 있어서 음료에 아주 많이 쓰이는 과일이지요. 패션후르츠는 어떤 차와도 정말 잘 어울리는 과일 중 하나랍니다. 우리나라에서는 주로 전남 지역과 제주에서 자라고 4~6월경에 생과를 만나볼 수 있어요. 생과가 아니더라도 냉동 상태의 것이 많이 판매되고 있어서 해동한 뒤 사용할 수 있어요.

패션후르츠 향 홍차

여기서는 '트와이닝'의 '패션프룻, 망고&오렌지티'를 사용했어요. 홍차에 있는 향들이 흘러나오면서 더욱 진하고 다채로운 맛을 느낄 수 있어요.

수박 소다 WATERMELON SODA

로즈메리 1ts, 물 30g, 시판 수박 시럽 15g, 얼음 적당량,
암바사 150~170g

1. 로즈메리에 뜨거운 물을 붓고 5분간 우려냅니다.
2. 스트레이너로 찻잎을 걸러내고 찻물을 잔에 담습니다.
3. 시럽, 얼음, 암바사 순으로 넣습니다.

로즈메리

시판 수박 시럽의 진한 향을 부드럽게 만들어주는 역할로 사용되었어요. 로즈메리는 수박 껍질에서 나는 향을 가지고 있어서 음료에서 향이 튀지 않고 자연스럽게 어울릴 수 있어요. 로즈메리는 프레시한 생 로즈메리보다 건 로즈메리가 우렸을 때 효능이나 향이 더 강하기 때문에 건 로즈메리를 사용하는 걸 추천해요. 저는 요리에서 사용하는 건 로즈메리를 사용했어요. 하지만 너무 부서진 형태의 찻잎을 쓰면 로즈메리의 향도 진하고 쓴맛이 나오기 때문에 잎이 큰 걸 사용하는 것이 좋아요.

수박 시럽

직접 만든 수박 시럽도 좋지만 간편하게 시중에 판매하는 수박 시럽을 사용할 수 있어요. 저는 '모닌'에서 나오는 '워터멜론 시럽'을 사용했어요. 향도 색도 좋아서 예쁘고 맛있는 음료를 간편하게 만들 수 있어요.

CARAMEL CREAM TEA

캐러멜 크림티

{ CARAMEL + VANILLA + CREAM }

처음 캐러멜 향 홍차를 마셨을 때 알고 있던 캐러멜 향이 아니어서 당황스러웠던 기억이 있어요.
캐러멜의 달콤한 향보다 견과류 볶은 향에 가까웠거든요.
그래서 캐러멜 향이 진한 밀크티를 만들기 위해 이 레시피를 만들어보았어요.

캐러멜 티 시럽

바닐라빈 1개, 물 500g, 황설탕 140g, 캐러멜 향 홍차 60g

1. 바닐라빈은 길게 반을 잘라 씨를 긁어 껍질과 따로 준비합니다.
2. 냄비에 바닐라빈 껍질과 물을 넣고 팔팔 끓입니다.
3. 황설탕을 넣고 녹을 때까지 끓인 다음 캐러멜 향 홍차를 넣고 불을 끕니다.
4. 20분간 우린 뒤 찻잎을 크기가 있는 스트레이너에 꼭 짜서 거릅니다. (홍차 60g을 한 번에 거를 수 있는 크기의 거름망을 사용해요.)
5. 바닐라빈 씨를 넣고 잘 섞습니다.
6. 냉장에서 하루 정도 숙성한 뒤 사용합니다. (냉동 보관하면 오래 사용할 수 있어요.)

크림

생크림 100g, 황설탕 20g

1. 볼에 생크림, 황설탕을 넣은 뒤 핸드믹서로 거품을 60%정도 올려줍니다.

완성

캐러멜 티 시럽 50~60g, 얼음 적당량, 우유 120g, 크림 30g

1. 잔에 캐러멜 티 시럽, 얼음, 우유 순으로 넣습니다.
2. 크림을 가장자리부터 천천히 올립니다.

캐러멜 향 홍차

캐러멜 향 홍차는 보통 떠오르는 달콤한 이미지의 캐러멜 향과는 거리가 있을지도 몰라요. 캐러멜 향은 홍차 향과 만나면 견과류 향처럼 바뀌거든요. 그래서 캐러멜 향 홍차를 쓸 때는 이 레시피에서 황설탕을 쓰는 것처럼 캐러멜 시럽이나 소스와 같은 캐러멜 향이 진한 재료들과 함께 사용하는 것이 좋아요. 제가 사용한 캐러멜 향 홍차는 '메르시보니'의 '다크 캐러멜 홍차'예요. '딜마'의 '캐러멜 향 홍차'도 이 레시피에 잘 어울려요. 고소한 향이 돌아 호두마루 같은 맛이 나요.

생크림

'서울우유'의 '100% 동물성 생크림'을 사용했어요. 우유가 들어가서 너무 무겁고 당도가 있는 휘핑크림을 사용하면 밀도감이 너무 높아 뒷맛을 깔끔하게 만들어주지는 못해요. 그렇지만 카페를 운영하는 분들이라면 '매일우유'의 '동물성 휘핑크림(99.7%)'을 추천해요. 미리 크림을 만들어두면 유지력도 있고 맛도 괜찮거든요.

크레페 과자를 올려보세요

크레페 과자는 다른 말로 푀유틴이라고 불리는데요, 얇은 크레페를 오븐에 한 번 더 구워 만든 과자예요. 음료나 디저트 토핑으로 사용하면 식감을 살려줘요. 시중의 '가보뜨'의 '크레페 덴텔'은 쉽게 구할 수 있고 맛도 좋아서 제가 자주 사용하는 제품이에요.

PINK LYCHEE

핑크 리치
{ APRICOT WHITE TEA + ROSE + LYCHEE }

리치는 과일의 상큼함과 우유의 밀키함을 모두 가지고 있어 아주 매력적인 과일이지요.
리치에 장미를 더하면 피부 미용에 아주 좋은 음료가 완성이 돼요.

핑크 리치 베이스

로즈 플라워 7g, 리치 퓌레 200g, 설탕 150g, 레몬즙 30g

1. 냄비에 로즈 플라워, 리치 퓌레를 넣고 팔팔 끓입니다.
2. 설탕을 넣고 잘 섞은 뒤 20~30분간 우립니다.
3. 레몬즙을 넣고 붉은색이 돌 때까지 잘 섞어줍니다.
4. 찻잎을 스트레이너에 걸러 냉장에서 보관합니다.

완성

살구 향 백차 티백 1개, 물 100g, 얼음 50g,
핑크 리치 베이스 60g, 추가 얼음 적당량, 리치 통조림 1개

1. 저그에 살구 향 백차 티백을 넣고 뜨거운 물을 부어서 2분 정도 우립니다.
2. 얼음을 넣고 쿨링시킵니다.
3. 잔에 핑크 리치 베이스, 얼음을 넣고, 2의 찻잎을 스트레이너에 걸러 찻물을 담습니다.
4. 리치 통조림으로 장식합니다.

리치 퓌레

'라비후루츠'의 '리치 퓌레'를 사용했어요. '라비후루츠'는 비가열 퓌레이기 때문에 좀 더 신선한 맛을 가지고 있어요. 그래서 음료 베이스로 사용하기 정말 좋아요. 이 레시피에서는 퓌레를 한 번 끓여 만들어야 하기 때문에 가열된 퓌레를 사용하면 과일이 가지고 있는 특징들이 사라지게 됩니다.

살구 향 백차

저는 살구, 장미, 패션후르츠가 블렌딩되어 있는 '다만프레르'의 '빠씨옹 드 플레흐'라는 차를 사용했어요. 리치와 장미가 가진 무거운 향을 한층 가볍게 만들어주는 역할을 한답니다. 백차는 너무 오래 우리면 떫어지기 때문에 2분 정도면 충분합니다. 리치는 살구 향 백차 외에도 복숭아 향 백차나 과일 향 우롱차와도 정말 잘 어울려요.

HOT LOVER

핫 러버

{ CINAMMON + APRICOT + PEPPER }

한국에 처음 'TWG' 청담점이 오픈했을 때 매장에서 추천받아서 구매한 차가 있어요.
'Lover's Tea'라는 블렌딩 티였는데 과일 향 녹차와 매콤한 페퍼가 들어가서 정말 독특한 맛을 가진 강렬한 차였어요.
국내에서 구하기가 어려워져서 그 맛과 향을 담아 음료로 만들어보았어요.

핫 러버 시럽

물 200g, 설탕 200g, 시나몬 향 홍차 티백 2개,
살구 향 홍차 티백 2개, 잘게 부순 페페론치노 1개

1. 냄비에 물을 끓인 뒤 불을 끄고 설탕, 시나몬 향 홍차 티백, 살구 향 홍차 티백, 페페론치노를 넣고 10분간 우립니다.
2. 스트레이너에 티백과 페페론치노를 걸러 냉장 보관하여 사용합니다.

완성

핫 러버 시럽 40g, 얼음 적당량, 우유 180g

1. 잔에 시럽, 얼음, 우유를 넣어 완성합니다.

시나몬 향 홍차와 살구 향 홍차

대체적으로 향이 강한 '아마드' 제품을 사용했어요. 이 레시피에서는 맛과 향이 강한 페페론치노와 함께 우리기 때문에 향의 크기가 비슷한 홍차를 사용하는 것이 좋아요.

페페론치노

시나몬의 매운맛을 올려주는 키포인트 재료예요. 너무 잘게 부숴 넣으면 뒤에 매운맛이 강하게 올라오기 때문에 반 정도만 부숴 넣어주면 돼요.

CINNAMON PUNCH

시트러스 수정과

{ PUEHR TEA + CINNAMON + YUZU }

수정과는 예부터 가을에 마시는 음료로
계피와 생강을 각각 달인 물을 합쳐 꿀이나 설탕을 알맞게 넣고 가을에 만들어진 곶감을 띄워서 차갑게 먹어요.
이 레시피에는 곶감 대신 유자를 넣어서 봄, 여름에도 잘 어울리는 음료를 만들어요.

수정과

보이 숙차 10g, 생강가루 1/2ts, 계핏가루 1~2ts,
다크 머스코바도 80g, 물 500g, 살구 향 홍차 티백 2개

1. 저그에 보이 숙차를 넣고 뜨거운 물을 부어 세차하여 준비합니다.
2. 냄비에 1, 생강가루, 계핏가루, 다크 머스코바도, 물을 넣고 끓입니다.
3. 끓기 시작하면 태그를 자른 살구 향 홍차 티백을 넣고 3~5분 정도 더 끓이고 불을 끕니다.
4. 한 김 식혀 냉장고에서 하룻밤 숙성합니다.

완성

유자청 10g, 수정과 120g, 얼음 적당량, 말린 레몬 칩 1개

1. 잔에 유자청, 수정과를 넣고 잘 섞습니다.
2. 얼음과 말린 레몬 칩을 넣어 마무리합니다.

오래 끓일수록 맛이 좋은 보이 숙차

차의 종류에서 설명한 바와 같이 보이차에는 생차와 숙차가 있어요. 생차는 자연 발효차, 숙차는 악퇴 과정을 거친 발효차인데, 숙차는 악퇴 과정에서 생겨난 코를 찌르는 향이 있기 때문에 호불호가 있어요. 하지만 숙차를 오랫동안 끓이면 당밀과 비슷한 향미가 생겨서 새로운 매력을 맛볼 수 있게 되죠.

생강가루와 계핏가루

수정과는 생강과 통계피를 달인 물로 만들지만 여기서는 가루를 사용했어요. 오랜 시간 달이지 않더라도 생강과 계피의 강한 맛을 낼 수 있어요.

살구 향 홍차는 왜 필요할까요?

살구 향 홍차는 이 레시피에서 꼭 필요한 재료는 아니에요. 하지만 보이 숙차와 유자청 사이의 향미 매개체 역할을 함으로써 보이숙차나 유자청 어느 하나가 튀지 않게끔 도와주죠.

유자청

유자청은 시중에 판매되는 '복음자리' 유자청을 사용하거나 책에서 소개하는 유자청(152쪽)을 사용해도 좋아요.

+MINI RECIPE

보이 쌍화차 BLCAK SSANGHWACHA

쌍화 가루 20g, 보이 숙차 10g, 다크 머스코바도 20g, 물 500~1L

1. 저그에 보이 숙차를 담고 뜨거운 물에 세차하여 준비합니다.
2. 냄비에 세차한 보이 숙차, 물, 다크 머스코바도를 넣고 끓입니다.
3. 잔에 쌍화 가루, 보이 찻물을 담고 잘 섞습니다.

TOMATO BASIL

토마토 바질 에이드

{ TOMATO + BASIL }

토마토와 바질을 사용한 음료는 이탈리아에서 식전 음료로 많이 나오지요.
코스 요리에서 나오는 식전 음료를 파스타나 브런치 류와 마실 수 있도록
대중적인 에이드 음료로 만든 레시피예요.

토마토 바질청

토마토 300g, 설탕 270g, 바질 10g

1. 토마토를 4등분 하여 속을 파낸 뒤 다이스해 준비합니다.
2. 씨 부분은 즙을 짜내어 준비합니다.
3. 볼에 토마토 다이스, 즙, 설탕을 넣고 버무립니다.
4. 바질을 손바닥으로 살살 비빈 뒤 넣습니다.
5. 냉장고에서 5~7일 숙성한 뒤 냉장 보관하여 사용합니다.

완성

토마토 바질청 80g, 바질 잎 6g, 얼음 적당량,
레몬 향 탄산수 120~150g

1. 잔에 토마토 바질청과 바질 잎을 넣고 섞습니다.
2. 얼음과 레몬 향 탄산수를 넣어줍니다.

토마토

일반 찰토마토를 사용했어요. 스테비아 토마토를 사용한다면 당도가 있어서 설탕을 조금 더 줄여도 돼요. 방울토마토를 이용한다면 살짝 뜨거운 물에 삶아 껍질을 벗긴 뒤 사용해 주세요. 껍질이 있는 그대로 들어가면 삼투압이 잘 되지 않아요. 또한 토마토 씨는 청에 오래 담가두면 신맛과 쓴맛이 올라오기 때문에 신선한 상태에서 즙을 짜내어 본연의 단맛만 활용해 주는 것이 좋아요.

바질

바질은 허브의 한 종류로 비만 방지, 소화 불량 완화에 도움을 주는 민트과 식물입니다. 주로 차라고 하면 말려진 건조 상태를 생각하지만 유럽 또는 일본에서는 생 허브를 뜨거운 물에 우려 마신답니다. 사실 허브차는 생 허브보다 건조 허브에서 더 많은 성분을 섭취할 수 있는데 그 이유는 부피에서 차이가 나요. 2g의 건조 허브가 만들어지려면 6~8g의 생 허브가 필요하니까요. 그래서 건조 허브에는 향과 맛이 농축되어 있답니다. 그렇지만 신선한 허브는 풍부한 수분감이 있어 즙과 향이 필요한 음료에 아주 적합해요. 이 레시피에서는 신선한 스위트 바질을 사용했어요. 바질, 로즈메리 등과 같은 생 허브는 비비거나 손바닥으로 쳐주면 더 강해지기 때문에 청에 넣을 때도 손바닥으로 살살 비벼 상처를 낸 뒤 넣어주는 것이 좋아요. 생바질 대신 향이 좋은 'SIB 선인'의 냉동 바질을 사용해도 좋아요. 같은 무게의 냉동 바질을 다시백이나 티백에 넣은 뒤 청에 넣으면 된답니다.

과육이 있는 청을 사용할 때 주의하세요

보통 레몬청처럼 껍질과 과육을 같이 담은 청은 완성이 되었을 때 과일 반, 시럽 반이 됩니다. 집에서 혼자 마실 땐 기호에 따라 넣으면 되지만 손님이 오거나 카페에서 사용할 때는 과육과 시럽을 그저 그냥 담는 것보다 청의 시럽이 적정량 들어가야 맛이 난다는 것을 기억해 주세요. 따라서 이 레시피를 기준으로 토마토 바질청 80g은 청의 시럽이 60g, 과육이 20g 정도 비율이라고 이해하면 될 것 같아요.

레몬 슬라이스 또는 레몬 향 탄산수

여기서는 '씨그램'의 레몬 향 탄산수를 사용했는데 토마토와 레몬은 서양 음식에서도 많이 쓰이는 조합이에요. 바질의 풀 비린내를 레몬이 잡아주기 때문에 일반 탄산수를 사용하는 것보다 레몬 향 탄산수를 사용하거나 레몬 슬라이스를 넣어주면 좋아요.

+MINI RECIPE

딸기 바질 STRAWBERRY BASIL

바질은 과일과 아주 잘 어울리는 허브 중 하나예요. 딸기 이외에 복숭아랑도 정말 잘 어울린답니다.

〈딸기 바질청〉

딸기 500g, 설탕 450g, 바질 20g

1. 딸기와 설탕을 믹서기에 간 뒤 고운 체에 내립니다.
2. 바질을 손바닥으로 살살 비벼서 넣고 냉장고에서 7일간 숙성합니다.
3. 바질을 거른 뒤 냉장 보관하여 사용합니다.

〈완성〉

딸기 바질청 60g, 얼음 적당량, 물 또는 레몬 향 탄산수 120~150g

1. 잔에 딸기 바질청, 얼음, 물 또는 레몬 향 탄산수를 넣습니다.

LADY GRAPEFRUIT

레이디 자몽

{ GRAPEFRUIT + ORANGE }

자몽청

자몽 400g(2개), 백설탕 300g, 유기농 설탕 100g

1. 자몽은 껍질을 제거하고 알맹이만 준비합니다.
2. 자몽 껍질은 흰 부분 없이 얇게 저며 준비합니다.
3. 볼에 자몽 알맹이와 설탕을 넣고 손으로 으깨준 뒤 자몽 껍질을 넣고 냉장에서 5~7일간 숙성합니다.
4. 굵은 체에 과육을 꼭 짜서 거른 뒤 냉장 또는 냉동 보관하여 사용합니다.

* 히비스커스 티백을 넣고 함께 숙성하면 붉은색을 띠는 자몽청을 만들 수 있어요.

완성

오렌지 향 홍차 1g, 물 100g, 얼음 40g,
자몽청 70g, 추가 얼음 적당량

1. 저그에 오렌지 향 홍차와 뜨거운 물을 넣고 2분간 우립니다.
2. 얼음 40g을 넣고 차갑게 식힌 뒤 찻잎을 스트레이너로 거릅니다.
3. 잔에 자몽청, 얼음, 2를 넣어 완성합니다.

자몽

새콤달콤하지만 특유의 쓴맛이 있어 호불호 갈리는 과일 중 하나죠. 자몽은 디톡스 음료 재료로 아주 적합한데요, 자몽의 쓴맛은 나린진이라는 성분인데 지방을 분해하여 체지방 감소에 도움을 주는 역할을 해요. 이외에도 항산화 성분도 있어 암 예방, 노화 방지에 도움을 준답니다. 이러한 성분은 자몽 흰색 부분에 많이 있어 자몽청을 만들 때 완벽히 제거해서 넣는 것보다 어느 정도 흰색 부분이 있는 상태에서 만드는 것이 건강에 더욱 좋아요. 그리고 이런 성분과 함께 자몽 향이 추출될 수 있도록 자몽 껍질을 꼭 함께 넣어주세요. 자몽은 오렌지, 석류 등과도 잘 어울려서 함께 음료 베이스를 만들면 좋답니다.

시트러스 향이 있는 레이디그레이

'트와이닝'의 대표적인 홍차로 오렌지 필, 레몬 필이 함께 블렌딩되어 있어요. 그레이 백작 2세 부인의 이름을 따서 만든 차로 기존 얼그레이를 부드럽게 만들어 세계적으로 사랑받고 있답니다. 얼그레이보다 한층 부드러운 이 차는 강하게 표현되지 못하는 자몽과 잘 어울려요.

유기농 설탕

브라질산 '고이아사 설탕'은 꿀 내음을 주기 때문에 따뜻한 차의 베이스를 만들 때 사용하기 좋아요. 하지만 과일청에 100% 유기농 설탕만 넣으면 차가운 음료로 만들었을 때 끝 맛이 깔끔하지 못해요. 차가운 음료와 따뜻한 음료 모두 만족할 수 있는 청을 만들 때는 이 레시피처럼 백설탕과 함께 섞어 사용하는 것을 추천해요. 그리고 유기농 설탕은 백설탕보다 입자가 굵기 때문에 먼저 넣어서 적절히 녹인 뒤 백설탕을 넣어주면 좋아요.

+MINI RECIPE 01

자몽청을 이용한 음료들

〈에이드〉

잔에 자몽청 80g, 얼음 적당량, 탄산수 120~150g를 넣습니다.

〈아이스티〉

잔에 자몽청 80g, 얼음 적당량, 히비스커스 블렌딩 티 티백 1개, 물 120~150g을 넣습니다.

+MINI RECIPE 02

자몽 말차 GRAPEFRUIT MATCHA

말차 2g, 물 20g, 자몽청 70g, 복숭아 음료 20g, 얼음 적당량, 스프라이트 100g

1. 찻사발에 말차와 미지근한 물을 넣고 격불합니다.
2. 잔에 자몽청, 복숭아 음료를 넣고 얼음, 스프라이트, 1 순으로 넣습니다.

복숭아 음료

자몽청과 말차만 넣는 경우 쌉싸름한 맛이 진해서 중화시켜 줄 수 있는 재료가 필요해요. 저는 '데미소다' 복숭아 맛을 사용했어요.

스프라이트와 탄산수

단맛을 줄이려면 '스프라이트' 대신 탄산수를 사용하면 돼요. '스프라이트'를 사용하면 3단 레이어드를 만들 수 있고, 탄산수를 사용하면 2단 레이어드가 만들어져요.

+MINI RECIPE 03

봄빛 자몽 SPRING GRAPEFRUIT

묘차 캐모애플 3g, 물 100g, 얼음 50g, 자몽청 50g, 레몬청 10g, 추가 얼음 적당량

1. 저그에 캐모애플과 뜨거운 물을 넣고 5분간 우립니다.
2. 얼음 50g을 넣고 완전히 쿨링시킵니다.
3. 찻잎을 스트레이너로 걸러 잔에 담습니다.
4. 자몽청, 레몬청과 함께 섞습니다.
5. 얼음을 담아 완성합니다.

BLOOD ORANGE

블러드 오렌지

{ HIBISCUS + ORANGE + POMEGRANATE }

빨간 과육을 가진 블러드 오렌지는 주로 지중해 연안에서 자라요.
우리나라에서는 수입되는 시즌에 잠깐 밖에 만날 수 없다는 것이 아쉽기만 하죠.
그래서 노란 오렌지에 붉은 안토시아닌 색소가 풍부한 석류, 히비스커스를 넣어 음료를 만들어볼게요.

블러드 오렌지청

오렌지 180g(1개), 자몽 80g(1/2개), 설탕 200g, 석류 100g,
오렌지 향 히비스커스 티백 1개

1. 오렌지는 위아래 꼭지를 제거하고 껍질째 슬라이스하여 준비합니다.
2. 자몽은 껍질을 벗긴 뒤 과육을 잘게 썰어 준비합니다.
3. 볼에 오렌지 슬라이스와 잘게 썬 자몽을 넣습니다.
4. 설탕을 넣고 버무린 뒤 석류와 티백을 넣습니다.
4. 2시간 정도 실온에 두었다가 설탕이 어느 정도 녹으면 냉장에서 5~7일간 숙성한 뒤 사용합니다.

완성

블러드 오렌지청 80g, 얼음 적당량, 탄산수 120~150g

1. 잔에 블러드 오렌지청, 얼음, 탄산수 순으로 넣습니다.

석류

안토시아닌과 콜라겐이 풍부한 석류는 겉에 상처가 없고 껍질이 단단한 것을 골라 사용해요. 보통 석류를 음료 베이스로 사용할 때 즙으로 짜서 사용하지만 이 레시피에서는 그대로 썼어요. 석류의 씨가 신경 쓰인다면 석류를 즙으로 짜서 사용해요.

당도 높은 오렌지

오렌지에도 여러 브랜드가 있는데 제가 사용한 오렌지는 '퓨어스펙' 고당도 오렌지예요. 광센서 선별기에서 당도와 산도를 측정해 12브릭스 이상의 오렌지만 골라 블랙 라벨을 붙이기 때문에 품질을 믿고 구매할 수 있어요.

오렌지 향 히비스커스

이 레시피에서는 '아마드'의 '믹스 시트러스 티백'을 사용했어요. 이 티백에 들어간 히비스커스는 입자가 작아 안토시아닌 색소가 진하게 흘러나와서 진짜 블러드 오렌지 같은 빛깔을 확실하게 내주는 역할을 해요. 또 오렌지 향이 진하기 때문에 레몬, 오렌지, 자몽, 패션후르츠, 유자 등 과일과 정말 잘 어울리죠.

+MINI RECIPE

만다린 우롱 MANDARIN OOLONG

오렌지와는 또 다른 매력의 우리나라 한라봉, 천혜향, 귤 등을 다양하게 쓸 수 있는 레시피랍니다.

<만다린 베이스>

귤 200g, 설탕 160g

1. 귤의 껍질을 벗기고 과육만 준비합니다.
2. 믹서기에 과육과 설탕을 넣고 간 뒤 고운 체에 걸러냅니다.
3. 냉장고에서 하루 숙성 후 사용합니다.

<완성>

만다린 베이스 40g, 밀키 우롱 2g, 물 100g, 얼음 50g,
얼음 적당량

1. 저그에 밀키 우롱 찻잎과 뜨거운 물을 넣고 5분간 우립니다.
2. 얼음 50g을 넣고 차갑게 식힙니다.
3. 얼음 잔에 만다린 베이스, 스트레이너에 찻잎을 거른 2를 넣어 완성합니다.

PINK GINGER

핑크 진저 라테

{ BEET + GINGER + LEMON }

핑크빛 진저 라테라뇨!
생강은 몸을 따뜻하게 해주기 때문에 감기 예방에 좋아요.

진저 시럽

생강 300g, 레몬즙 20g, 레몬 제스트 1개분,
유기농 설탕 300g, 로즈메리 1ts

1. 생강을 착즙한 뒤 12~24시간 전분을 가라앉힙니다.
2. 전분이 가라앉은 생강즙에도 전분기가 있으므로 한 번 더 면포에 걸러냅니다.
3. 냄비에 2와 레몬즙을 끓인 뒤 레몬 제스트, 설탕, 로즈메리를 넣고 한 번 더 끓입니다.
4. 면포에 걸러, 냉장 또는 냉동 보관하여 사용합니다.

완성

비트 가루 1/8ts, 물 20g, 진저 시럽 50g, 우유 200g

1. 찻사발에 비트 가루와 따뜻한 물을 넣고 격불합니다.
2. 잔에 진저 시럽, 데운 우유를 넣고 1을 넣습니다.

로즈메리

로즈메리를 생강청에 넣으면 로즈메리의 상큼하고 신선한 향이 레몬과 함께 생강의 매운 향을 부드럽게 바꾸어줍니다. 생 로즈메리를 사용하면 생강의 채소 풋내를 살리고 자칫 잘못 사용하면 로즈메리의 향이 너무 강해질 수 있기 때문에 여기서는 건 로즈메리를 사용해요.

생강

천연 자양강장제인 생강은 옛날부터 음식뿐만 아니라 약재로도 오랫동안 사용하던 식재료이지요. 몸에 열을 내게 하여 감기 예방, 식중독 완화, 소화 불량 완화 등에 도움을 주기 때문에 생강청을 만들어 겨울에 따뜻한 차로 즐겨 마셔요. 생강은 원산지에 따라 맛과 향이 많이 달라져요. 우리나라의 생강은 다른 나라보다 전분의 함량이 높아서 매운맛이 강해요. 11월쯤 나오는 햇생강이 전분기가 적고 수분이 많아 부드럽고 향도 좋아서 그때 생강청을 만들면 좋아요. 하지만 햇생강에도 매운맛이 많기 때문에 레몬과 로즈메리를 넣으면 향미를 부드럽게 만들 수 있어요.

비트 가루

처음 이 레시피를 만들었을 때는 히비스커스를 사용해서 분홍빛을 냈었는데 히비스커스의 강한 산성으로 인해 분리 현상이 일어난다는 피드백을 받고 바꾸게 되었어요. 그래서 분홍빛을 내는 재료를 찾다 보니 예전에 분홍색 밀크티를 만들고 싶어서 블렌딩해 두었던 비트 차가 생각이 났던 거죠. 비트는 붉은 색소의 역할도 하지만 항산화 작용으로 암을 예방하고 염증 완화에 도움을 주어요. 이 레시피에서는 '바른티'의 '비트 분말'을 사용했는데요, 건 비트를 우려 사용해도 괜찮답니다. 분말을 사용하면 좀 더 바디감이 짙고, 건 비트 우린 찻물을 사용하면 끝 맛이 깔끔하면서 생강 향이 더 퍼져요. 비트 가루를 사용할 때는 비트 특유의 향이 있으니 적당한 양을 사용하는 것이 좋아요.

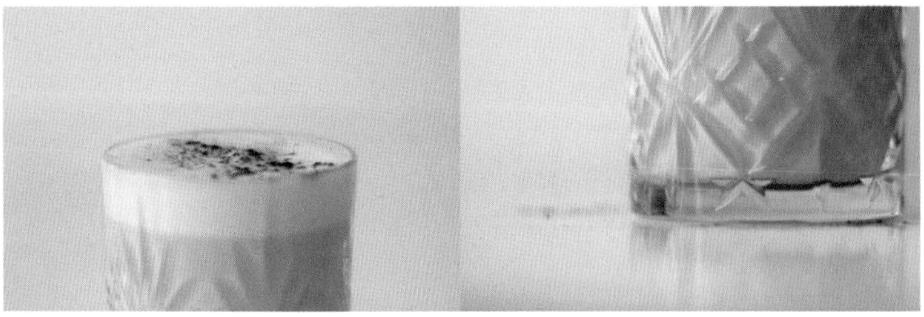

+MINI RECIPE 01

생강청으로 만드는 여러 가지 레시피

생강 라테 GINGER LATTE

잔에 생강청 50g, 데운 우유 230g을 넣어요.

생강 에이드 GINGER ADE

잔에 생강청 30g, 얼음, 레몬 슬라이스, 탄산수 120~150g을 넣어 만들어요.

생강차 GINGER TEA

잔에 생강청 40g, 뜨거운 물 300g을 넣어요.

+MINI RECIPE 02

전통 생강차 TRADITIONAL GINGER TEA

깐 생강 300g, 대추 칩 70g, 계핏가루 1/8ts, 물 400g,
다크 머스코바도 100g, 유기농 설탕 400g, 배즙 70g

1. 깐 생강을 슬라이스해서 준비합니다.
2. 냄비에 대추 칩, 계핏가루, 물을 넣고 끓입니다.
3. 다크 머스코바도, 유기농 설탕, 배즙을 넣고 끓입니다.
3. 끓기 시작하면 깐 생강을 넣습니다.
4. 한 번 더 끓인 뒤 소독된 병에 담아줍니다. (은은한 생강 향을 원한다면 끓는 냄비에 생강을 넣는 것보다 병에 생강을 넣은 뒤 끓인 시럽을 바로 부어 숙성하는 것이 좋아요.)

LOVELY APRICOT

러블리 살구

{ CHAMOMILE + APRICOT + ORANGE }

살구 역시 계절 과일로 1년 중 잠깐 만나볼 수 있지만 청으로 만들어두면 오랫동안 먹을 수가 있죠.
살구에 오렌지가 더해지면 과일의 당도가 올라가고,
이렇게 만들어진 청과 캐모마일이 만나면 사랑스러운 음료가 완성된답니다.

살구청

살구A 700g, 설탕A 560g, 살구B 700g, 설탕B 560g,
오렌지 슬라이스 4개

1. 살구는 깨끗이 씻어 껍질째 6등분하여 준비합니다.
2. 살구A와 설탕A를 버무립니다.
3. 살구B와 설탕B는 믹서기에 갈아서 2에 넣고 섞습니다.
4. 5mm 두께의 오렌지 슬라이스를 넣고 섞습니다.
5. 서늘한 실온에 2시간 정도 둔 뒤 냉장고에서 5~7일 숙성해 사용합니다. (과육을 걸러 사용해도 되고 그대로 사용해도 됩니다. 거르지 않고 사용하는 경우 잘게 으깨서 사용하세요.)

완성

캐모마일 블렌딩 티 3g, 물 100g, 얼음 50g, 살구청 50g,
추가 얼음 적당량, 잘게 자른 냉동 라즈베리 적당량

1. 저그에 캐모마일 블렌딩 티를 넣고 뜨거운 물에 5분간 우립니다.
2. 얼음을 넣고 쿨링합니다.
3. 잔에 살구청, 얼음을 넣습니다.
4. 찻잎을 스트레이너에 걸러 담습니다.
5. 잘게 자른 냉동 라즈베리로 장식합니다.

+MINI RECIPE

살구 에이드 APRICOT ADE

잔에 살구청 60g, 얼음 적당량, 오렌지 슬라이스 1/2개,
탄산수 120g을 넣습니다.

살구

여름에 잠깐 만날 수 있는 사랑스러운 주황빛 살구. 벨벳 같은 껍질을 가지고 있어서 더 사랑스럽다는 생각이 들어요. 고대부터 먹었던 것으로 추정되는 이 살구는 비타민A와 C가 풍부해서 폐 기능 강화, 눈 피로 회복, 피부 미용에 도움을 준답니다. 또한 철분과 엽산이 많아서 빈혈에도 도움을 주죠. 살구는 따뜻한 성질을 가지고 있어서 차가운 음료로 마시기 딱 좋은 과일이랍니다. 하지만 음료로 만들었을 때 특징이 부족해서 오렌지를 조금 더하면 완성도 있는 음료를 만들 수 있어요.

캐모마일 블렌딩 티

살구는 장미과에 속하기 때문에 꽃차와 대부분 잘 어울리는 편이에요. 그중 살구빛을 잘 살려 줄 수 있는 캐모마일을 선택했는데 '묘차'의 '캐모애플'을 사용했어요. 사과와 과일 조각이 함께 블렌딩되어 있어서 음료에 화사함을 더해준답니다.

YUZU GREEN TEA

유자 그린티

{ YUZU + LEMON + PEACH }

유자는 청으로 만들어서 1년 동안 사용하는데요,
오랫동안 보관하다 보면 처음의 톡톡 튀는 상큼함이 사라지기 때문에
레몬을 함께 넣으면 신선한 느낌을 줄 수 있어요.

시트러스 유자청

유자 5개, 레몬 2개, 물 500g,
설탕A 500g, 유자 알맹이와 동일한 양의 설탕B

1. 유자는 껍질을 벗겨 알맹이와 껍질을 따로 구분하여 준비합니다.
2. 유자의 알맹이는 모두 씨를 제거해서 준비합니다.
3. 레몬은 제스터로 껍질을 벗겨 레몬 제스트를 준비합니다.
4. 껍질을 벗긴 레몬은 착즙기로 즙을 냅니다.
5. 냄비에 물을 넣고 끓인 뒤 설탕A를 넣고 한 번 더 끓입니다.
6. 불을 끄고 유자 껍질을 넣어 익혀줍니다.
7. 믹서기에 유자 알맹이(씨를 걸러낸 유자 알맹이), 레몬 껍질, 레몬즙, 설탕B를 넣고 갈아줍니다.
8. 완전히 식은 6과 7을 믹서기에 넣고 갈아줍니다.
9. 고운 체에 걸러 냉장 또는 냉동 보관하여 사용합니다.

완성

복숭아 향 녹차 티백 1개, 물 20g, 시트러스 유자청 50g,
얼음 적당량, 탄산수 120g

1. 잔에 복숭아 향 녹차 티백과 뜨거운 물을 넣고 3~5분간 우립니다.
2. 티백을 뺀 뒤 시트러스 유자청을 넣고 잘 섞습니다.
3. 얼음과 탄산수를 넣어 완성합니다.

유자

11월에 짧게 나오는 과일로 진한 향과 맛을 1년 동안 보관하기 위해서 청을 담아요. 비타민C가 레몬보다 3배나 많아 감기 예방에도 좋고 피부 미용에도 좋아요. 그뿐만 아니라 리모넨이라는 성분이 가래를 삭이고 기침을 멈추게 해요. 유자는 씨마저 살균 작용에 뛰어나 어느 하나 버릴 것 없는 과일이에요. 이런 유자는 청으로 만들어서 요리에도 쓰고 음료에도 써요.

복숭아 향 녹차

이 레시피에서 사용한 복숭아 녹차는 '리쉬티'의 '유주피치 그린티'에요. 백도와 비슷한 향이 은은하게 나고 깔끔해요. 게다가 유자가 들어 있어 유자청과 자연스럽게 어울릴 수 있어요. 유자청은 이외에도 다양한 과일향 차들과 잘 어울리고, 페퍼민트나 레몬그라스처럼 단일 허브차와도 정말 잘 어울린답니다.

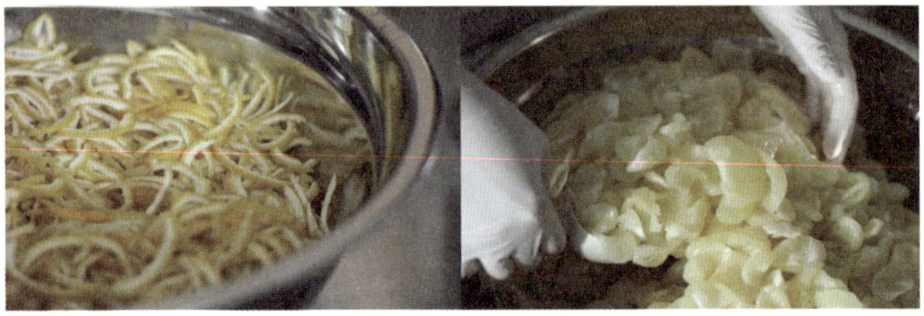

+MINI RECIPE 01

유자 쑥 프라페 YUZU MUGWORT FRAPPE

쑥 가루 10g, 설탕 27g, 우유 150g, 연유 30g, 얼음 160g, 유자청 30g

1. 믹서기에 쑥 가루, 설탕, 우유, 연유, 얼음을 넣고 곱게 갑니다.
2. 잔에 유자청과 1을 담습니다.

+MINI RECIPE 02

유자 커드 YUZU CURD

달걀 4개, 설탕 187g, 유자즙 125g, 유자 껍질 125g, 화이트 버터 65g

1. 냄비에 달걀, 설탕을 충분히 섞어 준비합니다.
2. 유자즙을 넣고 충분히 섞습니다.
3. 중불에 72도까지 올려 달걀을 익힙니다.
4. 중간에 유자 껍질을 넣어 유자의 흰 부분이 살짝 익을 정도로 익힙니다.
5. 화이트 버터를 넣고 섞습니다.
6. 믹서기나 핸드 블렌더로 곱게 간 뒤 체에 걸러 소독된 병에 담습니다.

화이트 버터

유자 향을 잘 살리기 위해서 버터 자체의 향이 진하지 않은 '서울우유'의 하얀 버터를 사용해요.

GREEN FOREST

그린티 포레스트

{ GREEN TEA + YUZU + PINE TREE }

유자는 특유의 맛과 향이 강렬하지만 사실 그 안에는 무수한 향들이 숨어 있어요.
그중 숲에서 나는 민트 향이 느껴지는데
이러한 향을 끌어내기 위해 솔 음료와 베리에이션해 보았어요.

과일 향 녹차 2g, 물 200g, 말차 1/8ts, 유자청 40g,
솔 음료 50g

1. 저그에 과일 향 녹차를 넣고 뜨거운 물을 부어 3분간 우립니다.
2. 찻잎을 스트레이너로 거른 뒤 말차를 넣고 풀어줍니다.
3. 다관에 유자청, 솔 음료를 넣고 잘 섞은 뒤 찻물을 담습니다.

솔 음료

녹차와 솔에는 식물 향이 있어서 함께 블렌딩하면 정말 숲속의 향을 느낄 수 있어요. 이 레시피에서 사용한 솔 음료는 '솔의 눈'이에요. 솔 향을 충분히 내면서 간편하게 사용할 수 있어요.

과일 향 녹차

저는 '크리스틴 다트너'의 '몰디브'라는 차를 사용했는데요, 이 차는 녹차에 라즈베리 향과 자몽 향이 들어가 있어서 유자와 정말 잘 어울리는 차예요.

BOM BOM SLUSHY

봄봄 슬러시

{ PEACH OOLONG TEA + STRAWBERRY + ROSE }

딸기와 복숭아가 들어가 사랑스러움이 가득한 음료예요.
우롱차의 맛과 향이 은은하게 맴도는 딸기 슬러시랍니다.

복숭아 향 우롱차 5g, 물 80g, 얼음A 40g, 얼음B 135g, 냉동 딸기 78g, 설탕 30g, 로즈 시럽 10g, 아이스크림 1스쿱

1. 저그에 복숭아 향 우롱차를 넣고 뜨거운 물에 5분간 우립니다.
2. 얼음A를 넣고 완전히 식혀줍니다.
3. 찻잎을 스트레이너로 거른 뒤 찻물을 믹서기에 담습니다.
4. 얼음B, 냉동 딸기, 설탕, 로즈 시럽을 넣고 함께 갈아줍니다.
5. 잔에 담은 뒤 아이스크림을 올려 완성합니다.

단단한 얼음을 추천해요

얼음의 단단함에 따라 묽기가 달라질 수 있어요. 저는 잘 녹지 않은 돌얼음을 썼어요. 잘 녹는 얼음은 더 많이 들어갈 수 있어요.

생 딸기와 냉동 딸기

생 딸기는 과즙이 그대로 있어 텍스처가 묽어져요. 그래서 냉동 상태로 사용하는 것이 좋은데, 우리나라 딸기는 냉동을 하면 당도와 향이 떨어지고 맛이 묽어진답니다. 그래서 가장 맛 좋을 때 냉동해 두고 쓰거나 '페루산 냉동 딸기'를 쓰면 좋아요. 냉동 딸기 대신 냉동 파인애플을 사용해서 만들어도 잘 어울려요.

복숭아 향 우롱차

이 레시피에는 '루피시아'의 '피치 우롱'을 사용했어요. 발효도가 낮은 문산포종을 베이스로 만들어 꽃 향까지 더해진 차랍니다.

로즈 시럽

로즈 시럽은 빼도 되지만 넣으면 톡톡 튀는 냉동 딸기의 맛과 향을 조금 눌러줄 수 있어요. 그래서 더 고급스러운 맛이 되지요. 이 레시피에는 '1883'의 '로즈 시럽'을 사용했어요.

VANILLIA

바닐리아

{ RASPBERRY + GRAPE + VANILLA }

바닐라는 베이킹에도 많이 사용하는 재료이지만 음료에도 정말 많이 사용된답니다.
차에 더해지면 차의 단맛을 상승시키고 풍미를 업그레이드해 주지요.

과일 향 홍차 6g, 물 50g, 라즈베리 시럽 5g, 얼음 적당량,
코코넛 포도 음료 120~150g, 바닐라 설탕 1ts

1. 저그에 과일 홍차를 넣고 뜨거운 물에 5분간 우립니다.
2. 잔에 라즈베리 시럽, 얼음, 코코넛 포도 음료 순으로 넣습니다.
3. 1의 찻잎을 스트레이너에 걸러 찻물을 담습니다.
4. 마지막으로 바닐라 설탕을 뿌립니다.

과일 홍차

'로네펠트'의 '샹그릴라 홍차'를 사용했어요. 파파야, 파인애플, 장미가 들어가서 상큼한 맛을 연출해요. 이외에도 로네펠트의 얼그레이를 사용해도 좋은데, 그 이유는 그 베이스가 다즐링이기 때문이랍니다. 다른 홍차보다 색은 옅지만 뒤에서 느껴지는 부드러움과 꽃 향이 바닐라와 청포도 향미랑 정말 잘 어울려요.

라즈베리 시럽

'다빈치'의 '라즈베리 랩소디'를 사용했어요. 색도 예쁘고 과즙의 느낌이 강해요.

코코넛 포도 음료

코코넛 젤리가 들어간 음료로 '코코팜'을 사용했어요. 코코넛 젤리가 식감을 더해주고 그러데이션도 예쁘게 만들어줘요.

바닐라 설탕

바닐라 설탕은 시판되는 것도 좋지만 직접 만드는 것이 더 맛이 좋아요. 수분 없이 바짝 말린 바닐라빈 1개와 설탕 100g을 함께 푸드 프로세서에 갈아줍니다. 굵은 체에 걸러 두꺼운 입자의 바닐라빈은 걸러주고 백설탕 100g과 다시 섞어요. 실온에서 오래 보관이 가능하고 커피 음료나 밀크티에 아주 잘 어울려요.

BERRY BERRY TEA ADE

베리 베리 티 에이드

{ HIBISCUS + BERRY + LEMON }

생과가 아닌 냉동으로도 음료 베이스를 만들 수 있어요.
냉동에는 과일의 신선한 향이 없어서 레몬과 향이 있는 차를 넣으면 숨어 있던 향이 살아나요.

베리 베리 시럽

냉동 트리플 베리 300g, 레몬 100g, 설탕 400g,
히비스커스 블렌딩 티 티백 2개

1. 트리플 베리를 차가운 물에 빠르게 씻어 실온 또는 냉장에서 녹입니다.
2. 레몬은 양 끝을 잘라내고 8등분으로 다이스해서 준비합니다.
3. 설탕을 넣고 버무립니다.
4. 태그를 자른 티백을 넣고 냉장에서 5~7일간 숙성합니다.
5. 굵은 체에 걸러 시럽만 냉장 또는 냉동 보관해 사용합니다.

완성

베리 베리 시럽 60g, 얼음 적당량, 레몬 향 탄산수 120~150g

1. 잔에 베리 베리 시럽을 넣은 뒤 얼음, 탄산수를 넣어줍니다.

트리플 베리

'웰팜'에서 나온 '트리플 베리'를 사용했어요. 블루베리, 블랙베리, 라즈베리가 섞여 있어요. 상태가 깨끗하고 생과일의 맛이 잘 살아 있는 제품이에요.

남은 트리플 베리 과육이 너무 아까워요

걱정 마세요. 잼으로 만들 수 있어요. 과육 무게를 재서 30% 정도의 설탕과 함께 냄비에 넣고 조리면 잼이 완성된답니다.

히비스커스 블렌딩 티

저는 '아마드'의 '믹스 베리 히비스커스'를 사용했는데요, 베리 라테와 에이드를 모두 만들 음료 베이스가 필요하다면 홍차 베이스인 라즈베리 홍차나 블랙베리 홍차를 사용할 수 있어요. 히비스커스 베이스의 찻잎을 사용하면 우유를 넣을 때 쉽게 분리돼요.

이렇게도 해보세요

레드 파프리카 착즙 5~10g을 넣으면 채소 티 음료를 만들 수 있어요. 레드 파프리카는 빨간 과일과 잘 어울리는데 특히 베리류와 잘 어울려서 잼으로도 만든답니다.

+MINI RECIPE 01

아이스티 Berry Berry Tea

잔에 베리 베리 시럽 60g, 청포도 향 홍차 티백 1개, 얼음 적당량, 물 120~150g 순으로 넣습니다.

+MINI RECIPE 02

냉동 베리를 이용한 티 스무디 Berry Tea Smoothie

과일 향 홍차나 과일 차 티백 2개, 물 150g, 냉동 블루베리 80g,
설탕 30g, 얼음 120~140g

1. 저그에 티백을 넣고 뜨거운 물에 5분간 우립니다.
2. 티백을 빼고 차갑게 식힙니다.
3. 믹서기에 냉동 블루베리, 설탕, 찻물, 얼음을 넣고 갈아줍니다.

PEAR VANILLA

페어 바닐라

{ APRICOT FLOWER + PEAR + VANILLA }

배의 달콤함은 매화차의 꽃 향을 뒷받침해 주고 바닐라의 묵직함을 한층 밝게 올려준답니다.

페어 시럽

배 200g, 사과주스 50g, 설탕 150g, 바닐라빈 1개

1. 믹서기에 배, 사과주스, 설탕을 넣고 갑니다.
2. 고운 체에 걸러 석세포를 제거합니다.
3. 깨끗이 소독된 병에 담아 바닐라빈 씨와 껍질을 넣고 냉장고에서 1~2일 정도 숙성하여 사용합니다.

완성

매화차 3송이, 물 100g, 얼음 30~50g, 페어 시럽 50g, 추가 얼음 적당량

1. 저그에 매화차와 뜨거운 물을 넣고 2분간 우립니다.
2. 얼음 30~50g 넣어 차갑게 식힌 뒤 찻잎을 스트레이너에 거릅니다.
3. 잔에 페어 시럽, 얼음, 2를 넣습니다.

배

기관지 질환에 정말 좋은 과일인 배는 가래와 기침을 없애주고 체내 불필요한 나트륨을 줄여주며 갈증 해소에 도움을 줍니다. 배에도 여러 가지 품종이 있는데 저는 주로 황금 배나 추황 배를 사용해요. 이 두 품종은 당도가 높은 배로 유명하고 석세포가 적어 거친 느낌이 많이 없답니다. 배는 착즙을 하거나 청으로 만들면 향이 금방 날아가 버리기 때문에 사과주스를 조금 더해서 향을 잡는 것이 좋습니다.

눈 속에 피는 매화차

제가 사용한 매화차는 '상선암'의 '설중매'인데요, 상선암의 보성스님이 직접 키우신 매화나무에서 따기 때문에 깨끗하고 향이 짙어서 작은 양으로도 충분한 맛을 낼 수 있어요. 설중매는 말 그대로 눈이 오는 날씨에 피는 매화꽃을 말해요. 추운 날씨에 좋은 땅의 기운을 받아 일찍이 봄이 오는 것을 알리기 위해 봉오리가 천천히 올라와요. 그 때문에 꿀 향이 아주 뛰어나답니다. 또 매화차는 심신 안정에 도움을 주고 소화 불량이나 피부 질환을 완화시켜줘요.

+MINI RECIPE

페어 티 에이드 PEAR TEA ADE

잔에 페어 시럽 50g, 얼음 적당량, 탄산수 120~150g을 넣습니다.

EARTH LATTE

어스 라테

{ MATCHA + MINT + CITRUS }

일명 지구 라테로 비주얼과 맛을 모두 잡은 말차 라테예요.

블루 큐라소 시럽 15g, 민트 시럽 5g, 우유 120g,
얼음 적당량, 말차 3g, 물 25g

1. 잔에 블루 큐라소 시럽, 민트 시럽, 우유를 넣고 섞습니다.
2. 찻사발에 말차와 미지근한 물을 넣고 격불합니다.
3. 잔에 얼음을 넣고 격불한 말차를 올려 완성합니다.

블루 큐라소 시럽과 민트 시럽

블루 큐라소 시럽과 민트 시럽은 모두 '다빈치' 제품이에요. 민트 시럽은 '멘타 쿠바노'라는 제품인데, 라임 향이 들어 있어 민트 향에 너무 치우치지 않아요. 그래서 말차에 상큼함을 더해준답니다.

UDO PEANUT LATTE

우도 땅콩 라테

{ GENMAI + PEANUT + MILK }

제주도 특산물인 우도 땅콩과 고소한 맛으로
대중들의 입맛을 사로잡은 현미 녹차가 만나 고소함의 끝을 보여주는 티 음료예요.

우도 땅콩 설탕

볶은 우도 땅콩 100g, 설탕 90g

1. 우도 땅콩은 160도 예열된 오븐에 10~12분 정도 구워 안쪽까지 구워서 준비합니다.
2. 뜨거울 때 땅콩 껍질을 까고 완전히 식힌 다음 푸드프로세서에 땅콩과 설탕을 넣고 곱게 갈아줍니다.

완성

현미 녹차 티백 3개, 물 70g, 우도 땅콩 설탕 50g, 우유 200g

1. 저그에 현미 녹차 티백을 넣고 뜨거운 물에 5분간 우립니다.
2. 믹서기에 우도 땅콩 설탕과 우유를 곱게 간 뒤 따뜻하게 데워줍니다.
3. 잔에 티백을 뺀 찻물을 넣고 우도 땅콩 우유를 담아 완성합니다.

우도 땅콩

제주도 우도에서 자라는 땅콩으로 일반 땅콩보다 크기가 작고 단맛이 있어 떫은맛없이 고소하게 즐길 수 있어요. 이 레시피에서는 음료 베이스로 쓰이기 때문에 껍질을 벗겼지만 원래 우도 땅콩은 껍질째 먹는 것이 특징이랍니다. 볶은 땅콩은 겉에만 구워진 상태라서 오래 두거나 그대로 갈아서 사용하면 견과의 기름이 올라올 수 있어요. 그래서 안쪽까지 완벽히 구워 기름기를 제거하는 것이 좋아요. 땅콩의 식감을 살리고 싶다면 우유와 함께 갈지 말고 우도 땅콩 설탕에 따뜻하게 데운 우유를 넣어도 좋아요. 저는 '소콩달콩'의 '볶은 우도 땅콩'을 사용했어요.

현미 녹차

현미 녹차는 일본에서 가난한 서민들이 마셨던 차예요. 비싼 현미를 쪄서 볶은 뒤 녹차 잎에 섞으면 양이 늘어나고 현미가 들어가 구수할 뿐만 아니라 1잔에 담긴 카페인이 적어 부드럽게 먹을 수 있어 인기가 좋았지요. 우리나라에서는 '동서' 현미 녹차가 가장 유명하죠. 이 레시피에서도 이 차를 사용했는데요, 시판되는 제품들이 저렴해서 가벼운 차로 사람들의 인식에 남아 있지만 '동서'의 차 품질은 굉장히 뛰어나답니다. '동서'의 제품은 대부분 맛이 좋아서 저는 베리에이션이나 스트레이트티에도 많이 사용하는 편이에요.

고소함을 더해주는 우유

이 레시피에서는 '서울우유'의 '나100%'를 사용했어요. 따뜻한 라테를 만들 때 묵직하면서도 고소한 단맛을 내는데 아주 좋은 우유예요. 그래서 우도 땅콩과 현미 녹차와 정말 잘 어울린답니다.

+MINI RECIPE

맛있는 우도 땅콩 라테 PEANUT LATTE

우도 땅콩 설탕 50g, 우유 135g, 얼음 적당량

1. 믹서기에 우유와 우도 땅콩 설탕을 갑니다.
2. 잔에 얼음을 담고 1을 넣습니다.

* 기호에 따라 커피를 조금 넣으면 더 맛있어요.

GREEN MANDARINE OOLONG

청귤 우롱

{ OOLONG TEA + GREEN MANDARINE }

짧은 시기에 나오는 청귤(풋귤)은 어떤 차와 붙여 놓아도 정말 잘 어울려요.
심지어 보이차와도 잘 어울리는 게 청귤이랍니다.

청귤청

청귤(풋귤) 1kg, 설탕A 350g, 설탕B 400g

1. 청귤을 깨끗이 씻어 물기 없이 준비합니다.
2. 청귤 아래위를 칼로 잘라내고 8등분으로 깍둑썰기합니다.
3. 1/2은 착즙을 해서 설탕A와 함께 믹서기에 넣고 곱게 갑니다.
4. 나머지 1/2은 볼에 담아 설탕B와 함께 손으로 과육을 으깨면서 섞어줍니다.
5. 4에 3을 더해줍니다.
6. 냉장에서 7~10일간 숙성한 뒤 굵은 체에 과육을 걸러냅니다.
7. 시럽은 냉장 또는 냉동 보관하여 사용합니다.

완성

청귤청 50g, 밀키 우롱 티백 1개, 물 150~200g

1. 작은 다관에 청귤청과 밀키 우롱 티백을 담습니다.
2. 뜨거운 물을 넣고 섞어줍니다.
3. 연한 녹색 빛을 내고 싶다면 말차 1꼬집 정도 넣어주면 됩니다.

밀키 우롱

대만에는 우롱차가 전 지역에서 생산되고 있어 대만 여행을 가면 우롱차 한 봉지씩은 꼭 사 오죠. 대만 중부 지역에 아리산이라는 높은 산이 있는데, 그곳은 안개가 짙고 일교차가 높아 차 산지로 정말 유명한 곳이에요. 특히 금훤이라는 우롱차가 유명한데, 외국 사람들이 이 차를 마시고 우유 향이 난다고 해서 밀키 우롱이라는 이름이 붙기 시작했어요. 그런데 대만의 금훤 생산량이 유럽 시장에 풍족하게 공급할 만큼 많지 않아 다른 우롱차에 우유 스팀을 쐬거나 우유 향을 넣어 만들게 되었지요. 따라서 밀키 우롱은 금훤에서 시작되었지만 지금은 우유 향이 진한 우롱차가 되었답니다. 이 레시피에서는 '묘차'의 '밀키 우롱'을 사용했어요. 아리산 우롱차에 약간의 우유 향이 첨가되어 있어 따뜻하게 마셔도 좋지만 과일 음료와도 정말 잘 어울린답니다.

청귤과 풋귤

여러분이 청귤로 알고 있는 과일은 아마 풋귤일 거예요. 청귤은 재래 감귤이고 풋귤은 온주밀감으로, 품종이 달라요. 청귤은 2~3월 이른 봄철에 수확해 주로 약재로 사용되기 때문에 허가받은 농가에서만 키울 수 있고 아주 소량 나온답니다. 많은 농가에서 판매하는 청귤은 대부분 풋귤로 덜 익은 상태의 귤을 말하고 8~9월 짧은 시기에 나와요. 풋귤은 익은 상태의 귤보다 플라보노이드 함량이 높아 항산화에 뛰어난 효능을 가지고 있지요. 그 성분은 풋귤 껍질에 아주 많기 때문에 착즙할 때도 껍질째 하는 것이 좋아요. 많은 양의 풋귤을 구매할 경우 비닐에 싸 김치냉장고나 과일 칸에 넣으면 오래 보관할 수 있어요. 청귤청(풋귤청)은 완전히 초록빛일 때보다 약간 노르스름하게 변할 때 담으면 당도가 생겨서 맛이 좋아요.

+MINI RECIPE

청귤 히비스커스 PINK MANDARINE

청귤청 60g, 히비스커스 블렌딩 티 티백 1개, 얼음 적당량,
물 또는 탄산수 120~150g

1. 잔에 청귤청과 티백을 넣습니다.
2. 얼음과 물 또는 탄산수를 넣어 마무리합니다.
3. 머들러나 스푼으로 티백을 살짝 흔들면 히비스커스가 쉽게 우러나옵니다.

BUCKWHEAT JASMINE

메밀 재스민

{ JASMINE + MATCHA + BUCKWHEAT }

말차의 풀 비린내가 싫다면 말차를 향이 있는 녹차에 격불해 보세요.
그러면 또 다른 매력을 느낄 수 있어요.
이 레시피에는 재스민과 메밀차를 블렌딩해서 말차의 숨겨진 꽃 향을 찾아주는 말차 베리에이션과
우유의 고소한 맛을 잡아주는 말차 라테 2가지 버전을 담아보았어요.

따뜻한 말차

재스민 녹차 2g, 메밀차 티백 1개, 물 70g, 말차 2g

1. 저그에 재스민 녹차, 메밀차 티백을 넣고 뜨거운 물에 3분간 우립니다.
2. 찻잎과 티백을 스트레이너에 꾹 짜서 걸러냅니다.
3. 찻사발에 말차와 찻물을 넣고 격불하여 완성합니다.

차가운 말차 라테

재스민 녹차 2g, 메밀차 티백 1개, 설탕 12g, 물 50g, 말차 2g, 우유 120~150g, 얼음 적당량

1. 저그에 재스민 녹차, 메밀차 티백, 설탕을 넣고 뜨거운 물에 3분간 우립니다.
2. 찻잎과 티백을 스트레이너에 꾹 짜서 걸러냅니다.
3. 찻사발에 말차와 2를 넣고 격불합니다.
4. 잔에 우유, 얼음을 넣고 격불한 말차를 올립니다. (잔에 따뜻하게 데운 우유 200g을 넣고 격불한 말차를 올려도 맛있어요.)

메밀차

이 레시피에서는 '동서'의 '메밀차'를 사용했어요. 메밀은 녹차와 같이 성질이 차서 여름에 시원하게 마시기 좋답니다. 소화를 도와주고 이뇨 작용, 비만 예방에도 도움을 줍니다. 특히 메밀의 플라보노이드 성분은 간 해독 작용을 도와주죠. 하지만 몸이 차갑고 배앓이가 잦은 사람들은 따뜻하게 먹는 것이 좋고 너무 과하게 마시지 않는 것이 좋아요.

* 재스민과 메밀차를 우유에 냉침해서 마셔도 맛이 좋아요!

PEACH PEACH

피치 피치

{ WHITEA TEA + PEACH + PLUM }

복숭아로 청을 만들면 향과 맛이 모자란 것 같다고 하죠.
그럴 때 복숭아보다 맛이 강한 자두를 조금 섞으면 향과 맛 모두 잡을 수 있어요.
여기에 백차의 꽃 향까지 더해지면 백도 복숭아에서 나는 향긋함을 느낄 수 있어요.

복숭아청

복숭아(백도) 580g, 자두 120g, 설탕 700g

1. 백도와 자두는 씨를 빼고 잘게 썰어 준비합니다.
2. 설탕을 넣고 손으로 으깹니다.
3. 냉장에서 5~7일간 숙성한 뒤 굵은 체에 과육을 걸러 시럽만 사용합니다.

완성

복숭아 백차 2g, 물 70g, 얼음 50g, 복숭아청 70g, 추가 얼음 적당량

1. 저그에 복숭아 백차와 뜨거운 물을 넣고 2~3분간 우립니다.
2. 얼음 50g을 넣고 차갑게 식힌 뒤 스트레이너로 찻잎을 거릅니다.
3. 잔에 복숭아청, 추가 얼음, 2를 담아 완성합니다.

복숭아

복숭아청에 들어가는 복숭아는 딱딱한 복숭아보다 부드러운 과육의 복숭아를 사용하는 것이 좋아요. 딱딱한 복숭아는 청으로 만들었을 때 향이 쉽게 흘러나오지 않기 때문이에요. 그리고 복숭아의 껍질에 향이 많기 때문에 복숭아를 깨끗이 씻어 껍질째 설탕과 함께 숙성하는 것이 좋아요.

복숭아의 향이 나지 않는다면?

어떤 과일이든 농수산물은 매번 맛이 달라지기 때문에 가지고 있는 과일이 어떤 향과 맛을 지녔는지 파악한 뒤 청을 만드는 것이 좋아요. 복숭아는 여름 과일이기 때문에 당도나 향이 매번 달라지고 많은 품종들이 있어서 어떤 복숭아를 썼는지에 따라 맛이 많이 좌우됩니다. 복숭아의 향이 부족하다면 '데미소다' 복숭아 맛과 같은 시판 음료를 약간 넣거나 복숭아 향 차를 넣으면 숨어 있던 향이 살아나기도 합니다. 음료의 복숭아 향이 뒷받침을 해주는 거죠. 또한 직접 청을 만들기 어렵다면 시판하는 농축액을 사용해 볼 수 있어요. '세미 베버시티'의 '백도 스무디'가 음료에 사용하기 좋은데요, 40g 정도만 사용해도 충분히 맛을 낼 수 있어요.

복숭아 백차

복숭아 향이 나는 차를 사용하면 더욱 진한 복숭아의 느낌을 받을 수 있어요. 여기서는 '리쉬티'의 '피치 블로썸'이라는 차를 사용했어요. 이 차는 복숭아 향이 너무 진하지 않기 때문에 복숭아청이 가지고 있는 자연스러운 맛을 잘 살려주고, 백차가 들어 있어 향긋한 꽃 향을 더할 수 있어요.

+MINI RECIPE 01

자두청 Plum Nectar

자두 과육 1kg, 설탕 850g

자두 과육과 설탕을 버무린 뒤 믹서기에 넣고 35~50% 정도만 갈아서 숙성한 뒤 사용해요.

+MINI RECIPE 02

레드 피치 Red Peach

아마드 와일드 스트로베리 티백 1개, 물 50g, 설탕 8g,
백도 농축액 50g, 사과주스 80g, 얼음 120~160g

1. 저그에 티백과 설탕을 담고 뜨거운 물에 5분간 우린 뒤 티백을 빼고 차갑게 식혀서 준비합니다.
2. 믹서기에 백도 농축액, 사과주스, 얼음을 갑니다.
3. 잔에 1을 담고 2를 넣어줍니다.

+MINI RECIPE 03

딱딱한 백도로 만드는 피치 아이스티 Peach Iced Tea

〈딱복청〉

딱딱한 백도 1kg, 설탕 780g

1. 백도는 껍질과 씨앗을 제거하고 작은 다이스로 준비합니다.
2. 백도와 설탕을 버무려 냉장고에서 5~7일간 숙성합니다.

〈완성〉

말린 백련초 1개, 물 70g, 얼음 50g, 복숭아청 70g,
추가 얼음 적당량

1. 말린 백련초를 뜨거운 물에 1분간 우린 뒤 얼음을 넣고 차갑게 식힙니다.
2. 스트레이너로 백련초를 거릅니다.
3. 잔에 복숭아청, 추가 얼음, 2의 찻물 순으로 넣어 완성합니다.

GRAPE TEA ADE

포도 티 에이드

{ GRAPE + ROSE }

가을의 보랏빛 포도는 보는 것만큼 그 맛도 진하죠.
그래서 먹었을 때의 그 과즙 느낌을 그대로 가둬두고 싶다는 생각을 많이 해요.
이 책의 첫 번째 레시피인 로즈그린팜과 또 다른 색감과 맛을 가진 에이드예요.

캠벨 포도 베이스

캠벨 포도 100g, 설탕 80g

1. 캠벨 포도를 깨끗이 씻은 뒤 물기를 제거해 준비합니다.
2. 설탕과 함께 믹서기에 갈아줍니다.
3. 고운 체에 내려 포도씨를 걸러냅니다.
4. 시럽은 냉장 또는 냉동고에 보관하여 사용합니다.

완성

캠벨 포도 베이스 50g, 청포도 향 홍차 티백 1개,
얼음 적당량, 레몬 향 탄산수 120~150g

1. 잔에 캠벨 포도 베이스, 청포도 향 홍차 티백, 얼음, 레몬 향 탄산수를 순서대로 넣습니다.

캠벨 포도

포도에도 다양한 품종이 있지만 여기에서 사용한 포도는 '캠벨 포도'에요. 캠벨 포도는 우리나라에서 많이 자라고 인기도 많은 품종이죠. 거봉이나 머루 포도처럼 당도가 높지는 않지만 산미가 있어서 과일 향이 있는 차와 정말 잘 어울려요. 캠벨 포도는 씨가 있는 것이 특징인데 이 레시피에서는 씨, 과육, 껍질 모두 사용한답니다. 씨와 껍질에는 레스베라트롤이라는 성분이 있어 염증이나 상처 회복에 도움을 주고, 항산화 작용을 하는 폴리페놀도 많이 들어 있어 면역력 향상에 도움을 줘요. 이런 성분은 으깨어 먹어야 체내에 흡수시킬 수 있답니다. 따라서 이 레시피에서는 건강과 맛을 모두 잡기 위해 버리는 것 없이 모두 사용했어요. 씨가 싫다면 '델라웨어'라는 품종을 사용하면 된답니다.

청포도 향 홍차

이 레시피에서는 '메르시보니'의 '로즈그린팜'을 사용했어요. 이 책의 첫 번째 레시피인 로즈그린팜에서 영감을 받아 개발된 블렌딩 티예요. 여기에는 로즈 페탈, 청포도 향, 코코넛 향이 들어 있어 캠벨 포도 음료에 넣으면 화려한 맛과 향을 내죠. 이외 과일 향 히비스커스, 바닐라 향 홍차, 복숭아 향 우롱차와도 잘 어울린답니다.

+MINI RECIPE 01

포도 말차 GRAPE MATCHA

말차 1/8ts, 물 120g, 캠벨 포도 음료 베이스 60g, 얼음 적당량

1. 찻사발에 말차와 미지근한 물을 넣고 격불하여 준비합니다.
2. 잔에 캠벨 포도 음료 베이스, 얼음, 1을 넣습니다.

+MINI RECIPE 02

새콤달콤 진한 향의 포도잼 GRAPE JAM

캠벨 포도 600g, 설탕 300g, 레몬즙 20g

1. 캠벨 포도는 깨끗이 씻어 준비합니다.
2. 냄비에 캠벨 포도와 설탕을 섞은 뒤 핸드 블렌더로 1/4 정도 살짝 갈아 준비합니다.
3. 중불로 팔팔 끓인 뒤 약불로 졸입니다.
4. 점성이 생기는 형태가 되면 레몬즙을 넣고 한 번 더 끓입니다.
5. 핸드 블렌더로 곱게 간 뒤 한 번 더 끓여 완성합니다.

KUMQUAT OSMANTHUS

금귤 계화

{ KUMQUAT + OSMANTHUS }

유자 철이 끝나면 겨울과 봄 사이에 잠깐 만날 수 있는 금귤.
잘 익은 열대 과일 향이 나는 계화를 넣으면 바로 봄을 만날 수 있을 것만 같은 티 음료가 된답니다.

금귤청

금귤 500g, 물 250g, 설탕 400g

1. 깨끗이 씻은 금귤을 반으로 잘라 씨를 빼고 준비합니다.
2. 냄비에 물을 끓인 뒤 불에서 내려 설탕을 넣고 완전히 녹을 때까지 저어줍니다.
3. 믹서기에 금귤과 시럽을 넣고 갈아서 고운 체에 내립니다.
4. 냉장 또는 냉동 보관하여 사용합니다.

완성

계화 1/2ts, 물 150~200g, 금귤청 50g

1. 저그에 계화를 넣고 뜨거운 물을 부어 5분간 우립니다.
2. 잔에 금귤청을 담습니다.
3. 1의 찻잎을 스트레이너에 걸러 잔에 담고 섞어서 완성합니다.

금귤

예전에는 낑깡이라는 이름으로 불렸던 금귤은 1월~2월 사이 아주 짧은 기간 동안 나오는 과일이에요. 껍질의 쌉싸름한 맛과 특유의 향이 일품이어서 금귤은 청으로 만들기보다 다과 형태인 정과로 많이 만들죠. 금귤은 유자처럼 향이 세지 않아서 청으로 만들면 생과나 정과를 먹을 때처럼 아이덴티티가 분명하진 않아요. 그래서 향이 잘 느껴질 수 있도록 차갑게 마시는 것보다 따뜻한 차로 마시는 걸 추천해요.

계화

'목서 꽃'이라고도 불리는 이 꽃 차는 푹 익은 열대 과일의 과즙 향과 꽃 향이 어우러져 독특한 향을 내는 것이 특징이에요. 잘 익은 망고나 황도 복숭아가 가진 향과 비슷해요. 계화 차는 감기 예방에도 좋고 스트레스 해소나 불면증 완화에도 도움을 줘요. 단일 차로 마시기 보다 주로 녹차나 우롱차와 함께 블렌딩하여 사용하고, 차뿐만 아니라 향수에도 사용할 정도로 사랑스러운 향을 가지고 있어요.

+MINI RECIPE 01

금귤 에이드 Kumquat Ade

잔에 금귤청 60g, 얼음 적당량, 레몬 향 탄산수 120~150g를 넣습니다.

계화 우롱차 OSMANTHUS OOLONG

〈계화 시럽〉

물 200g, 설탕 150g, 계화 10g

1. 냄비에 물을 넣고 끓인 뒤 불을 끄고 계화와 설탕을 넣어 30분간 우립니다.
2. 스트레이너로 찻잎을 걸러서 냉장 보관하여 사용합니다.

〈완성〉

휘핑크림 20g, 설탕 4g, 문산포종 3g, 물 70g, 얼음 50g, 계화 시럽 50g, 추가 얼음 적당량, 금귤 적당량(장식용)

1. 저그에 휘핑크림과 설탕을 넣고 핸드 블렌더로 갈아 준비합니다. (크림이 너무 뻑뻑해지면 안 돼요.)
2. 저그에 문산포종과 뜨거운 물을 넣고 5분간 우립니다.
3. 얼음 50g을 넣어 차갑게 식힙니다.
4. 잔에 계화 시럽, 3을 넣고 섞습니다.
5. 얼음과 금귤을 넣고 1을 올려 마무리합니다.

문산포종

대만 타이베이 근처 핑린이라는 지역에서 생산하는 문산포종은 우롱차 중 가장 산화 발효가 적어 녹차 같은 수색을 가졌답니다. 하지만 녹차와 달리 우롱차가 가진 다양한 향을 가지고 있는데 그 중 꽃 향이 많이 느껴지는 차예요. 그리고 동글동글 구슬처럼 말린 구형의 우롱차가 아니라 길쭉하게 생긴 조형의 모양을 하고 있어서 구형의 우롱차에 비해 짧은 시간 내에도 많은 향기와 성분을 우려낼 수 있어요. 문산포종처럼 향이 좋고 녹차스러운 우롱차는 향을 가두기 위해 밀봉하여 냉장이나 냉동 보관하면 향을 오랫동안 즐길 수 있어요. 단, 냄새 없는 냉장고나 냉동고여야 해요. 이 레시피에서는 문산포종 이외 중국의 '안계철관음'이나 대만의 '사계춘', '금훤'을 사용할 수 있어요.

휘핑크림을 넣어서 좀 더 맛있게

너무 단단하지 않은 크림을 써야 아래 찻물과 맛있게 마실 수 있어요. 그래서 조금은 묽은 상태로 사용하고, 얇게 깔아 마시면 우롱차에 숨겨진 밀키한 향을 잘 살려준답니다.

GREEN TEA SIKHYE

녹차 식혜

{ GENMAI + RICE + MALT }

보통 식혜는 엿기름과 생강을 조금 넣어 만들지만 차를 넣어 만들면 독특하면서 자꾸 생각나는 맛이 되죠.
이 레시피는 우리나라 사람들 누구나 익숙한 현미 녹차를 넣어 곡식의 단맛을 강조한 식혜예요.

엿기름 300g, 물A 3~4L, 찹쌀 2컵, 물B 200g, 설탕 48g,
현미 녹차 티백 1개

1. 엿기름을 망에 넣고 미지근한 물A를 조금씩 부으면서 짭니다.
2. 엿기름 짠 물을 최소 6시간 이상 앙금을 내려 앉힙니다.
3. 밥솥에 찹쌀과 물B를 넣고 고두밥을 만듭니다.
4. 2의 앙금을 빼고 윗물을 거릅니다.
5. 밥솥에 3과 4를 넣고 설탕을 넣어 4~5시간 보온합니다.
6. 쌀알이 조금씩 뜨면 보온통을 밥솥에서 꺼냅니다.
7. 삭힌 찹쌀을 건져내고 물만 냄비에 담아 끓입니다.
   (이때 찹쌀을 함께 끓이면 식혜의 색이 탁해져요. 하지만 고소함이 더욱 강해진답니다.)
8. 팔팔 끓인 뒤 현미 녹차 티백을 넣고 3~4분 정도 우립니다.
   (기호에 맞게 설탕을 추가할 수 있어요.)
9. 냉장고에 보관하여 5일 안에 마십니다.

찹쌀

식혜에서는 맵쌀 또는 찹쌀을 사용해서 삭히는데, 맵쌀을 사용하면 식혜의 밥알이 흩어지는 형태가 되고, 찹쌀을 사용하면 흩어지지 않아 밥알 형태가 살아 있어요. 그리고 맵쌀보다 찹쌀에 아미노산이 더욱 많아 식혜에 단맛이 더 높아져요.

엿기름

밀, 보리의 싹을 틔어 말린 것으로 단맛이 진해서 엿이나 식혜에 많이 사용되죠. 보통 재래시장에서 판매되는 엿기름을 많이 사용하는데, 시판되는 것보다 신선하면서 입자가 굵기 때문에 깔끔한 단맛을 내죠. 시판되는 것 중에 입자가 굵으면서 색이 너무 진하지 않고 상태가 깨끗한 것을 고르면 수색이 맑고 맛있는 식혜를 만들 수 있어요.

+MINI RECIPE 01

유자 식혜 Yuzu Sikhye

유자청 10g, 녹차 식혜 100g

1. 잔에 유자청과 녹차 식혜를 담고 섞습니다.

+MINI RECIPE 02

단호박 식혜 Pumpkin Sikhye

단호박 베이스(89쪽 단호박 말차 참고) 300g,
끓이기 전의 삭힌 식혜 물 1L

1. 보온통에서 꺼낸 삭힌 찹쌀과 식혜 물을 냄비에 담고 끓입니다.
2. 살짝 끓기 시작하면 단호박 베이스를 고운 체에 걸러 내린 뒤 끓는 식혜 물에 풀어줍니다.
3. 한 번 더 끓으면 실온에서 식힌 뒤 냉장고에 보관하여 5일 내에 마십니다.

PINK RHUBARB

핑크 루바브

{ HIBISCUS + RHUBARB + LEMON }

채소과인 루바브는 레몬과 같은 신맛이 있는 과일과 함께 섞어 시럽으로 만드는 경우가 많아요.
이 레시피는 새콤한 과일 향이 있는 히비스커스 블렌딩 티를 넣어서 분홍빛 맛있는 음료 베이스가 만들어져요.

핑크 루바브 시럽

생 루바브 500g, 설탕A 350g, 생 루바브즙 210g(350g 분량),
설탕B 300g, 레몬 슬라이스 4개,
히비스커스 블렌딩 티 티백 1개

1. 루바브는 단면이 많이 보이도록 잘게 잘라 준비합니다.
2. 잘게 자른 루바브와 설탕A를 버무립니다.
3. 루바브즙과 설탕를 믹서기에 간 뒤 2에 넣고 섞습니다.
4. 레몬 슬라이스 넣고 섞습니다.
5. 히비스커스 블렌딩 티 티백을 넣어줍니다.
6. 냉장에서 5~7일간 숙성한 뒤 굵은 체에 과육과 티백을 꼭 짜서 걸러 시럽만 보관하여 사용합니다.

완성

핑크 루바브 시럽 60g, 얼음 적당량, 물 120g

1. 잔에 시럽, 얼음, 물을 넣습니다. (레몬 슬라이스를 넣으면 더 신선한 느낌의 음료를 만들 수 있어요.)

루바브

빨간 샐러리처럼 생긴 이 루바브는 유럽에서 자주 사용하는 식재료 중 하나예요. 루바브는 채소이지만 아삭아삭한 식감과 청사과 같은 달콤하고 새콤한 맛을 가지고 있어요. 이런 맛 때문에 딸기, 라즈베리, 사과 등과 함께 섞어 잼, 파이, 시럽 등을 만든답니다. 무기질과 비타민이 풍부하여 다이어트와 변비에도 좋고, 에모딘이라는 천연 물질이 항염 작용을 해 편도염이나 구내염 완화에 아주 좋아요. 루바브에는 차에도 있는 독소 제거 성분인 탄닌이 있는데, 음료를 만들 때는 탄닌 성분이 없는 허브를 사용하는 것이 영양학적 페어링으로 더 좋아요. 제가 레시피에서 사용한 루바브는 '사오랑팜'의 '루바브'인데요, 오랜 시간 동안 연구한 끝에 우리나라에서도 생 루바브를 볼 수 있게 되었어요.

남은 과육은 아까워서 어떻게 해요?

시럽을 만들고 남은 루바브 과육은 무게를 재서 20~30% 정도의 설탕과 함께 냄비에 조리면 콩포트를 만들 수 있어요. 그렇게 만든 콩포트는 요거트나 팬케이크에 곁들이거나 파이 필링으로도 사용할 수 있어요.

히비스커스 블렌딩 티

연한 핑크빛이 돌아야 루바브 음료답게 만들어진답니다. 그래서 히비스커스가 너무 빨갛게 우려지지 않도록 잘게 부서진 히비스커스 티는 사용하지 않는 것이 좋아요. 여기서는 '묘차'의 '파인 썸머'를 사용했어요. 히비스커스, 레몬그라스, 파인애플이 블렌딩되어 있어서 음료의 핑크빛과 상큼함을 함께 불어넣어 줄 수 있어요.

+MINI RECIPE 01

애플 루바브 APPLE RHUBARB

〈애플 루바브 시럽〉

루바브 200g, 설탕 200g, 사과주스 50g,
알트하우스 페르디셔 압펠 티백 1개

1. 잘게 썬 루바브와 설탕을 넣고 버무린 뒤 사과주스를 넣습니다.
2. 티백을 넣고 냉장에서 충분히 숙성한 뒤 루바브와 시럽을 꼭 짜서 걸러냅니다.
3. 냉장이나 냉동고에서 시럽을 보관하여 사용합니다.

〈완성〉

애플 루바브 시럽 60g, 얼음 적당량, 사과 슬라이스 2~3개,
탄산수 120g

1. 잔에 애플 루바브 시럽, 얼음, 사과 슬라이스, 탄산수 순서대로 넣습니다.

+MINI RECIPE 02

맛있는 딸기 루바브 잼 RHUBARB JAM

딸기 200g, 루바브 400g, 설탕 200g, 레몬즙 12g

1. 볼에 딸기 슬라이스, 루바브 슬라이스를 넣습니다.
2. 설탕을 넣고 버무린 뒤 실온에서 4시간 또는 냉장에서 하룻밤 숙성합니다.
3. 냄비에 담아 점도가 생길 때까지 조린 뒤 레몬즙을 넣고 블렌더로 갈아줍니다. (원하는 과육의 크기만큼 갈아주면 돼요.)
4. 마지막으로 한 번 더 끓인 뒤 소독한 병에 담아 보관합니다.

SWEET MINT

매실 박하차

{ MINT + JAPANESE APRICOT + VINEGAR }

예부터 무더운 여름에 몸을 시원하게 해주고 갈증 해소를 해줬던 매실 박하차예요.
여기에 흑초가 들어가면 시원한 여름 디톡스 음료로 변신하죠.

박하차 티백 1개, 물 80g, 얼음 60g, 매실 시럽 50g,
현미 흑초 2g, 추가 얼음 적당량

1. 저그에 박하차 티백을 넣고 뜨거운 물에 3분간 우립니다.
2. 얼음 60g을 넣고 쿨링한 뒤 티백을 꺼냅니다.
3. 잔에 2, 매실 시럽, 현미 흑초를 넣고 섞은 뒤 추가 얼음을 넣어 완성합니다. (흑초의 톡 쏘는 맛을 즐기려면 8g 정도 넣는 걸 추천해요.)

동양의 민트, 박하차

박하는 민트처럼 소화 불량과 긴장감 완화에 도움을 주는 차예요. 보통 박하와 페퍼민트가 비슷하다고 생각해요. 하지만 박하는 페퍼민트, 스피어민트보다 멘톨 성분이 많고, 의외로 단맛도 많이 도는 느낌이 있어요. 우리나라에서 판매하는 박하 제품의 맛과 향이 천차만별이고 만드는 과정 또한 조금씩 다르기 때문에 약재보다 차로 판매하는 것을 구매해야 실패하지 않아요. 이 레시피에서는 '다채'라는 우리나라 보성 차 브랜드에서 판매하는 '민트 블랜드'를 사용했어요. 박하에 목련까지 더해져서 부드러워요.

매실 시럽

'청숨'에서 판매하는 '통째로 갈아만든 매실' 진액을 사용했어요. 일반 시럽에 비해 설탕량이 적어서 청매실 생과에서 느낄 수 있는 싱그러움을 가지고 있어요. 그래서 적당한 당도를 가진 티 음료를 만들기 정말 좋아요.

현미 흑초

외국에서는 디톡스 열풍이 불면서 콤부차나 비니거 음료가 인기를 끌고 있어요. 많은 종류의 식초 중 흑초는 현미에 누룩을 더해 발효시켜 단맛과 향이 풍부하죠. 현미 흑초는 아미노산에서 나는 단맛이 있어 매실과 잘 어울리고, 뒤에서 오는 향이 위스키처럼 풍부해 목련 꽃이 더해진 '민트 블랜드'와도 아주 잘 어울린답니다. 발효 숙성되는 과정에서 아미노산이 형성되면서 점점 흑갈색으로 변하는데 빛깔이 진할수록 맛과 영양이 높지요. 일반 식초에 비해 단백질이 풍부할 뿐만 아니라 혈당 조절, 다이어트, 면역력 증진, 호르몬 생성 등에 도움을 주는 필수 아미노산이 풍부하답니다. 이 레시피에서는 '비니거파크'의 '현미 흑초'를 사용했는데 다른 흑초 제품보다 차와 잘 어울리는 풍미를 가지고 있어요. 현미 흑초는 기호에 따라 레시피보다 4~6g 정도 더 넣어도 되고, 초가 가지는 톡 쏘는 맛이 싫다면 빼고 만들어도 된답니다.

황매실 우롱차

문산포종 3g, 물 100g, 얼음 50g, 황매실 원액 30g,
현미 흑초 2~3g, 얼음 적당량

1. 저그에 문산포종과 뜨거운 물을 넣고 5분간 우립니다.
2. 얼음 50g을 넣고 차갑게 식힌 뒤 찻잎을 스트레이너로 거릅니다.
3. 잔에 황매실 원액, 현미 흑초, 2를 넣습니다.
4. 얼음을 넣어 완성합니다.

황매실

황매실은 청매실보다 향이 더 진하고 단맛을 가지고 있어요. 피로 회복에 좋은 구연산이 10배나 많고, 폴리페놀도 2배가량 많아서 체내 활성산소를 배출하게 해서 염증이나 노화를 막는 데 도움을 준답니다. 청매실의 향미는 백차나 녹차와 페어링이 잘 맞는다면, 황매실은 우롱차, 홍차와 잘 어울려요. 이 레시피에서는 '우리 농촌 살리기'에서 판매하는 '유기농 황금 매실 액기스'를 사용했는데 직접 만든 황매실을 사용해도 좋아요.

이렇게도 해보세요

황매실은 과일 향이 나는 차와 잘 어울린답니다. 황매실청 30g, 얼그레이 또는 사과 향 홍차 티백 1개를 넣고 얼음과 탄산수 120g을 넣으면 맛있는 매실 티 에이드가 만들어져요.

PINEAPPLE SMOOTHIE

파인애플 스무디

{ PINEAPPLE + CREAM }

파인애플은 당도가 제일 높은 과일에 속하지만 천연 소화제로 식후에 먹기 정말 좋은 과일이에요.
과일차와 크림이 더해져서 후식으로 더욱 맛있게 먹을 수 있는 크림티 레시피랍니다.

생크림 30g, 설탕A 3g, 레몬&라임 티백 1개, 물 100g,
얼음A 50g, 냉동 파인애플 80g, 설탕B 30g, 얼음B 120~160g

1. 저그에 생크림과 설탕을 넣고 핸드 블렌더로 갈아 준비합니다. (크림이 너무 뻑뻑해지면 안 돼요.)
2. 저그에 레몬&라임 티백과 뜨거운 물을 넣고 5분간 우립니다.
3. 얼음A를 넣고 차갑게 식힌 뒤 티백을 꺼냅니다.
4. 믹서기에 냉동 파인애플, 설탕B, 얼음B, 찻물을 넣고 갈아 줍니다. (얼음은 단단하기에 따라 양이 늘어날 수 있어요. 51쪽 얼음 내용을 참고해 주세요.)
5. 잔에 담고 크림을 올려 완성합니다.

냉동 파인애플

생 파인애플을 사용하면 텍스처가 묽어지기 때문에 냉동을 사용해요. 다만 냉동 과일은 당도가 많이 떨어지기 때문에 설탕이 더 필요해요. 레시피에서 설탕의 양은 최소이기 때문에 단맛을 즐긴다면 10g 더 넣어도 돼요.

파인애플과 잘 어울리는 차

이 레시피에서는 '런던 프루츠 앤드 허브'의 '레몬&라임 제스트'를 사용했어요. 허브차이기 때문에 부담 없이 마실 수 있어요. 파인애플은 히비스커스, 홍차, 우롱차 등과 잘 어울리는데 꽃 향이나 과일 향이 들어 있으면 더욱 맛있어져요.

KOREAN MELON OOLONG

참외 우롱

{ OOLONG TEA + KOREAN MELON }

아삭함과 달콤함이 일품인 노란 참외는 서양의 멜론과 비슷한 맛을 가지고 있지만 꿀과 같은 단맛이 있어서 차와 잘 어울리는 과일 중 하나예요.

참외청

참외 1kg, 설탕 800g, 치자 1개, 물 약간, 다시백 1개

1. 참외는 깨끗이 씻어서 반을 가르고 속을 팝니다.
2. 씨를 제거한 과육 부분을 얇게 슬라이스해 준비합니다.
3. 볼에 과육과 설탕을 함께 버무린 뒤 씨 부분을 즙으로 짜서 넣습니다.
4. 냉장에서 5~7일간 숙성합니다.
5. 숙성이 되면, 치자를 반으로 잘라 다시백에 넣고 뜨거운 물에 한 번 적셨다 빼서 색이 잘 나올 수 있도록 준비합니다.
6. 숙성된 청에 치자를 넣고 원하는 노란색이 날 때까지 우려줍니다. (치자를 너무 오랫동안 두면 치자 향이 참외 향을 덮어버리기 때문에 10분 안에는 빼는 것이 좋습니다.)
7. 굵은 체에 참외 과육을 걸러 시럽만 냉장 보관하여 사용합니다.

완성

밀키 우롱 티백 1개, 물 70g, 얼음 50g, 참외청 60g,
추가 얼음 적당량, 참외 껍질 적당량

1. 저그에 티백과 뜨거운 물을 넣고 5분간 우립니다.
2. 얼음 50g을 넣고 차갑게 식힌 뒤 스트레이너로 찻잎을 걸러줍니다.
3. 잔에 참외청, 얼음, 참외 껍질, 2를 넣습니다.

참외

6~8월이 제철인 참외는 포도당이 많아 여름철 피로 회복에 도움을 주고, 참외 속 칼륨은 몸의 부기를 빼주는 역할을 해요. 참외의 껍질에는 베타카로닌이라는 성분이 많아서 암을 예방하거나 항암 효과에 뛰어나기 때문에 껍질을 깨끗이 씻어 껍질째 섭취하거나 청을 담는 것이 좋아요. 저는 껍질을 감자 필러로 예쁘게 까둔 뒤 잘 말렸다가 음료에 사용했어요. 그러면 데커레이션도 되고 영양분도 섭취할 수 있죠. 참외는 당분이 많을수록 과육이 많지만, 혹시라도 사용하는 참외에 과육 수분량이 적다면 핸드 블렌더로 조금 갈아주거나 착즙하여 더해주면 좋아요.

참외와 잘 어울리는 차

여기서는 '묘차'의 '밀키 우롱'을 사용했는데요, 가향되지 않은 일본의 쿠키차(교쿠로나 센차를 만들고 남는 줄기로 만드는 차)나 문산포종, 대우령 같은 맑은 계열의 우롱차가 잘 어울려요. 참외청의 향이 은은하기 때문에 베리에이션할 차의 향도 세지 않은 것이 좋아요.

+MINI RECIPE

참외 에이드 KOREAN MELON ADE

잔에 참외청 60g, 얼음 적당량, 참외 슬라이스, 레몬 향 탄산수 120~150g 순으로 넣습니다.

FIG TEA ADE

무화과 티 에이드

{ FIG + APPLE }

나무의 꽃인 무화과는 예쁜 비주얼과 독특한 향으로 많은 사람들에게 사랑을 받는 과일이죠.
색도 여리여리한 핑크색을 가지고 있고,
톡톡 터지는 식감의 씨가 있어서 멋진 음료 재료로 사용할 수 있어요.

무화과청

무화과 500g, 설탕 400g, 레몬즙 10g, 사과차 티백 1개

1. 무화과는 꼭지를 잘라 4등분하여 준비하고, 설탕, 레몬즙과 함께 버무립니다.
2. 실온에 잠시 두었다가 티백의 태그를 자른 뒤 티백을 넣습니다.
3. 냉장에서 5~7일 숙성합니다.
4. 숙성된 청의 과육을 으깬 뒤 굵은 체에 과육을 걸러냅니다.
5. 냉장 또는 냉동에 보관하여 사용합니다.

완성

무화과청 70g, 얼음 적당량, 탄산수 120~150g

1. 잔에 무화과청, 얼음, 탄산수를 넣습니다.
2. 추가로 청포도 향 홍차 티백 1개를 넣어 마시면 더욱 맛있어요.

무화과

여름의 끝인 8월부터 10월까지 나오는 이 과일은 코코넛과 비슷한 향을 가지고 있는데, 이것은 무화과 꽃의 향이랍니다. 우리가 흔히 열매라고 생각하며 먹는 이 과일은 사실 열매가 아니라 꽃이에요. 그래서 꽃이 가진 꿀의 향을 그대로 머금고 있기 때문에 치즈나 샐러드와 정말 잘 어울리는 과일이에요. 생 무화과를 잘라보면 끈적끈적하게 하얀 진액이 나오는데 이것은 피신이라는 단백질 분해 효소이기 때문에 소화 작용에 도움을 줘서 청을 만들 때도 그대로 넣을 수 있어요. 하지만 꽃 알레르기가 있는 사람은 이 진액이 손에 닿거나 입에 닿으면 간지럽거나 따가울 수 있으니 조심해서 먹어야 해요. 그래서 장갑을 끼고 손질하는 걸 추천해요.

차가 더해지면 더욱 맛있는 무화과청

빨갛게 익은 홍무화과는 산미보다 당도가 많기 때문에 산미를 더하면 훨씬 맛있게 느껴져요. 여기서는 레몬즙을 사용하지만 무화과와 사과 향이 더해진 '티칸네'의 '터키쉬 애플티'를 넣으면 조금 진하게 느껴질 수 있는 무화과의 밀키한 향을 한층 부드럽게 만들어주고 상큼하게 바꿔준답니다. 음료를 완성할 때도 과일차나 꽃차를 넣으면 또 다른 매력의 무화과청을 만날 수 있어요.

+MINI RECIPE 01

무화과 오렌지 FIG ORANGE

〈무화과 오렌지 청〉

무화과 500g, 오렌지 과육 200g 또는 오렌지 원액 150g, 설탕 550g

1. 무화과와 껍질 도려낸 오렌지 과육(또는 원액)을 볼에 담습니다.
2. 설탕을 담아 버무린 뒤 냉장에서 5~7일간 숙성합니다.
3. 굵은 체에 과육을 걸러 냉장 또는 냉동 보관하여 사용합니다.

〈완성〉

잔에 무화과 오렌지청 50g, 얼음 적당량, 물 또는 탄산수 120~150g을 담습니다.

+MINI RECIPE 02

무화과 말차 FIG MATCHA

말차 1g, 물 120g, 무화과청 50g, 얼음 적당량

1. 찻사발에 말차와 미지근한 물을 넣고 격불합니다.
2. 잔에 무화과청과 격불한 말차를 넣고 섞습니다.
3. 얼음을 담아 완성합니다.

+MINI RECIPE 03

청귤 무화과 GREEN MANDARINE FIG

청귤청 20g, 무화과청 50g, 얼음 적당량, 물 120~150g

1. 잔에 청귤청(168쪽)과 무화과청을 넣고 잘 섞습니다.
2. 얼음과 물을 넣고 완성합니다.

FALL BREEZE

가을 바람

{ JUJUBE + PEAR + GREEN MANDARIN }

우리나라 전통 음료 재료인 대추를 이용해서
동서양 디저트와 모두 잘 어울릴 수 있는 음료로 만들어보았어요.

대추차 티백 1개, 물 80g, 얼음 30g, 배 주스 60g, 청귤청 20g, 추가 얼음 적당량

1. 저그에 대추차를 넣고 뜨거운 물에 5분간 우립니다.
2. 얼음 30g을 넣고 차갑게 식힙니다.
3. 잔에 청귤청, 배 주스를 넣고 섞은 뒤 추가 얼음을 넣습니다.
4. 대추차 우린 물과 티백을 함께 넣어 완성합니다.

가을 겨울에 마시면 좋은 대추차

대추는 약재로도 쓰일 만큼 한식에서 절대 빼 놓을 수 없는 식재료예요. 다른 재료와 잘 어울릴 수 있게 조화를 만드는 브리지 역할을 하죠. 폴리페놀이 풍부하여 노화 방지나 혈액 순환에 도움이 되고 따뜻한 성질을 가지고 있어서 가을 겨울철 추운 날씨에 마시면 소화에 도움이 되면서 긴장 완화에도 도움을 주죠. 우리나라 전통 대추차는 대추를 오랫동안 불에 졸여 고膏로 만들어서 물에 타 먹지만 이 레시피에서는 말린 대추를 뜨거운 물에 우려 대추의 달콤한 향과 맛만 쏙 빼서 마시기 때문에 가볍게 마시기 좋답니다. 제가 사용한 대추차는 '티랑'에서 나온 '대추차 티백'이에요. 구운 내가 많이 없어서 깔끔하게 잘 우러 나오는 차예요.

배 주스

이 레시피에서 사용한 배 주스는 '갈아만든 배 주스'에요. 달콤하고 향기 좋은 배를 착즙해서 사용해도 좋아요.

+MINI RECIPE

애플 대추차 Apple Jujube Tea

대추차 티백 1개, 애플 시나몬 티백 1개, 물 80g, 얼음 30g, 배 주스 80g, 추가 얼음 적당량

1. 저그에 대추차 티백과 애플 시나몬 티백을 넣고 뜨거운 물에 5분간 우립니다.
2. 얼음 30g을 넣고 차갑게 식힌 뒤 티백을 뺍니다.
3. 잔에 배 주스와 추가 얼음을 넣고 우린 찻물을 부어 완성합니다.

KIWI KIWI

키위 키위

{ GREEN KIWI + GRAPE + LEMON }

그린 키위는 향이 약하기 때문에 과육을 잘게 썰어 청을 담는 것이 좋아요.
작게 씹히는 키위 씨의 식감 때문에 마실 때 더 즐겁게 느껴지는 음료예요.

키위 청

그린 키위(참다래) 500g, 레몬 100g, 설탕 680g,
청포도 주스 100g

1. 그린 키위를 1cm 이하로 작게 다이스합니다.
2. 레몬은 양 끝을 제거하고 8등분 다이스로 준비합니다.
3. 볼에 그린 키위, 레몬, 설탕을 넣고 섞은 뒤 청포도 주스를 넣습니다.
4. 냉장에서 5~7일간 숙성하여 사용합니다.
5. 키위는 숙성되면서 형태가 사라지기 때문에 씹히는 식감을 살리기 위해 냉동고에 보관합니다.

완성

녹차 3g, 물 80g, 얼음 50g, 키위청 80g

1. 저그에 녹차를 넣고 뜨거운 물을 부어 3분간 우립니다.
2. 얼음 50g을 넣고 차갑게 식힙니다.
3. 잔에 키위청을 넣고 2의 찻잎을 스트레이너로 걸러 찻물을 넣습니다.

우리나라 키위인 참다래

참다래는 우리나라에서 자라는 토종 키위를 말해요. 외국에서 수입해 판매하는 키위에 비해 과육이 단단하고 새콤한 맛이 좀 더 강하지요. 키위의 씨에는 여러 가지 영양소가 함유되어 있어 과육과 함께 먹는 것이 좋은데, 참다래의 씨는 텁텁하지 않고 깔끔하여 청이나 음료 베이스로 사용되기 정말 좋아요. 참다래는 노폐물을 배출하여 변비 개선이나 독소를 제거하는 디톡스 효과가 있고, 단백질 분해 효소인 악티니딘이 있어 고기를 먹은 뒤 소화를 도와준답니다.

청포도 주스

레시피에서는 '웰치스' 청포도 주스를 사용했어요. 포도 과즙으로 만들어졌기에 직접 청포도를 착즙하는 수고를 덜 수 있어요.

+MINI RECIPE

재스민이 들어간 키위 잼 JASMINE KIWI JAM

키위 500g, 설탕 200g, 재스민 녹차 5g, 레몬즙 12g

1. 키위와 설탕을 섞어 실온에 2시간 정도 둡니다.
2. 냄비에 담아 점성이 생길 때까지 조립니다.
3. 잘게 부순 재스민 녹차와 레몬즙을 넣고 한 번 더 끓여 완성합니다.

OH! CARROT!

오! 당근!

{ WHITE TEA + CARROT + ORANGE }

16년도 싱가포르 식품박람회에서 채소와 과일을 섞은 음료를 먹어보고 꼭 한번 이런 음료를 만들어보고 싶다는 생각을 했어요. 당근은 수분감도 있고 비교적 단맛을 많이 지니고 있어서 과일과 잘 어울리는 채소예요. 같은 색감을 가진 오렌지를 사용하면 단맛뿐만 아니라 변색이 되지 않아서 오랫동안 예쁘고 맛있는 시럽을 보관할 수 있어요.

오 당근 음료 베이스

오렌지 470g, 당근즙 120g, 설탕 400g

1. 오렌지는 껍질을 까서 과육을 다이스하여 준비합니다.
2. 볼에 오렌지, 당근즙, 설탕을 넣고 손으로 으깨듯이 버무립니다.
3. 냉장에서 5~7일간 숙성합니다.
4. 굵은 체에 과육을 꾹 자서 걸러낸 뒤 시럽만 보관하여 사용합니다.

완성

백호은침 1g, 물 80g, 얼음 50g, 오 당근 음료 베이스 60g, 추가 얼음 적당량, 미니 당근(장식용), 타임(장식용)

1. 저그에 백호은침을 넣고 뜨거운 물에 2분간 우립니다.
2. 얼음 50g을 넣고 차갑게 식힙니다.
3. 잔에 오 당근 음료 베이스를 넣고 추가 얼음을 넣습니다.
4. 2의 찻잎을 스트레이너로 걸러 찻물을 담습니다.
5. 미니 당근과 타임으로 장식합니다.

솜털이 달린 백호은침

중국의 유명한 백차 종류 중 하나로, 차나무의 어린 싹만 따서 만들어 하얀 은빛 솜털이 붙어 있어요. 주로 복건성 정화 지역과 복정 지역에서 생산하는데, 봄에 나온 아(芽)를 하나하나 채엽해서 만들기 때문에 고급차에 속하지요. 베리에이션 음료를 만들 때는 고급차를 쓰지 않지만, 백차의 효능이 뛰어나고 한 번 우려 마시기 아깝기 때문에 스트레이트티로 충분히 마신 뒤 우렸던 찻잎을 다시 우려 음료에 사용하면 좋아요. 백차는 1년 된 것은 차이고, 3년 된 것은 약이며, 7년 된 것은 보(寶)라는 이야기가 있을 정도로 오랫동안 보관할수록 몸에 좋다는 것을 짐작할 수 있어요. 오래 두면 특히 플라보노이드 성분이 점점 많아져 면역력 향상에 도움을 주죠. 이 레시피에서는 햇차(그 해에 나온 차를 부르는 말)를 사용했는데요, 수색이 맑아 음료베이스의 오렌지빛을 해치지 않고, 꽃 향이 더해져서 향을 풍부하게 즐길 수가 있어요.

+MINI RECIPE 01

진짜 간단한 오 당근 레시피 Easy To Make Oh! Carrot!

오렌지주스 120g, 얼음 적당량, 당근즙 10~15g

1. 잔에 오렌지주스와 얼음을 담습니다.
2. 마지막으로 당근즙을 넣습니다.

+MINI RECIPE 02

오 당근 에이드 Oh! Carrot Ade

잔에 오 당근 음료 베이스 60g, 얼음 적당량, 레몬 향 탄산수 120~150g을 순서대로 넣어 완성합니다.

PART 2.

TEA FOOD

티 푸드란 무엇일까요?

티 푸드라고 하면 보통 달달한 디저트를 떠올리는 사람이 많고, 그것만 티 푸드라고 생각하죠. 하지만 차와 함께 먹는 모든 음식을 티 푸드라고 말할 수 있기 때문에 정답이 있다고는 생각하지 말아주세요. 각 나라의 티 푸드 시작을 살펴보면 좀 더 이해하기 좋을 거예요.

예부터 중국에서는 찻잎을 그대로 먹었는데요, 음식의 재료로 찻잎을 쓰면서 다른 음식과 함께 먹었어요. 이후 보관성 때문에 찻잎을 약재처럼 말려서 생산했고 그걸 우려 먹기 시작했죠. 중국에서는 주로 기름진 음식을 먹고 난 뒤에 차를 우려 마시기 때문에 지방을 해소시켜주는 의미로 차를 마시고, 차와 함께 땅콩이나 해바라기씨 같은 견과류를 함께 먹기도 해요.

중국의 대표적인 티 푸드를 만날 수 있는 곳은 홍콩의 얌차집이에요. 이 얌차 문화를 살펴보면 차와 함께 딤섬을 티 푸드 삼아 먹는 것을 알 수 있어요. 찻집에서 배고픔과 속쓰림을 달래기 위해 시작된 얌차지만 중국 사람들은 이미 실생활 속에서 달달한 디저트보다 기름진 음식이 차와 훨씬 잘 어울리고 소화가 잘 되며 몸속의 지방을 줄일 수 있다는 것을 잘 알고 있었지요.

홍차의 나라인 영국에도 아침과 저녁 사이에 간단하게 먹는 애프터눈 티가 있어요. 여기에도 달콤한 디저트보다 어김 없이 샌드위치라는 음식이 나옵니다. 영국 사람들도 차는 소화 작용을 하기 때문에 빈속에 마시면 속쓰림이 있다는 것을 알았고, 미리 간단하게 속을 달래주고 차를 마셨어요. 이후 스콘이나 초콜릿 같은 디저트가 나오게 된 거죠.

또 일본에서도 차를 본격적으로 마시기 전에 차 가이세키로 미리 속을 채우고 차를 마신답니다. 차를 한 잔 한 잔 마실 때마다 달콤한 디저트를 먹고요.

이처럼 오래전부터 티 푸드는 디저트에만 한정되지 않고 우리가 먹는 일반적인 음식도 모두 포함하고 있어요. 물론 오늘날의 티 푸드에서는 디저트를 빼놓고 이야기할 수 없지만요.

딤섬

광동 지방을 중심으로 발전한 음식으로 마음에 점을 찍는다는 의미를 갖고 있어요. 점심시간에 간단하게 먹는 모든 음식을 일컫는 말이에요. 서양의 애프터눈 티처럼 아침과 저녁만 먹었던 시절에 간단하게 차와 먹을 음식을 만들었어요. 여기에는 만두를 포함해서 국수, 죽, 중국식 과자 등이 모두 속해요. 홍콩의 얌차는 점심 이후 문을 닫으니 맛보려면 오전이나 점심 사이에 가야 해요.

애프터눈 티의 시작

18세기 후반, 유럽 전 지역에서는 홍차의 인기가 엄청났었죠. 그중 영국도 예외는 아니었어요. 영국은 당시 아침과 저녁만 먹었는데, 제7대 베드포드 공작부인인 안나 마리아가 배고픔을 달래기 위해 워번애비 성에서 차와 간단한 티 푸드를 먹기 시작했는데, 이것이 애프터눈 티의 시작이 되었죠. 처음엔 빵, 스콘으로 시작했는데 이후 사교 수단으로 변질되고 부를 자랑하는 자리로 바뀌면서 점점 음식 가짓수가 늘어났어요. 좁은 티 테이블 위에 더 이상 올리지 못하자 접시를 높게 쌓아 3단 트레이에 먹을 것들을 풍성하게 올리기 시작했죠. 이렇게 해서 지금의 애프터눈 티는 3단 트레이가 시그니처가 되었어요.

티 페어링이란?

와인에서 테루아라는 말을 쓰는 것처럼 차도 기후, 토양, 온도에 따라 가지고 있는 특색이 모두 다르답니다.
하나의 맛으로 정의할 수 없고 그 특색이 아주 다양하기 때문에
차는 와인처럼 여러 음식과 페어링하면 가지각색 매력적인 모습을 뽐내요.
또한 차가 가지고 있는 성분과 효능이 뛰어나기 때문에
영양학적 궁합을 들여다보고 거기에 맞춰 페어링 하면 건강에도 도움이 되고요.
해당 음식이 차의 향과 맛을 잘 살리는지도 생각해 보고 마시면 좀 더 즐겁고 건강한 티타임을 보낼 수 있어요.

티 페어링 전에 먼저 체크할 것

1 음식 먼저? 차 먼저?

음식과 차를 함께 마실 때, 어떤 것에 더 집중하는 자리인지 먼저 판단해 보세요. 티타임인지 식사 타임인지 생각해 볼 필요가 있어요. 만일 차가 주인공이라면 차의 맛과 향이 잘 살 수 있도록 차 향에 방해되지 않는 선에서, 또는 차의 향미를 더 즐길 수 있도록 도와주는 음식을 먹는 것이 좋아요. 반대로 음식에 집중되어 있다면 음식을 먹고 난 뒤 마무리를 깔끔하게 할 수 있도록 도와주거나, 음식에서 다 보여주지 못했던 맛을 첨가할 수 있는 차를 페어링하는 것이 좋아요.

2 음식의 주재료에 집중해서 차의 온도를 설정해요

음식에 들어간 재료에 따라 맛의 강도가 달라지고, 먹기 좋은 온도도 달라지기 때문에 차와 함께 먹을 티 푸드의 주재료가 무엇인지 알면 티 페어링이 어렵지 않답니다. 예를 들어서 매운 할라페뇨가 들어간 살사 소스를 먹을 때 뜨거운 차를 마시면 맵기 정도가 더해져서 기분 좋은 페어링이 되기가 어렵겠죠. 또는 버터가 많이 들어간 버터크림 컵케이크에 차가운 차를 페어링하면 온도 때문에 입안의 버터가 굳어지면서 깔끔한 뒷마무리를 할 수 없게 되죠. 또 생크림처럼 높은 온도에서 형태가 사라지는 재료가 주재료라면 식감을 살릴지 뒷마무리에 신경 쓸지 고려해서 차의 온도를 정하는 것이 좋아요. 따라서 어떤 재료가 들어갔는지에 따라 페어링이 달라지기 때문에 주재료가 무엇인지, 입안에 들어갔을 때 가장 많이 느껴지는 맛이나 재료가 무엇인지 생각해 보면 좋아요.

3 강한 음식은 강한 차와 함께

이 부분은 치즈와 함께 설명해 볼게요. 치즈는 만드는 방법과 숙성도에 따라 맛이 많이 달라지죠. 그래서 맑은 느낌의 치즈부터 꼬릿꼬릿 진하게 발효된 냄새가 나는 치즈까지 아주 다양하게 만들어져요.

그중 페어링에서 대표적으로 예를 드는 3가지는 다음과 같아요. 모차렐라처럼 우유 향이 많고 부드러운 화이트 치즈는 색이 맑고 투명한 녹차나 백차 같은 차와 페어링하는 것이 좋아요. 향이 강한 차를 페어링하면 치즈의 식감만 느껴질 뿐 우유 향이 느껴지지 않기 때문이죠. 즉 음식이 차의 향을 방해하지 않는 것이 중요하다면, 차 역시도 음식의 향을 지배해서는 안된다는 거예요. 체더치즈와 같은 옐로 치즈는 짠맛과 단맛이 있고 향도 화이트 치즈보다 더 많은 편이어서 그 향의 세기와 비슷한 차를 선택하는 것이 좋은데요, 발효도가 높은 우롱차나 홍차가 잘 어울리는 편이에요. 고르곤졸라 같은 블루치즈 계열은 향이 아주 강하기 때문에 향의 강도가 쎈 가향차를 선택하는 것이 좋아요. 이런 종류의 치즈는 꿀이나 과일과 잘 어울리기 때문에 그런 향을 가진 차를 선택한다면 달콤하게 페어링할 수 있답니다. (진한 베르가모트 향이 나는 얼그레이가 잘 어울려요.)

이렇게 음식의 맛과 향이 세면 차의 맛과 향도 센 것이 좋아요. 강도는 늘 비슷하게 맞춰주는 것이 기본 핵심이랍니다.

4 영양학적 균형, 그리고 음양의 조화

모든 음식은 어떤 재료를 썼는지, 어떻게 조리되었는지에 따라 성질이 달라진답니다. 동양 음식 문화에는 음양오행*의 사상이 깃들어 있어 모든 식재료에는 음의 성질 또는 양의 성질을 가지고 있다고 생각해요. 사람의 몸 역시 음양의 성질을 가지고 있다고 생각해 몸의 상태에 따라 음식을 섭취해야 한다고 보고 있죠. 또한 식재료가 가진 고유 성질에 따라 조리 방법을 달리하고, 중용**의 성질을 가지기 위해 더하는 재료를 잘 고려해서 선택해야 한다고 보고 있어요. 신기하게도 음의 성질이 많거나 양의 성질이 많은 음식을 섭취했을 때 균형이 없고 특별하지 않은 평범하다는 생각이 들기도 하고, 맛이 조금 부족하다고 느낄 때가 많아요. 재료를 따지면서 음양의 조화를 맞추는 것이 쉽지만은 않아서 티 페어링할 때는 주로 그 음식이 가진 주된 맛이 무엇인지 생각해 보고 페어링하죠.

재료가 가진 음양의 성질도 있지만, 맛이 가진 음양의 성질도 있어요. 우리 혀가 느낄 수 있는 맛은 신맛, 쓴맛, 짠맛, 단맛, 감칠맛 이렇게 오미(五味)가 있는데, 음양의 성질을 따질 때는 혀의 감각으로 알 수 있는 매운맛과 떫은맛까지 함께 봅니다.

양陽의 성질

안쪽으로 모이는 에너지

아래로 내려가는 에너지

몸을 데우고 집중력을 높이는 성질

찹쌀, 현미, 쇠고기, 닭고기, 생강, 마늘, 양파 등의 재료

홍차, 후발효차, 홍배가 많이 된 농향 계열의 우롱차

매운맛, 단맛

음陰의 성질

밖으로 뻗어 나가려는 에너지

위로 향하는 에너지

몸을 식히고 마음을 느슨하게 만드는 성질

밀가루, 팥, 돼지고기, 오이 등의 재료

녹차, 백차, 청향 계열의 우롱차

신맛, 쓴맛, 떫은맛, 짠맛

음양의 조화를 위한 티 페어링은 어떻게 하는 것일까요? 먼저 티 페어링 할 음식이 가지고 있는 지배적인 맛을 노트해 보세요. 같은 레몬 마들렌을 만들더라도 들어간 재료 배합에 따라 달 수도 있고, 달면서 새콤할 수도 있어요. 단맛이 진하다면 양의 성질을 띈다고 말할 수 있고, 단맛과 신맛이 함께 있다면 중용의 성질을 가지고 있다고 할 수 있어요. 따라서 단맛이 진한, 양의 성질을 가진 마들렌에는 음의 성질을 가진 차를 페어링하는 것이 좋고, 음양 성질을 모두 가진 마들렌은 차 역시 음양을 골고루 갖춘 중용의 성질을 가진 차와 잘 어울려요. 기본적으로 우리가 섭취하는 차와 음식이 음양의 조화로움을 가지고 있어야 소화도 잘 되고 몸이 편안하게 받아들일 수 있다는 것이죠. 몸에 열이 많은 사람에게 차가운 기운의 녹차를 권하고, 몸이 차가운 사람에게 따뜻한 기운의 홍차를 권하는 원리와 같은 거예요.

이렇게 음양의 조화를 살펴보고 하나 더 체크해야 할 부분이 있는데, 음식에 들어간 재료와 차의 성분이 영양학적으로 잘 맞는지 꼭 봐야 해요. 앞으로 설명할 궁합은 티 페어링에 있어서 꼭 기억해야 해요.

---

* **음양오행** : 세상의 만물은 음과 양의 성질을 가지고 있는데, 이것은 서로 대립적인 관계가 아니라 서로 보완하면서 균형과 조화를 이루는 관계라고 보는 사상이에요. 음양의 조화가 잘 이루어지면서 맛도 조화를 이루면 몸과 마음이 건강해진다고 보고 있어요. 오랜 역사를 통해 한의학, 마크로비오틱 등 다양한 곳에서 엿볼 수 있는 사상입니다.

** **중용** : 음과 양의 성질을 모두 가진 것으로 균형을 잘 이루고 있는 것을 말해요.

잘 어울리는 음식 궁합

1 커피와 치커리

치커리 뿌리 70%와 커피 30%를 혼합하면 커피 카페인 중독을 막을 수 있는데요, 커피만큼은 아니지만 차에도 카페인이 있기 때문에 치커리와 차도 함께 먹으면 좋습니다. 특히 카페인이 가장 센 말차와 먹으면 좋죠.

2 육류와 레드와인

레드와인의 탄닌 성분이 육류의 기름기와 짙은 농도감을 해소시켜줍니다. 홍차에도 탄닌 성분이 있어서 육류와 잘 어울린답니다.

3 쇠고기와 파인애플

쇠고기의 질긴 부분을 부드럽게 만들기 위해서 무화과나 파인애플 등을 함께 넣어 조리합니다. 특히 파인애플에는 단백질을 분해시키는 브로멜린 효소가 들어가 있어서 고기류와 잘 어울립니다. 비타민과 구연산이 많은 과일차나 허브차는 육류를 소화시키는데 아주 좋은 역할을 하죠.

4 돼지고기와 파인애플

돼지고기의 단백질과 비타민B1에 파인애플 비타민C가 더해지면 영양소 균형을 이룹니다. 따라서 돼지고기와 비타민C가 풍부한 과일차는 궁합이 좋습니다.

5 인삼과 꿀

강장 효능이 뛰어난 인삼은 칼로리가 매우 낮습니다. 칼로리 높은 꿀과 함께 먹으면 위장이 약한 사람에게도 좋고, 원기 회복에도 좋습니다. 따라서 꿀이 들어간 음식과 디저트는 인삼차와 잘 어울린답니다.

6 바나나와 파인애플

바나나를 파인애플과 함께 섭취하면 구연산, 사과산, 주석산이 풍부하게 더해져서 식욕을 돋웁니다. 파인애플은 신진대사를 높이는 비타민이 풍부해서 바나나의 당질 대사를 촉진시켜 원기 회복에 좋습니다. 또한 변비에도 좋습니다. 이에 따르면 바나나가 든 디저트는 비타민C와 구연산이 많은 히비스커스가 잘 어울림을 알 수 있습니다.

7 생선과 화이트와인

화이트와인의 신맛이 생선의 비린 맛을 없애기 때문에 매우 잘 어울립니다. 머스캣 향이 있는 차나 레몬의 산미가 있는 차 역시 생선류와 잘 어울립니다.

8 연어와 녹황색 채소

지질 함량이 많은 연어와 항산화 성분이 많은 녹황색 채소를 같이 섭취하면 노화 방지에 좋습니다. 이 궁합에서는 항산화 성분이 뛰어난 차(녹차, 루이보스 등)와 루이보스와 연어가 잘 어울림을 알 수 있습니다.

9 오렌지와 시금치

오렌지의 비타민C는 시금치에 든 철분을 빠르게 체내 흡수 시킵니다. 따라서 비타민C가 많은 허브차는 철분이 많은 재료와 페어링할 때 녹차나 홍차보다 훨씬 좋은 궁합을 자랑합니다.

어울리지 않는 음식 궁합

1 차와 꿀

차의 타닌 성분이 꿀의 철분과 결합하여 타닌산철로 변화하여 철분 흡수를 방해합니다. 따라서 페어링 시, 철분을 보충하는 음식 재료를 더 사용합니다.

2 차와 게

게는 식중독균의 번식이 대단히 빠른데, 차에는 수렴 작용을 일으키는 타닌 성분이 있어서 소화 불량을 유발할 수 있습니다.

3 쇠고기와 버터

콜레스테롤 함량이 높아져 성인병 환자들에게 좋지 않습니다. 따라서 유크림이 너무 많이 들어간 티 베리에이션과 기름기가 많은 육류와 페어링하지 않습니다.

5 향미의 밸런스

차와 티 푸드의 향이 서로를 돕는다면 입안에서의 즐거움은 배가 되죠. 특히 단조로운 향을 가진 차나 티 푸드에 가향차가 더해지면 굉장히 화려한 페어링을 경험할 수 있답니다.

향을 페어링할 때는 차나 티 푸드가 가진 향 중 내가 살리고 싶은 향을 콕 짚어서 거기에 맞춰 페어링하면 좀 더 쉬워요.

티 페어링에는 정답이 없어요. 중요한 건 내가 원하는 방향대로 맛을 잘 이끌어내는 것이죠. 향 페어링은 크게 3가지로 나누어 볼 수 있는데, 이중 내가 원하는 향을 중점으로 페어링 방향을 선택하는 것이 좋아요. 다음의 내용을 참고해서 더 즐거운 티타임을 가져보세요.

같은 향끼리 페어링해요

아로마 휠*에서 말하는 같은 향을 이야기해요. 레몬 마들렌은 시트러스 향이 지배적인데요, 여기에 같은 시트러스 계열인 베르가모트 향이 입혀진 얼그레이 홍차를 페어링하면 같은 향끼리 페어링하게 되는 거죠.

비슷한 향끼리 페어링해요

아로마 휠에서 해당 향이 속해진 향 이외 양옆에 붙어 있는 향을 이야기해요. 재스민 녹차와 어떤 향을 가진 티 푸드가 잘 어울릴까요? 재스민은 꽃 향에 속하는데 식물 향과 과일 향이 가까이 있어서 식물 향인 채소류나 과일 향인 사과나 청포도가 잘 어울려요.

반대 향을 페어링해요

향수에서 톱 노트, 미들 노트, 베이스 노트를 사용하는 것처럼 한 가지의 향에만 집중하는 것보다 2~3종류의 향이 섞인 것이 더 매력적으로 다가오죠. 향에는 가벼운 향과 무거운 향이 있고 이런 향을 균형 있게 사용하면 그 어떤 페어링보다 완벽하게 느껴지죠. 반대 향이라는 것은 아로마 휠에서 반대쪽에 있는 향을 말해요. 가령 가벼운 향이 주를 이룬다면 묵직한 향을 더해서 차분하게 밸런스를 맞춰주는 거죠. 예를 들면 아로마 휠에서 식물 향과 그 반대인 단 향을 매칭한다면 민트 차와 초콜릿을 페어링할 수 있어요.

---

* **아로마 휠**AROMA WHEEL **이란?**

플래이버 휠FLAVOR WHEEL이라고도 부르며, 비후강으로 느껴지는 향을 표현하기 위해 가벼운 향부터 무거운 향까지 나열하여 정리한 표를 말해요.

매운 향
토양 향
광물 향
동물 향
구운 향
너티 향
우유 향
단 향
초콜릿
스위트
소나무, 유칼립투스, 단풍나무
시나몬, 후추, 생강, 정향,
스타아니스, 카다멈, 강황
흙, 지하 저장고, 눅눅한 습기,
젖은 암석, 젖은 낙엽, 버섯, 이끼
금속, 석회, 바위, 화약
가죽, 곰팡이, 마구간, 동물 털, 육향
토스트, 훈제, 탄 향, 구운 아몬드, 구운 베이컨
아몬드, 호두, 헤이즐넛, 밤, 땅콩
우유, 버터, 크림, 아몬드 우유, 연유
코코아, 코코아 버터,
밀크 초콜릿, 다크 초콜릿
꿀, 밀랍, 캐러멜, 시럽,
바닐라, 몰트, 토피, 흑당
건 토마토,
대추, 생 아몬드, 조린 과일

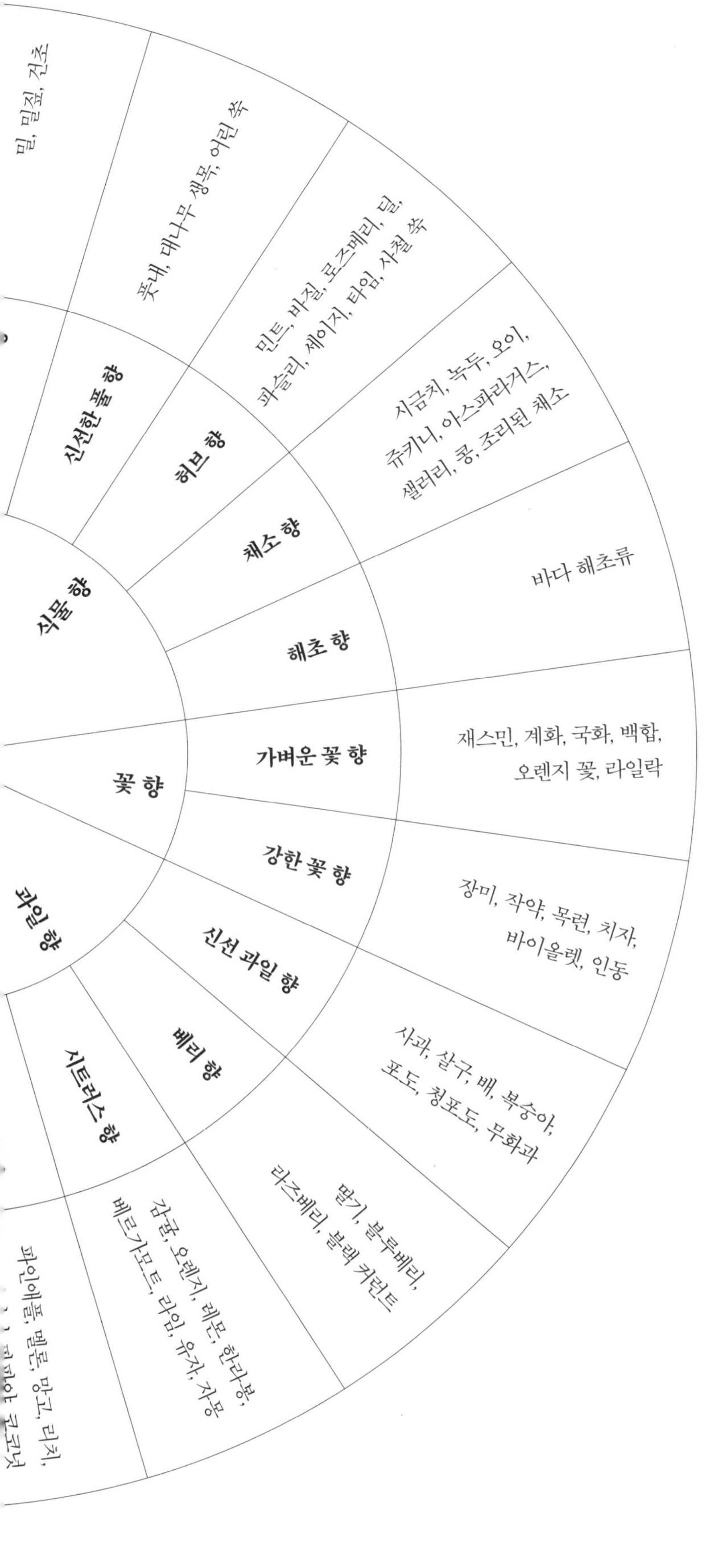
밀, 밀짚, 건초
풋내, 대나무 생목, 어린 쑥
민트, 바질, 로즈메리, 딜,
파슬리, 세이지, 타임, 사철 쑥
시금치, 녹두, 오이,
쥬키니, 아스파라거스,
샐러리, 콩, 조리된 채소
바다 해초류
신선한 풀 향
허브 향
채소 향
해초 향
식물 향
꽃 향
가벼운 꽃 향
재스민, 계화, 국화, 백합,
오렌지 꽃, 라일락
강한 꽃 향
장미, 작약, 목련, 치자,
바이올렛, 인동
과일 향
신선 과일 향
사과, 살구, 배, 복숭아,
포도, 청포도, 무화과
베리 향
딸기, 블루베리,
라즈베리, 블랙 커런트
시트러스 향
감귤, 오렌지, 레몬, 한라봉,
베르가모트, 라임, 유자, 자몽
파인애플, 멜론, 망고, 리치,

일러두기

* **버터**는 브랜드마다 맛이 모두 달라요. 따라서 이 책에서는 레시피마다 어떤 버터를 사용했는지 알려드릴 거예요.

* **설탕**은 백설탕 기준으로 해요. 백설탕은 색의 순도를 분명하게 하지만 잘 녹기 때문에 디저트의 모양을 꽉 잡아주는 역할도 해요. 저는 티음료에 사용하는 백설탕과 마찬가지로 '백설' '백설탕'을 사용했어요.

* **박력분**은 회사마다 수분의 함량과 글루텐 함량의 차이가 있어서 디저트 결과물의 모양과 식감이 조금씩 다르게 나와요. 이 책에서는 '백설' '박력분'을 사용했어요.

* **베이킹파우더**는 디저트 반죽을 부풀리는 작용을 하고 베이킹소다의 단점을 보완하기 위해 만들어졌어요. 베이킹소다가 사방으로 퍼지는 팽창 성질을 가졌다면, 베이킹파우더는 위로 부푸려는 성질을 가지고 있죠. 또 베이킹소다의 쓴맛을 보완하기 위해서 전분과 같은 기타 첨가물을 넣어서 베이킹파우더를 만들게 되었어요. 그렇지만 많은 양의 베이킹파우더가 필요한 스콘의 경우, 소맥분이 들어간 제품을 쓰면 스콘이 잘 부풀지 못하고 퍽퍽해질 수 있어요. 그리고 베이킹파우더에는 알루미늄 성분이 들어가 있는데, 이 때문에 디저트가 쓰고 텁텁해지는 경우가 많아요. 이 책의 레시피에서는 소맥분이 없고 알루미늄이 들어가지 않은 '선인'의 '알루미늄 프리 베이킹파우더'를 사용했어요.

TEA FOOD &

티 푸드와 티 페어링

TEA PAIRING

티 페어링에는 정답이 없고 내가 원하는 방향대로 잘 이끌어내는 것이 중요해요.
각 티 푸드 레시피에 적어둔 티 페어링 설명을 참고해서 즐거운 티타임을 가져보세요.

1 티 샌드위치

차와 함께 곁들이는 샌드위치는 찻잔에 흘리지 않고 깔끔하게 먹기 위해서 최대한 얇게 만들어요. 그래서 티 샌드위치는 소스가 모든 것을 말해준다는 이야기가 있을 정도로 내용물에 들어갈 재료들을 소스에 모두 넣죠. 그리고는 내용물은 1~2가지만 사용해요.

2 스콘

스콘은 바삭한 질감과 촉촉한 질감이 있어요. 스콘은 버터를 넣는 레시피가 많은데, 재료 용량에 따른 차이도 있지만 버터 차이가 크답니다. 어떤 버터를 사용했는지에 따라 맛도, 질감도, 모양도 모두 달라지죠. 우리나라에서 판매되는 버터 종류를 살펴볼게요.

버터의 종류

버터의 이름 (생산지)	특징
에쉬레 AOP* (프랑스 에쉬레)	죽기 전에 꼭 먹어야 할 음식 재료 전통 방식으로 티크나무 버터 제조기를 사용 8~10도에서 18시간 숙성 - 72도에서 15초간 살균 크림, 젖산으로 만들어짐 **헤이즐넛 향, 감칠맛이 뛰어남**
브리델 (프랑스 브루타뉴)	프랑스 유명 유제품 회사 72도에서 15초간 살균 우유 98%, 배양균으로 만들어짐 **진한 유크림맛이 오래 남는 것이 특징**
레스큐어 AOP (프랑스 샤통 푸아트)	72도에서 15초 이상 살균 크림(우유), 락틱스타터로 만들어짐 **우유의 고소한 맛이 뛰어남**
엘르앤비르 AOP (프랑스 노르망디)	고메 버터 영상 8도에서 최고의 효과를 발휘 12시간 숙성 과정 살균 크림 99.999%, 유산균 배양액, 베타카로틴으로 만들어짐 **크림의 향과 맛이 진하게 느껴지는 것이 특징**

버터	종류	특징
페이장 브루통 (프랑스 브루타뉴)		72도에서 15초간 살균 유크림 98%, 젖산균으로 만들어짐 **우유의 고소한 맛과 단맛이 느껴짐**
이즈니 AOP (프랑스 노르망디)	**일반 고메 버터**	2010년 프랑스 파리 농업 경진대회 수상 89도에서 30초간 살균 크림(우유)99.97%, 락틱스타터로 만들어짐 **크림의 풍미와 산미의 뒷맛**
	슬로우 고메 버터	72도에서 15초 이상 살균 16~18시간 발효 크림 99.97%, 스타터로 만들어짐 **고소하면서 깔끔한 뒷맛**
웨스트골드 (뉴질랜드)		72도에서 15초 살균 유크림 100%로 만들어짐 **전체적으로 깔끔한 맛이 특징**
앵커 (뉴질랜드)		유크림 100%로 만들어짐 **전체적으로 깔끔한 맛이 특징**

* AOP (Appellation d'origine protegee)

유럽연합(EU)의 원산지 보호에 따른 지역 특별 제품 인증 표시예요. 이 인증 표시가 있는 제품은 전통적인 방식으로 만들어져 우수한 품질을 지니고 있답니다.

3. 스프레드와 잼

밀크티에 스콘을 먹는다면 스콘만 먹을 수 있지만 좀 더 맛있게 먹기 위해서는 스프레드와 잼이 필요하죠. 클로티드 크림과 딸기잼처럼 말이죠. 티타임에 사용되는 스프레드와 잼의 특징은 한 번에 깔끔하게 뜰 수 있도록 덩어리감 없이 고운 입자의 형태라는 거예요. 과육이 그대로 살아있으면 먹을 때는 좋지만 스콘에 바를 때 과육이 한쪽으로만 치우치고 과육 때문에 잼을 여러 번 퍼야 하는 상황이 될 수 있어서 가볍게 뜰 수 있도록 만들어야 해요. 그래서 스프레드와 잼을 만들 때는 믹서기와 핸드 블렌더가 필수랍니다.

4. 구움과자

마들렌, 피낭시에, 과자류가 이 구움과자에 속하는데, 여기에는 버터가 많이 사용된답니다. 버터의 향이 함께 마시는 차향에 영향을 미칠 수 있기 때문에 특징이 강한 버터는 사용하지 않는 것이 좋아요.

5 달콤한 디저트

요즘 찻자리에서 많이 볼 수 있는 티 푸드로 비교적 간단히 만들 수 있어요. 또는 저장성이 좋아서 간편히 꺼내 언제든지 차와 즐길 수 있죠. 과일을 사용한 티 푸드는 과일의 맛이 잘 살아 있어야 하기 때문에 최소한의 열을 사용하는 것이 좋고, 곡식을 사용한 티 푸드는 충분히 구워서 날 것의 냄새가 나지 않도록 하는 것이 좋아요.

CUCUMBER TEA SANDWICH

오이 티 샌드위치

영국 티 푸드 중 하나인 티 샌드위치에는 여러 가지가 있지만 이 오이 샌드위치만은 빼놓을 수 없죠. 아삭한 식감과 함께 차의 신선함을 더해주기 때문에 더욱 사랑받는 샌드위치예요.

소스

양파 65g, 크림치즈 90g, 마요네즈 80g, 후추 약간, 소금 약간

1. 양파는 얇게 슬라이스하여 찬물에 10~20분 정도 담가 매운맛을 뺍니다.
2. 크림치즈는 실온에 두어 부드럽게 풀릴 수 있도록 준비합니다.
3. 믹서기에 물기를 제거한 양파, 크림치즈, 마요네즈, 후추, 소금을 넣고 갈아줍니다.
4. 냉장고에서 하룻밤 정도 숙성하여 사용하는 것이 더 좋습니다.

완성

사각 샌드위치 빵, 얇게 슬라이스한 백오이 적당량

1. 감자칼로 백오이를 얇게 슬라이스합니다.
2. 샌드위치 빵 양쪽에 소스를 꼼꼼히 바릅니다.
3. 오이가 서로 겹치도록 올려줍니다.
4. 샌드위치 빵을 덮습니다.
5. 빵 모서리를 자른 뒤 먹기 좋은 크기로 잘라줍니다.

오이

크게 청오이와 백오이로 나눌 수 있는데, 저는 백오이를 사용했어요. 백오이는 청오이보다 비린내가 덜하고 향이 부드러워서 차에 곁들여도 튀지 않아요. 좀 더 뚜렷한 오이 향을 원하면 청오이를 쓰면 됩니다.

크림치즈

크림치즈는 종류도 맛도 다양해서 어떤 크림치즈를 썼는지에 따라 텍스처와 맛이 달라져요. 저는 '끼리' 크림치즈를 사용했어요. 텍스처가 단단하면서 물기가 많이 생기지 않아 소스를 장기간 냉장 보관할 수 있어요.

마요네즈

이 소스에서의 마요네즈는 크림치즈와 마찬가지로 텍스처에 영향을 주고 전반적인 맛을 좌우한답니다. 이 레시피에서는 '청정원'의 '프레시 마요네즈'를 사용했는데요, 깔끔한 맛을 지니고 있고 텍스처도 단단해서 소스용으로 사용하기 좋아요. 혹시 사용할 마요네즈의 텍스처가 묽다면, 마요네즈의 양을 조금 줄이고 그만큼 크림치즈 양을 늘려주세요.

+TEA PAIRING

오이의 향을 충분히 즐기려면 차 역시 오이처럼 은은한 향을 가지고 있는 것이 좋아요. 그리고 오이의 식감을 느낄 수 있도록 너무 뜨겁지 않은 차와 페어링해요.

추천차 티에리스의 다즐링 (해마다 새로운 다즐링을 만나볼 수 있어요.)

BASIL TEA SANDWICH

바질 티 샌드위치

바질이 들어간 이 소스는 샌드위치뿐만 아니라 요리에도 쓸 수 있는 소스예요.
티 푸드 수업에는 빠지지 않고 들어가는 레시피인데 활용도가 무척 높답니다.

소스

마요네즈 80g, 다진 마늘 10g, 홀그레인 머스터드 15g, 레몬즙 12g, 설탕 20g, 바질 페스토 20g, 설탕 분량

1. 마요네즈, 다진 마늘, 홀그레인 머스터드, 레몬즙, 설탕, 바질 페스토를 함께 믹서기에 곱게 갑니다.
2. 냉장고에서 하룻밤 정도 숙성하여 사용하는 것이 더 좋습니다.

완성

사각 샌드위치 식빵, 로메인, 햄, 슬라이스 치즈

1. 식빵 양쪽에 숙성시킨 소스를 얇게 바릅니다.
2. 로메인, 햄, 치즈 순으로 올리고 빵을 덮습니다.
3. 빵칼로 빵 모서리를 자른 뒤 먹기 좋은 크기로 잘라줍니다.

마늘

마늘은 다진 마늘을 사용해도 좋고 통 마늘을 사용해도 좋아요. 통 마늘을 사용할 때도 같은 무게를 재어 넣으면 된답니다. 다만, 믹서기에 갈 때 곱게 잘 갈렸는지 꼭 확인해 주세요!

바질 페스토

바질 페스토에는 바질 함량이 높아야겠죠. 저는 '선인'에서 나오는 '냉동 바질 페스토'를 사용했는데, 색도 맛도 진해서 여러모로 사용하기 좋아요. 가정에서 사용하거나 적은 양을 사용할 때는 '데체코'를 추천해요.

슬라이스 치즈

치즈 중 무난하게 잘 어울리는 슬라이스 치즈는 마일드 고다 치즈인 것 같아요. 일반적으로 시중에 판매되는 고다 치즈는 짧게 숙성한 것으로, 부드러운 우유 맛이 풍부해서 부담 없이 즐길 수 있어요. 또한 햄과도 잘 어울려서 샌드위치에 제격이죠. 제가 자주 사용하는 슬라이스 치즈는 '프리코'의 '마일드 고다'예요. 치즈 특유의 냄새가 진하지 않아서 차와 잘 어울리는 편이에요.

+MINI RECIPE

바질 페스토 대신 트러플 페스토를 넣으면 트러플 소스가 완성된답니다.

+TEA PAIRING

이 레시피의 키포인트는 마늘에 있어요. 마늘의 향이 강하기 때문에 그만큼 강한 향을 가진 차와 페어링하는 것이 좋아요.

추천차 포트넘 앤 메이슨의 스모키 얼그레이(훈연 향 홍차)

APPLE ALMOND SANDWICH

사과 아몬드 샌드위치

아몬드와 치즈로 만든 소스에 사과를 곁들이면 그 자체만으로 멋진 티 푸드가 완성됩니다.
꿀과 레몬 향이 들어가서 사과에 신선함을 불어 넣어주죠.

소스

구운 백 아몬드 50g, 홀그레인 머스터드 15g, 꿀 25g,
크림치즈 60g, 그라나 파다노 치즈 20g,
레몬 올리브오일 30g, 사과주스 50g, 후추 적당량

1. 170도 예열된 오븐에 아몬드를 펼쳐서 안까지 색이 나도록 굽습니다.
2. 완전히 식힌 구운 백 아몬드, 홀그레인 머스터드, 꿀, 크림치즈, 올리브오일, 후추를 핸드 블렌더로 곱게 갑니다.
3. 그라나 파다노 치즈를 강판에 갈아서 넣고 한 번 더 곱게 갑니다.
4. 되기 조절은 사과주스로 합니다.

완성

사각 샌드위치 식빵, 사과

1. 사과는 껍질을 벗겨서 얇게 썰어줍니다.
2. 식빵 양쪽에 소스를 바르고 사과 슬라이스를 여러 겹 올립니다.
3. 빵을 덮은 뒤 빵 칼로 모서리를 자릅니다.
4. 먹기 좋은 크기로 잘라줍니다.

백 아몬드

껍질이 없는 아몬드를 말해요. 아몬드를 한 번 더 굽는 이유는 아몬드의 유분을 완전히 빼주고 고소하게 향을 내기 위해서예요. 구울 때는 안까지 색이 나야 유분이 전반적으로 빠졌음을 알 수 있어요.

그라나 파다노 치즈

이탈리아 에밀리아 로마냐 지방에서 만들어지는 하드 치즈예요. 숙성 시간이 길어서 풍미가 진하기 때문에 가루를 내어 사용하죠. 제가 사용한 치즈는 '안티코'의 '그라나파다노'예요.

레몬 올리브오일

레몬 올리브오일은 소스를 부드럽게 만들어주는 역할을 하면서 유화제 역할을 합니다. 동시에 여기에 들어간 레몬 향이 사과에 상큼함을 더해주기 때문에 꼭 필요한 재료예요. 이 레시피에서 사용된 레몬 올리브오일은 '올리타리아'의 '레몬 올리브오일'이랍니다. 향이 진하고 상큼해서 정말 잘 어울려요.

사과주스

사과의 향을 더해주고 텍스처를 부드럽게 풀어주는 역할로 사용되는데요, 시판 사과주스를 사용하면 오랜 기간 동안 향이 지속된답니다.

+TEA PAIRING

꿀이 들어간 티 푸드로 타닌 성분이 없는 차와 페어링하는 것이 좋아요. 따라서 타닌이 없는 허브차 중 사과와 잘 어울리면서 꿀 내음을 잘 살릴 수 있는 차와 페어링하는 것이 좋아요.

추천차 타바론의 로얄 캐모마일

CHICKEN TEA SANDWICH

치킨 티 샌드위치

이 샌드위치를 본다면 치킨은 어디 간 거지, 하고 찾게 될 거예요.
샌드위치는 얇은 것이 정석이기 때문에 모든 재료를 압축시키는 것이 중요해요.
모든 시크릿은 소스에 있다는 사실! 눈에는 보이지 않지만 모든 맛이 느껴지는 소스로 만든 티 샌드위치예요.

소스

닭 가슴살 100g(1개분), 월계수 잎 2장, 통후추 7~10알, 로즈메리 약간, 소금 적당량, 물 250g, 닭 육수 30g, 크림치즈 100g, 휘핑크림 60g, 파슬리 적당량, 카레 가루 10g, 다진 마늘 4g, 양파 70g, 후추 적당량

1. 냄비에 월계수잎, 통후추, 로즈메리, 소금, 물을 넣고 끓인 뒤 닭 가슴살을 넣어 익힙니다.
2. 완전히 익은 닭 가슴살을 꺼내 한 김 식힌 뒤 잘게 찢어 준비합니다.
3. 2, 닭 육수, 크림치즈, 휘핑크림, 파슬리, 카레 가루, 다진 마늘, 양파, 후추를 믹서기로 갑니다.

완성

호밀 또는 통밀 샌드위치 식빵, 크랜베리

1. 식빵 양쪽에 소스를 바르고, 한쪽에는 크랜베리를 뿌립니다.
2. 빵을 덮은 뒤, 빵 칼로 빵 모서리를 잘라줍니다.
3. 먹기 좋은 크기로 잘라줍니다.

휘핑크림

크림은 우유 100% 생크림보다 동물성 휘핑크림이 좋아요. 생크림은 물이 생기기 때문에 소스의 보관성이 좋지 못해요. 그래서 99% 우유 휘핑크림을 사용하는 것이 좋아요.

카레 가루

소스에 들어가는 카레 가루는 일반 카레 가루를 사용해도 좋고 가람 마살라 파우더를 사용해도 좋아요. 일반 카레 가루를 사용하면 색이 선명하면서 짠맛이 많이 돌지만 가람 마살라 파우더를 사용한 경우 색은 베이지 톤에 가깝지만 맛은 강렬하면서 이국적인 매력의 맛을 느낄 수 있어요. 어떤 카레 가루를 사용했는지에 따라 티 페어링이 달라진답니다.

+TEA PAIRING

소스에 닭고기가 들어 있어서 차가운 차와 페어링하면 잘게 갈린 고기의 질감이 좋지 않게 느껴질 수 있어요. 그래서 소스의 느끼함을 잡아주면서 크랜베리의 새콤함을 잘 살려주는 따뜻한 차와 먹는 것이 좋아요. 차갑게 마시고 싶다면 아이스티가 아닌 티 에이드로 마시는 걸 추천해요.

크랜베리의 상큼함을 돕는 추천차 브루티코의 애플 앤 블랙베리(라즈베리 향 히비스커스)

소스의 느끼함을 해소시키는 추천차 베티나르디의 로즈마리티

AVOCADO SHRIMP SANDWICH

아보카도 쉬림프 샌드위치

새우 살이 톡톡 씹히는 재미가 있는 이 샌드위치는 매콤한 와사비가 살짝 들어가서 더 매력적이랍니다.
소스는 샌드위치 용만이 아니라 나초칩에 찍어 먹어도 굉장히 잘 어울려요.

소스

아보카도 1개, 마요네즈 45g, 양파 60g, 다진 마늘 8g, 연와사비 4g, 레몬즙 20g

1. 아보카도는 반을 잘라 씨앗을 제거하여 준비합니다.
2. 믹서기에 아보카도, 마요네즈, 양파, 다진 마늘, 연와사비, 레몬즙을 넣고 곱게 갑니다.

완성

사각 샌드위치 식빵, 새우 살

1. 새우 살은 끓는 물에 살짝 데쳐서 준비합니다.
2. 식빵 양쪽에 소스를 바르고, 새우 살을 올립니다.
3. 빵을 덮은 뒤 빵 칼로 모서리를 잘라줍니다.
4. 먹기 좋은 크기로 잘라줍니다.

아보카도

아보카도의 원산지는 정말 많지만 저는 뉴질랜드산을 좋아하는 편이에요. 부드러우면서 감칠맛까지 많이 느껴지는 것이 특징이에요. 그래서 소금 간을 하지 않더라도 아보카도 특유의 단맛과 감칠맛을 충분히 느낄 수 있죠.

연와사비

와사비 중 향이 너무 강하지 않은 것을 사용하면 된답니다.

새우 살

완전히 익힌 새우보다 식감을 살리기 위해 생 새우 살을 쓰면 좋아요. 익힐 때도 아주 살짝 데치면 살아 있는 식감을 느낄 수 있어요. 새우 살은 너무 익히면 질겨지니 참고해 주세요.

+TEA PAIRING

와사비처럼 매운 재료가 들어간 티 푸드에 따뜻한 차를 마시면 매운 느낌이 강해지기 때문에 차갑거나 미지근한 온도의 차가 좋아요. 그리고 새우 같은 해산물이 들어간 티 푸드는 레몬이나 청포도가 들어간 차와 정말 잘 어울려요.

추천차 티젠 머스캣 그린티(청포도 향 녹차) 또는 프리미어스의 코랄 머스캣(청포도 향 루이보스)으로 우린 아이스티

SCOTTISH SCONE

스코티시 스콘

스콘은 크게 2가지 종류로 나뉘어요. 바삭한 비스킷 질감의 스콘, 촉촉한 빵 같은 식감의 스콘.
스코티시 스콘은 바삭한 비스킷 질감의 스콘이랍니다.
그리고 여기에는 버터밀크*가 사용되죠.
버터밀크를 매번 만들거나 구하기 어렵기 때문에 우유와 요거트를 사용한 레시피를 알려 드릴게요.

무염 버터 100g, 박력분 200g, 설탕 20g, 소금 1g,
베이킹파우더 16g, 우유 70g, 요거트 30g

1. 볼에 박력분, 설탕, 소금, 베이킹파우더를 넣고 섞어줍니다.
2. 차가운 무염 버터를 작게 다이스로 썰어 넣고 스크레이퍼로 잘게 자르듯 섞습니다.
3. 버터 알갱이가 작아지면, 차가운 우유와 요거트를 넣고 반죽합니다.
4. 반죽 덩어리를 비닐 백에 담아 2cm 정도 두께로 밀어 냉장고에서 잠시 휴지시킵니다. (최대 2시간.)
5. 반죽을 꺼내 6등분한 뒤 200도 예열된 오븐에 15~20분간 굽습니다.

모든 재료는 차갑게 준비하는 것이 좋아요

이 레시피에는 많은 양의 버터가 들어가고, 반죽 사이사이에 버터가 잘 살아 있어야 식감이 좋은 스콘이 완성됩니다. 반죽을 하면서 버터가 많이 녹으면 오븐에서 잘 부풀지 못하기 때문에 버터가 차갑게 유지될 수 있도록 모든 재료를 차갑게 준비하는 것이 좋아요. 하지만 베이킹파우더는 차가운 온도에서 기능을 잃어버리기 때문에 반죽하기 전에 넣거나 짧은 시간 동안만 냉장하는 것이 좋아요.

요거트

버터밀크의 느낌을 내기 위해 넣은 재료로 너무 묽은 것보다 되직한 질감을 가지면서 당분이 없는 것을 써야 해요. 여기서 사용한 요거트는 '풀무원 다논'의 '그릭요거트'예요.

---

* **버터밀크** BUTTER MILK

크림이나 버터를 만들고 남은 액체를 발효시켜 만든 것을 말해요.

버터에 따라 맛과 식감이 달라져요

이 레시피는 뉴질랜드산 '웨스트골드'를 사용했어요. 하지만 버터마다 맛과 식감이 달라지기 때문에 한 가지의 버터만 사용하지 않아요. 제가 스콘에 자주 사용하는 버터 리스트를 알려드릴게요.

1 뉴질랜드 '웨스트골드' : 향과 맛이 진하지 않아서 부재료의 향미를 잘 살려주기 때문에 자주 사용해요. 특히 티 페어링을 해야할 때는 무조건 이 버터를 쓰는 편이에요. 버터가 가볍기 때문에 반죽이 잘 부풀고 결과물도 가벼운 느낌이어서 여러 가지 티 푸드를 함께 먹는 찻자리에 내놓기 좋은 스콘이 된답니다.

2 프랑스 '에쉬레' : 버터 자체에 특유의 향과 맛이 있는데 버터 중 가장 생크림과 같은 고소한 맛을 가지고 있어요. 버터의 향이 강하다기 보다 감칠맛이 아주 풍부하답니다. 무염 버터보다 가염 버터가 풍미가 더 깊기 때문에 저는 이 버터를 쓸 때는 가염 버터를 사용하는 편이에요.

3 프랑스 '레스큐어' : 캐러멜과 비슷한 향이 있고, 단맛이 가장 많은 버터로 실온에서 금방 부드러워지기 때문에 모양도 결과물 역시 가장 많이 퍼져 있는 형태가 되지만 식감이 부드러운 스콘을 원할 때 이 버터를 사용한답니다.

4 프랑스 '엘르앤비르 고메' : 많은 베어커리에서 사용하는 이 버터는, 반죽의 모양을 잘 잡아주기 때문에 결과물도 모양이 예쁘게 나온답니다. 식감도 다른 버터에 비해 겉은 바삭하고 안은 촉촉하게 만들 수 있어요. 하지만 버터 중 가장 버터 향이 진하기 때문에 일반적으로 커피와 페어링하거나 진한 흑차와 페어링할 때 이 버터를 사용하고 은은한 향을 가진 차와 페어링할 때는 사용하지 않는 편이에요.

+MINI RECIPE

버터가 들어가지 않는 생크림 스콘

박력분 200g, 설탕 20g, 소금 1g, 베이킹파우더 12g, 생크림 200g

1. 볼에 박력분, 설탕, 소금, 베이킹파우더를 넣고 잘 섞어줍니다.
2. 생크림을 넣은 뒤 반죽을 잘 섞어줍니다.
3. 냉장고에 잠시 휴지시킨 뒤에 4등분 하여 200도 예열된 오븐에 15~20분간 굽습니다.

표면에 달걀 물을 발라도 좋아요.

달걀 물을 바르면 스콘의 촉촉함이 좀 더 유지가 되고, 더 고소한 맛을 내죠. 그리고 보기에도 반짝반짝해서 예뻐 보여요. 바로 구워서 먹는 스콘에는 달걀 물을 바르지 않아도 되지만, 조금 두었다가 먹을 스콘에는 달걀 물을 바르는 것이 좋지요. 굽기 전에 윗면에만 달걀 물을 발라주면 되는데, 달걀 1개와 생크림 20g 정도를 섞어서 사용하면 예쁜 표면이 나옵니다.

생크림

저는 '서울우유' 생크림을 사용했어요. 100% 우유 생크림을 사용하면 가벼운 질감이 되고, 동물성 휘핑크림을 사용하면 조금 무거운 질감이 만들어집니다. 질감 차이가 있기 때문에 선택해서 사용하면 된답니다.

+TEA PAIRING

버터의 함량이 높은 스콘에는 따뜻한 스트레이트티나 우유가 적게 들어간 영국식의 밀크티가 잘 어울려요. 반대로 버터가 많이 들어가 있지 않고 가벼운 질감을 가진 스콘에는 스트레이트티나 우유가 좀 더 들어간 일본식 밀크티가 잘 어울려요.

스코티시 스콘의 추천차 스트레이트티나 영국식 밀크티
생크림 스콘의 추천차 스트레이트티나 일본식 밀크티

CORN CHEESE SCONE

옥수수 치즈 스콘

따뜻한 스콘을 반으로 가르면 옥수수 필링과 함께 노오란 치즈가 먹음직스럽게 흘러나와요.
본격적인 티타임을 갖기 전에 속을 든든하게 채울 수 있는 스콘이에요.

스콘 반죽

가염버터 100g, 박력분 200g, 베이킹파우더 18g, 소금 1g, 설탕 20g, 후추 1/8ts, 로즈메리 1/2ts, 파프리카 파우더 1/4ts, 파슬리 1/2ts, 파르메산 치즈 파우더 40g, 바질 페스토 40g, 우유 45g

1. 볼에 박력분, 베이킹파우더, 소금, 설탕을 넣고 섞어줍니다.
2. 차가운 가염버터를 작게 다이스로 썰어 넣고 스크레이퍼로 잘게 자르듯 섞습니다.
3. 버터 알갱이가 작아지면, 강판에 간 치즈를 넣고 반죽합니다.
4. 차가운 우유와 바질 페스토를 잘 섞은 뒤 넣고 반죽합니다.
5. 반죽 덩어리를 비닐 백에 담아 2cm 정도 두께로 밀어 냉장고에서 잠시 휴지시킵니다. (최대 2시간.)

옥수수 필링

통조림 옥수수 100g, 햄 슬라이스 2장, 양파 60g, 마요네즈 12g, 소금 약간, 후추 약간, 체더치즈 적당량

1. 통조림 옥수수는 물기를 완전히 제거하여 준비합니다.
2. 햄 슬라이스는 0.5cm 크기로 준비합니다.
3. 양파를 작게 다이스로 잘라 프라이팬에 기름을 두른 뒤 볶아서 식힙니다.
4. 볼에 옥수수, 햄, 양파를 넣고 소금, 후추로 간을 하고 마요네즈를 섞어 줍니다.
5. 체더치즈는 2cm 정사각 크기로 썰어서 준비합니다.

완성

1. 반죽을 냉장고에서 꺼내어 6등분한 뒤 동그랗게 성형합니다. (만두피처럼 사용할 거예요.)
2. 반죽을 얇게 하여 속에 옥수수 필링과 체더치즈를 넣고 만두처럼 쌉니다.
3. 반죽을 냉장고에서 30분 정도 휴지시킵니다.
4. 200도 예열된 오븐에 15~20분 정도 굽습니다.

버터

이 레시피에서는 '에쉬레' 버터를 사용했어요. '에쉬레' 버터는 특유의 감칠맛이 있고 생크림같이 진하고 고소한 우유 향이 있기 때문에 옥수수와 찰떡궁합이랍니다. 더 진한 옥수수향을 느끼고 싶다면, 이 버터 대신 일반 버터 70g+옥수수 마가린 30g을 넣어도 향이 좋아요.

파르메산 치즈

저는 '안티코' 파르메산 치즈를 사용했어요. 파르메산 치즈 대신 고다치즈나 체더치즈 가루를 사용해도 좋아요. 이렇게 넣으면 프라이드 치킨과 비슷한 맛이 나요.

통조림 옥수수

캔 옥수수 중에서도 설탕이 들어가지 않은 제품을 찾아 쓰면 좋아요. 저는 '오뚜기'의 '수퍼스위트콘'을 사용했어요. 소금만 들어가 있어서 덜 달고 옥수수 자체의 단맛을 느낄 수 있어서 설탕이 많이 들어가는 베이킹에 사용하면 좋아요.

체더치즈

블록으로 자를 수 있도록 사각모양의 덩어리 제품으로 사는 것이 좋아요. 이 레시피에서는 '커클랜드'의 '마일드 체더치즈'를 사용했는데요, 취향에 맞는 다른 체더치즈를 사용해도 좋고, 모차렐라를 사용해도 좋아요. 옥수수 필링이나 체더치즈를 넣지 않고 나초 치즈 소스를 곁들여 먹어도 좋아요.

속 재료에 들어가는 채소는 반드시 익혀주세요

익히지 않은 재료를 넣으면 재료의 수분감 때문에 속이 익지 않아요. 그러니 양파 같은 재료는 꼭 익혀 넣어주세요. 캔 옥수수는 이미 조리된 것이기 때문에 익히지 않아요.

+MINI RECIPE 01

우유 대신 이렇게 넣어보세요

토마토소스를 조금 섞어도 맛있어요. 우유 100g 대신 토마토소스 50g, 우유 50g을 넣으면 된답니다.

+MINI RECIPE 02

옥수숫가루가 들어간 폴렌타 치즈 스콘

CHEESE SCONE WITH POLENTA

프랑스 파리의 유명 카페인 '로즈베이커리'의 '체더 콘밀 스콘'을 재해석한 레시피예요. 폴렌타가 들어가서 씹는 식감을 주고 치즈가 들어가서 스프나 샐러드와 먹으면 정말 잘 어울리죠.

박력분 100g, 옥수숫가루 60g, 폴렌타 파우더 12g,
베이킹파우더 12g, 설탕 20g, 소금 2g, 후추 약간, 무염버터 60g,
파르메산 치즈 가루 40g, 달걀 50g, 우유 70g

1. 볼에 박력분, 옥수숫 가루, 폴렌타 가루, 베이킹파우더, 설탕, 소금, 후추를 넣고 섞어줍니다.
2. 차가운 무염버터를 작게 다이스로 썰어 넣고 스크레이퍼로 잘게 자르듯 섞습니다.
3. 버터 알갱이가 작아지면, 파르메산 치즈 가루를 넣습니다.
4. 달걀과 우유를 잘 섞은 뒤 볼에 넣고 섞습니다.
5. 냉장고에 30분 정도 휴지시키고 200도 예열된 오븐에 15~20분간 굽습니다.

+TEA PAIRING

식사 대용으로 먹기 좋은 이 스콘에는 다양한 재료들이 들어가 있기 때문에 페어링의 목적을 잘 생각해 보고 차를 고르는 것이 좋아요. 스콘을 먹고 난 뒤 깔끔한 마무리를 주고 싶은지, 먹는 동안 치즈나 옥수수의 풍미를 더할지 생각해 보는 것이 좋아요.

깔끔한 마무리를 위한 추천차 티바나의 민트 블렌드
치즈나 옥수수의 풍미를 위한 추천차 프리미어스의 닐기리

EARL GRAY LEMON SCONE

얼그레이 레몬 스콘

가향차는 오븐에 들어가면 향이 많이 사라지게 되죠.
하지만 이 스콘은 홍차 아이싱이 올라가 차 향을 충분히 느낄 수 있답니다.

홍차 스콘 반죽

박력분 200g, 베이킹파우더 14g, 소금 1g, 설탕 25g,
무염버터 20g, 생크림 180g, 얼그레이 홍차 잎 4g,
레몬 제스트 1개분

1. 볼에 박력분, 베이킹파우더, 소금, 설탕을 넣고 섞어줍니다.
2. 차가운 무염버터를 작게 다이스로 썰어 넣고 스크레이퍼로 잘게 자르듯 섞습니다.
3. 버터 알갱이가 작아지면, 차가운 생크림, 홍차 잎, 레몬 제스트를 볼에 넣고 섞습니다.
4. 반죽 덩어리를 비닐 백에 담아 2cm 정도 두께로 밉니다.
5. 냉장고에 30분 정도 휴지시킵니다.

홍차 아이싱

얼그레이 홍차 2g, 뜨거운 물 30g, 슈거 파우더 220g,
레몬즙 10g

1. 뜨거운 물에 얼그레이 홍차를 10분간 우려 준비합니다.
2. 찻잎을 스트레이너로 거릅니다.
3. 볼에 슈거 파우더, 2, 레몬즙을 넣고 섞습니다.

완성

1. 6등분한 뒤 200도 예열된 오븐에 15~20분간 굽습니다.
2. 완성되면 식은 스콘에 홍차 아이싱을 올립니다.

버터

얼그레이 같은 가향차는 오븐에 들어가면 향이 많이 사라지고 은은하게 남기 때문에 버터의 향이 강하면 차 향을 제대로 즐길 수가 없어요. 그래서 차가 들어간 스콘은 생크림 스콘으로 만들거나 소량의 버터를 사용하는 것이 좋아요. 저는 향이 강하지 않은 '웨스트골드' 버터를 사용했어요.

얼그레이 홍차

얼그레이 홍차는 얇은 입자를 사용하는 것이 좋기 때문에 작게 갈아서 사용하는 걸 추천해요. 작은 찻잎을 넣고 반죽해야 먹을 때 입에 이물감 없이 맛있게 먹을 수 있어요.

레몬 제스트

레몬은 굵은소금으로 여러 번 문질러 씻어주세요. 그리고 제스터를 사용해 긴 길이의 제스트로 만들어서 준비해 줍니다. 길이가 긴 것이 식감도 좋고 향이 오래 남아 있어요. 먹을 때 레몬 껍질의 식감이 싫다면 강판에 얇게 갈아 넣어도 좋아요.

+TEA PAIRING

버터가 적게 들어가고 생크림이 많이 들어간 이 스콘은 질감이 가벼워서 바디감이 어느 정도 있는 밀크티와도 잘 어울린답니다. 다만 티 푸드에 차가 들어갔기 때문에 카페인이 없는 차를 선택하는 것이 좋아요. 오븐에서 향이 많이 날아간 얼그레이와 레몬의 향을 잘 살려주는 것도 중요해요.

추천차 이디야의 네이블 오렌지로 우린 스트레이티 또는 로네펠트의 윈터드림으로 우린 로열 밀크티

+MINI RECIPE

바삭바삭한 쿠키 질감의 얼그레이 스콘

버터 100g, 박력분 200g, 설탕 45g, 소금 1g, 베이킹파우더 12g, 얼그레이 티백 1개, 레몬 제스트 1개, 달걀 100g(2개분)

아이싱 - 슈거파우더 180g, 레몬주스 20g

1. 볼에 차가운 버터, 박력분, 설탕, 소금, 베이킹파우더, 레몬 제스트, 홍차를 담습니다.
2. 스크레이퍼로 자르듯 반죽한 뒤 버터 알갱이가 작아지면 달걀을 넣습니다.
3. 반죽 덩어리를 비닐 백에 담아 높이가 2cm 정도 두께로 밀어 냉장고에서 30분 이상 휴지시킵니다.
4. 6등분한 뒤 200도 예열된 오븐에 15~20분 정도 굽습니다.
5. 볼에 슈거파우더와 레몬주스를 섞어 아이싱을 만듭니다.
6. 스콘이 식으면 아이싱을 얹어 장식합니다.

CHOCOLATE CINNAMON SCONE

초콜릿 시나몬 스콘

쌉싸름한 다크초콜릿이 들어간 이 스콘은 겨울 티 타임에 먹기 정말 좋아요.
눈오는 겨울날 따뜻한 차나 밀크티와 먹기 안성맞춤이거든요.

무염버터 100g, 박력분 180g, 설탕 30g, 소금 2g, 베이킹파우더 18g, 카카오 파우더 12g, 시나몬 파우더 2g, 우유 100g, 초콜릿 80g, 시나몬 설탕 적당량

1. 볼에 박력분, 설탕, 소금, 베이킹파우더, 카카오 파우더, 시나몬 파우더를 넣고 섞어줍니다.
2. 차가운 무염버터를 작게 다이스로 썰어 넣고 스크레이퍼로 잘게 자르듯 섞습니다.
3. 버터 알갱이가 작아지면, 차가운 우유를 잘 섞은 뒤 볼에 넣고 섞습니다.
4. 반죽이 조금 덜 되었을 때 초콜릿을 부숴 넣고 섞어줍니다.
5. 반죽을 비닐 백에 담아 2~3cm 두께로 만든 뒤 냉장고에서 30분 정도 휴지시킵니다.
6. 6등분한 뒤 시나몬 설탕을 묻혀 팬닝합니다.
7. 200도 예열된 오븐에 15~20분 정도 굽습니다.

버터

초콜릿이 밖으로 흐르지 않도록 모양을 꽉 잡아주기 위해 '엘르앤비르'의 '고메 버터'를 사용했어요. 시나몬 설탕이 겉에 묻어 있고 이 버터를 사용했기 때문에 바삭한 식감이 배로 느껴진답니다.

카카오 파우더

이 레시피에 사용된 카카오 파우더는 '칼리바우트'의 '카카오 파우더'예요.

초콜릿

이 레시피에서 사용한 초콜릿은 '발로나'에서 판매하는 '까라이브'에요. 다크초콜릿 중에 차와 잘 어울리는 향을 가지고 있어서 자주 사용된답니다. 이 초콜릿은 너무 오래 구우면 타버리기 때문에 표면에 너무 튀어나오지 않도록 정리해서 구워주면 좋아요. 초콜릿이 타는 것이 신경 쓰인다면 같은 양의 초콜릿 칩이나 초코 청크를 사용하면 좋아요.

시나몬 설탕

시나몬 파우더 2g과 황설탕 100g을 섞어 시나몬 설탕을 만듭니다.

+TEA PAIRING

달콤하지만 쌉싸름한 맛을 가진 이 스콘은 초콜릿이 들어갔기 때문에 따뜻한 온도의 스트레이트티나 밀크티가 잘 어울려요. 초콜릿과 시나몬의 향을 생각하면서 같은 향으로 차를 선택할지, 비슷한 향으로 차를 선택할지, 또 반대의 향을 선택할지 방향성을 생각하고 차를 선택하는 것이 좋아요.

같은 향을 가진 추천차 마르코폴로의 웨딩 임페리얼
비슷한 향을 가진 추천차 TWG의 크림 카라멜, 로네펠트 루이보스 바닐라
반대 향을 가진 추천차 테들리의 얼그레이 바닐라, 딜마의 t시리즈 리치 위드 로즈 앤 아몬드

CLOTTED CREAM

클로티드 크림

영국 사람들에게는 그냥 '크림'이라고 불리는 이 클로티드 크림은 저온 살균 우유를 가열하여 표막을 계속 걷으면서 만들어요.
예전에는 클로티드 크림을 한국에서 살 수가 없어서 직접 만들었는데,
요즘은 다양하게 판매되고 있기 때문에 꼭 직접 만들 필요까진 없어요.
하지만 직접 만든 클로티드 크림은 재료 선택에 따라 페어링을 자유자재로 할 수 있다는 장점이 있어요.

데본 스타일

저온 살균 우유 100g, 우유 생크림 200g

콘월 스타일

우유 생크림 200g, 녹인 버터 50g

1. 깊이가 얕은 오븐 팬에 우유, 생크림(또는 생크림과 녹인 버터)을 담습니다.
2. 60~80도 예열된 오븐에 12시간 이상 데웁니다.
3. 실온에서 온기가 빠지면 냉장고에서 6시간 이상 굳힌 뒤 크림만 걷어서 사용합니다.

저온 살균 우유

영국의 우유는 유지방 함량이 8~12%라서 크림처럼 부드럽고 맛이 진해요. 우리나라에서는 파스퇴르 저온살균 우유가 7% 정도로 유지방 함량이 제일 높은 우유예요. 이 레시피에서는 '파스퇴르'의 '저온살균 우유'를 사용했답니다.

우유 생크림

영국에서는 48% 정도의 유지방을 가진 더블 크림을 사용하지만 우리나라에서는 그렇게까지 높은 생크림이 없어요. 이 레시피에서는 시판 제품 중 유지방이 가장 높은 '매일우유'의 '38% 동물성 생크림'을 사용했어요.

버터

유지방 48%인 더블 크림을 사용하지 못하면 계속 라이트한 크림이 만들어질 거예요. 그래서 진득한 콘월 특유의 풍미를 위해서 버터를 넣어주는 것이 좋아요. 이때 넣는 버터는 자체에 풍미가 깊은 것을 사용하는 것이 좋아요. 이 레시피에서 저는 '에쉬레 가염버터'를 사용했답니다.

데본 스타일? 콘월 스타일?

영국 남부에 자리 잡고 있는 데본과 중서부에 위치한 콘월. 각 지역을 대표하는 클로티드 크림을 소개할게요.

부드럽고 깔끔한 맛을 지닌 데본 클로티드 크림은 잼의 향과 맛을 잘 살려주는 크림이랍니다. 또한 묵직한 맛이 아니어서 버터 스콘과도 잘 어울리는 크림이지요. 데본에서는 클로티드 크림 위에 잼을 올려 먹어요.

콘월을 대표하는 '로다스' 클로티드 크림은 뚜껑을 따보면 노란 크러스트가 잡혀 있고 먹어보면 묵직하게 떨어지는 향미가 일품인 크림이에요. 영국에 여행을 가면 꼭 사먹는 '테스코' 클로티드 크림도 이 '로다스'에서 생산하고 있답니다. 크림 자체가 묵직하여 버터 스콘에 함께 곁들여 먹으면 금방 느끼해질 수 있어서 비교적 가벼운 생크림 스콘이나 적은 양의 버터가 들어간 스콘과 잘 어울리는 편이에요. 그리고 향이 진한 잼은 잘 어울리지만 로즈잼처럼 은은한 향을 가진 잼은 이 크림과 먹을 때 온전히 그 향을 즐길 수가 없어서 데본 클로티드 크림과 함께 먹는 것이 좋아요. '로다스' 클로티드 크림은 자체적인 풍미가 강해서 잼을 발라먹기보다 크림만 발라 먹는 것이 깊은 맛까지 잘 느낄 수 있어요.

콘월에서는 딸기 잼을 바르고 크림을 바르는 것이 좋다고 주장해요. 그 이유는 맛을 볼 때 위에 올라간 것이 가장 많이 느껴진다고 해서, 크림의 깊은 맛이 숨김없이 드러난다고 생각하기 때문이에요. 실제 먹어봐도 그렇고요.

+MINI RECIPE

하나의 메뉴인 크림 티

영국 티 살롱에서 애프터눈 티와 함께 자주 볼 수 있는 메뉴로 크림 티가 있어요. 차를 마실 수 있는 작은 공간이라면 애프터눈 티는 없어도 크림 티는 볼 수 있어요. 크림 티는 밀크티와 함께 스콘, 딸기 잼, 크림을 곁들어 먹는 것을 이야기해요. 비교적 가볍게 먹는 영국의 티 문화로 이젠 우리나라에서도 쉽게 접할 수 있는 메뉴가 되었답니다.

홍차 6g, 물 200g, 우유 200g, 설탕 8g, 스콘, 클로티드 크림, 딸기잼

1. 냄비에 홍차와 물을 넣고 끓인 뒤 5분간 우립니다.
2. 우유를 넣고 데운 뒤 설탕을 넣습니다.
3. 스콘, 클로티드 크림, 딸기잼을 함께 차려냅니다.

PEACH ORANGE MARMALADE

피치 오렌지 마멀레이드

주황색 빛을 내는 황도는 오렌지의 껍질에서 나오는 상큼함을 더했을 때 한층 사랑스러워집니다.
그래서 꽃 향이나 과일 향이 있는 차와도 잘 어울리게 되는 거죠.

오렌지 1개, 황도 500g, 백설탕 350g, 복숭아 향 홍차 티백 2개

1. 오렌지는 과육과 껍질로 나누어 준비합니다.
2. 오렌지 껍질의 흰 부분을 정리한 뒤 얇게 채를 썰어 준비합니다.
3. 황도는 껍질을 벗겨 준비합니다.
4. 냄비에 오렌지 과육, 오렌지 껍질, 황도, 백설탕을 넣고 버무린 뒤 실온에 잠시 둡니다.
5. 냄비에 넣고 조려줍니다. (처음 잼을 만든다면 약불에서 오래 조려주세요.)
6. 뜨거운 상태에서 과육을 으깨면서 티백을 찢어 홍차를 넣고 섞습니다.
7. 소독된 병에 담아 뒤집어서 냉장 보관합니다.

황도

수분이 있고 부드러운 황도를 사용하면 텍스처가 묽은 잼을, 딱딱한 황도를 사용하면 좀 더 단단한 텍스처의 잼을 만들 수 있어요. 이 레시피에서는 오렌지에도 수분이 많기 때문에 황도까지 수분이 많을 경우 너무 오랫동안 끓여야 하고 묽은 형태의 잼이 될 수 있기 때문에 단단한 황도를 사용했어요.

복숭아 향 홍차

복숭아 향이 짙은 '아마드' '피치&애프리콧 홍차'를 사용했어요. 티백이기 때문에 찻잎의 입자가 얇아서 따로 갈지 않고 그대로 사용할 수 있어요. 이외 '테틀리'의 '벨리니'를 사용할 수 있어요. 복숭아와 오렌지가 블렌딩된 차이기 때문에 이 레시피와 정말 잘 어울려요.

이렇게 드세요

기본적으로 화이트 식빵이나 생크림 스콘에 잘 어울려요. 요거트에 올려 먹어도 정말 맛있어요.

+TEA PAIRING

홍차가 들어간 잼은 카페인이 없는 차와 페어링하는 것이 좋아요.

같은 향을 가진 추천차 T2의 팩스어피치
비슷한 향을 가진 추천차 다채의 목련꽃잎차 또는 라벤더
반대 향을 가진 추천차 히스앤해더의 오가닉 애플앤시나몬

KUMQUAT VANILLA JAM

금귤 바닐라잼

금귤정과를 만들 때 시럽이 보글보글 끓으면 캐러멜화 되는데 그 향을 더욱 살려 만든 잼이에요.
상큼 발랄한 금귤에 바닐라와 캐러멜이 더해지면 어떤 빵과도 잘 어울리는 잼이 완성된답니다.

손질한 금귤 200g, 설탕 100g, 금귤 시럽 50g,
바닐라빈 1/4개, 히비스커스 블렌딩 티 티백 1개

1. 바닐라빈은 반을 갈라 씨와 껍질로 구분하여 준비합니다.
2. 냄비에 금귤 시럽, 바닐라빈 씨와 껍질을 넣고 보글보글 끓입니다.
3. 금귤과 설탕을 넣고 끓입니다.
4. 끓기 시작하면 약불에서 3~4분 더 끓이고 바닐라빈 껍질을 뺍니다.
5. 핸드 블렌더로 곱게 간 뒤 한 번 더 끓입니다.
6. 불을 끈 뒤 히비스커스 블렌딩 티 티백을 넣고 5~10분간 둡니다.
7. 티백을 꼭 짜서 꺼내고 소독된 병에 담아 뒤집어 냉장 보관합니다.

잼이 완성되었는지 어떻게 알 수 있을까요?

잼의 온도는 102~104도가 적절합니다. 온도계가 없다면 차가운 접시에 떨어뜨려 텍스처를 보고 확인할 수 있어요. 접시에 떨어뜨렸을 때 하나의 방울처럼 만들어지지만 옆으로 기울였을 때는 약간 흐르는듯한 질감이에요. 완전히 굳어버리면 적정 온도를 지나쳤다는 뜻이기 때문에 약간 묽게 만들어주는 것이 좋아요.

금귤 시럽

금귤 시럽은 금귤정과를 만들고 남은 시럽(291쪽)이나 금귤청을 사용하면 됩니다.

히비스커스 블렌딩 티

잼에는 구연산이나 레몬즙을 넣는데 여기서는 구연산 성분이 많은 히비스커스 블렌딩 티를 사용했어요. 히비스커스가 너무 진하게 우려지면 금귤의 예쁜 색이 사라지기 때문에 블렌딩되어 있는 차를 쓰는 것이 좋아요. 저는 '묘차'의 '파인 썸머'를 사용했어요.

금귤 바닐라잼과 잘 어울리는 빵류

시럽을 카라멜화 시켜 만들었기 때문에 휘낭시에나 브리오슈 같이 버터가 들어간 디저트와 잘 어울려요. 크로플에 한 스푼 올려 먹으면 정말 맛있답니다.

+TEA PAIRING

이미 다양한 향미를 가진 티 푸드는 어떤 차를 페어링해야 할지 고민이 많아져요. 또 이 레시피는 잼이기 때문에 같이 먹는 빵류에 따라 페어링이 달라져요.

페이스트리와 먹을 때 추천차 다만프레프의 캬하멜르 오 베헬 쌀리

화이트 식빵과 먹을 때 추천차 오설록의 달빛 걷기

MILK TEA JAM

밀크티잼

홍차의 매력을 알게되면 한번 쯤 꼭 만들어보고 싶은 잼이죠.
좋아하는 홍차가 있다면 도전해 보세요.

우유 400g, 생크림 150g, 설탕 70g, 홍차 6g

1. 냄비에 우유, 생크림을 넣고 끓입니다.
2. 설탕을 넣고 청이 잡힐 때까지 끓입니다.
3. 믹서기나 푸드프로세서에 곱게 간 홍차를 넣습니다.
4. 한 번 더 끓인 뒤 소독된 병에 담습니다.

우유와 생크림

우유와 생크림 모두 '서울우유' 제품을 사용했어요. 유지방 함량이 높을 수록 고소한 맛이 짙지만 은은한 차 향을 가릴 수 있어서 나중에 찻잎을 추가해서 만드는 것이 좋아요.

탈지분유를 넣으면 더 빨리 만들 수 있어요.

이 레시피가 완성이 되려면 40~50분 정도 오랜 시간 끓여 만든답니다. 오래 기다리기 어렵다면 잼의 텍스처를 단단히 만들고, 우유의 진한 풍미를 더하기 위해 탈지분유를 50g 정도 넣어서 만들면 빠른 시간 내에 만들 수 있어요.

홍차

홍차는 '마리아주 프레르'의 '마르코폴로'를 사용했어요. 입자를 곱게 만들기 위해 작은 믹서기를 이용해서 갈아주었답니다. 홍차가 아니더라도 다른 찻잎을 사용할 수 있어요. 단, 산도가 높은 차는 우유와 생크림의 단백질을 분리 시키기 때문에 사용할 수 없어요.

홍차를 미리 넣으면 안 되나요?

홍차는 끓이면 끓일수록 가향된 오일이 날아가서 완성품에 향이 많이 남아 있지 못해요. 그래서 향을 최대한 살리기 위해서 맨 마지막에 넣는 걸 추천해요.

+TEA PAIRING

홍차가 들어가서 카페인이 없는 차를 고르는 것이 좋아요. 우유의 느낌을 더 풍성하게 느끼고 싶다면 크림 향이나 우유 향이 있는 허브차가 잘 어울리고, 깔끔한 뒷 마무리를 원한다면 소화기관에 좋은 허브차나 과일차가 좋아요.

추천차 아마드의 캐모마일 허니 바닐라

EARL GRAY SABLÉ

얼그레이 사블레

사블레(sable)는 모래라는 뜻인데요,
모래가 부서지는 듯한 반죽법과 입안에서 모래성처럼 사르르 녹는다고 해서 붙여진 이름이에요.
베르가모트 향이 더해져서 더욱 향긋하게 느껴진답니다.

무염버터 150g, 슈거 파우더 65g, 바닐라 설탕 12g,
노른자 40g, 유기농 박력분 150g, 아몬드 파우더 38g,
얼그레이 홍차 4g, 소금 1g, 백설탕 적당량

1. 볼에 부드러운 버터와 슈거 파우더를 넣고 섞어줍니다.
2. 바닐라설탕을 넣고 섞어줍니다.
3. 노른자를 넣고 섞어줍니다.
4. 유기농 박력분, 아몬드 파우더, 얼그레이 홍차, 소금을 고운 체에 내려 넣고 11자로 섞어줍니다.
5. 실리콘 패드나 유산지에 올려 김밥 말듯이 돌돌 말아 냉장에 하룻밤 휴지시킵니다.
6. 반죽에 물 칠을 살짝 한 뒤 1.5cm 두께로 잘라 설탕에 굴립니다.
7. 팬닝하여 170도 예열된 오븐에서 12~15분간 구워줍니다.

슈거 파우더와 분당

슈거 파우더와 분당은 영어로 하면 모두 슈거 파우더예요. 하지만 우리나라에서 판매되는 두 제품은 엄연히 다르답니다. 분당은 설탕을 100% 갈아 만든 것이고, 슈거 파우더는 약간의 옥수수전분이 들어간 것을 말해요. 설탕 가루인 분당이 공기와 직접 맞닿으면 돌처럼 굳어버리는 성질 때문에 보관하기 쉽도록 전분을 소량 넣어 슈거 파우더를 만든 것이죠. 이 레시피에서는 분당을 사용했어요.

유기농 박력분

유기농 박력분은 일반 박력분에 비해 입자가 곱기 때문에 이 박력분을 써서 만든 쿠키는 부드럽고 입안에서 살살 녹는 것이 아주 매력적이죠. 저는 '맥선'의 '유기농 박력 1등'을 사용했어요. 바삭한 질감을 원한다면 일반 박력분을 사용하는 것이 좋아요.

아몬드 파우더

아몬드 파우더를 구매할 때는 아몬드의 함량을 유심히 보는 것이 좋아요. 전분이 포함된 아몬드 파우더는 디저트 결과물을 좀 더 단단하게 만들고, 100% 아몬드 파우더는 부서지는 식감으로 만들어 줍니다. 이 레시피에서는 '로럭스' 아몬드 파우더를 사용했어요.

반죽

반죽을 동그랗게 말 때 테플론 시트를 사용하면 표면이 매끈하고 동그란 모양으로 잘 말 수 있어요.

바닐라 설탕

바닐라 설탕은 바닐리아(160쪽)를 참고해 주세요.

+TEA PAIRING

샤브레는 기본적으로 따뜻한 차와 잘 어울리지만 아이스밀크티와 함께 먹으면 바삭바삭한 질감을 더욱 잘 느낄 수 있어요. 가향차가 들어간 경우 오븐에서 향이 많이 날아가기 때문에 페어링할 차로 향을 뒷받침하는 것이 좋아요.

추천차 떼오도르의 트하이종 비잔틴 (베르가모트 루이보스)으로 만든 밀크티 또는 아이스 밀크티

+MINI RECIPE

인절미 사블레 Injeolmi Sablé

버터 75g, 슈거 파우더 33g, 바닐라 설탕 6g, 노른자 15g,
유기농 박력분 57g, 아몬드 파우더 20g, 볶은 콩가루 30g, 소금 1g

1. 볼에 부드러운 버터와 슈거 파우더를 넣고 섞어줍니다.
2. 바닐라 설탕을 넣고 섞어줍니다.
3. 노른자를 넣고 섞어줍니다.
4. 유기농 박력분, 아몬드 파우더, 볶은 콩가루, 소금을 고운 체에 내려 넣고 11자로 섞어줍니다.
5. 실리콘 패드나 유산지에 올려 김밥 말듯이 돌돌 말아 냉장에 하룻밤 휴지시킵니다.
6. 반죽에 물 칠을 살짝 한 뒤 1.5cm 두께로 잘라 설탕에 굴립니다.
7. 팬닝하여 170도 예열된 오븐에서 12~15분간 구워줍니다.

GALETTE BRETONE

갈레트 브루통

영국에 버터 스콘이 있다면, 프랑스에는 갈레트 브루통이 있다고 말해도 될 정도로
버터의 풍미를 진하게 느낄 수 있는 티 푸드예요.
버터 스콘만큼 어떤 버터를 쓰느냐에 따라 맛과 식감이 정말 많이 달라져요.

가염버터 100g, 게랑드 소금 3g, 설탕 60g, 바닐라 빈 1/4개,
노른자 17g, 다크 럼 10g, 아몬드 파우더 15g,
그라나 파다노 치즈 4g, 박력분 100g,
달걀물(에스프레소 10g, 달걀 50g)

1. 볼에 부드러운 버터와 게랑드 소금을 넣고 섞습니다.
2. 설탕과 바닐라 빈을 넣고 섞습니다.
3. 노른자와 다크 럼을 넣고 섞습니다.
4. 아몬드 파우더와 강판에 간 그라나 파다노 치즈를 넣어줍니다.
5. 고운 체에 내린 박력분을 넣고 섞습니다.
6. 1.5cm 두께로 밀어 냉장에서 하룻밤 휴지시킵니다.
7. 6.5cm 원형 틀로 찍은 뒤 갈레트 금박지에 넣습니다.
8. 달걀물을 바른 뒤 포크로 긁어 모양을 만듭니다.
9. 190도 예열된 오븐에서 20분간 구워줍니다.

버터

갈레트 브루통을 만들 때 만큼은 꼭 '에쉬레'를 사용해 보라고 추천하고 싶어요. '에쉬레' 버터에는 고급 치즈에서 느낄 수 있는 감칠맛이 있어요. 이 레시피에는 버터가 다량 들어가기 때문에 이 버터가 가진 매력을 충분히 느낄 수 있죠.

게랑드 소금

프랑스 브르타뉴 지방에서 생산되는 토판염으로 죽기 전에 먹어야 하는 식재료 리스트에도 있는 유명한 소금이에요. 회색빛이 돌면서 마그네슘이 풍부하죠. 그중 '플뢰르 드 셀'은 특이한 꽃 향이 나기 때문에 많은 세프들이 자주 사용한답니다. 이 레시피 역시 '플뢰르 드 셀'을 사용했어요.

다크 럼

사탕수수의 당밀을 발효 시켜 만든 럼에는 화이트 럼, 골드 럼, 다크 럼이 있는데, 이 갈레트 브루통이나 까늘레를 만들 때 다른 종류의 럼보다 다크 럼을 추천하는 편이에요. 다크 럼은 오크 통에서 오랜 기간 숙성했기 때문에 색이 진하고 바닐라나 캐러멜 같은 다양한 향이 깊게 배어 있어요. 노른자가 익으면서 나는 비릿한 잡내를 잡아주고 그 자리에 럼의 좋은 향을 진하게 남기기 위해 장기 숙성된 다크 럼을 사용하는 거죠.

그라나 파다노 치즈

비교적 숙성기간이 짧은 치즈로 우유의 맛이 남아 있어 부드러운 것이 특징이에요. 너무 튀지 않는 재료지만 버터의 풍미를 한층 더 살려줄 수 있는 재료로 사용된답니다.

이렇게도 먹어보세요

244쪽 금귤 바닐라 잼을 올려 함께 먹으면 정말 맛있어요.

+TEA PAIRING

버터와 치즈의 풍미가 진한 티 푸드에 같은 향의 차를 페어링하면 자칫 느끼해질 수 있어서 피하는 것이 좋아요. 따라서 비슷한 향이나 반대 향을 가진 차와 페어링하는 것이 좋아요.

비슷한 향을 가진 추천차 대만의 동정우롱 또는 우롱 커피(109쪽)

반대 향을 가진 추천차 스티븐 스미스 티의 로즈시티 겐마이차

ESPRESSO SNOWBALL

에스프레소 스노우볼

차를 마시다가도 커피의 향이 은은하게 느껴지면 더 힐링되는 기분이에요.
하얀 슈거 파우더가 뿌려져서 겨울에 잘 어울리는 티 푸드예요.

무염버터 82g, 슈거 파우더 52g, 노른자 17g, 에스프레소 12g,
바닐라 익스트랙 약간, 유기농 박력분 100g,
아몬드 파우더 30g, 소금 1g,
데코 슈거 파우더 70g, 커피 분말(데코용) 2g

1. 볼에 부드러운 버터와 슈거 파우더를 넣고 섞어줍니다.
2. 노른자, 에스프레소, 바닐라 익스트랙을 순서대로 넣고 섞어줍니다.
3. 유기농 박력분, 아몬드 파우더, 소금을 고운 체에 내려 넣고 섞어줍니다.
4. 냉장에서 30분~1시간 정도 휴지시킵니다.
5. 12~13g씩 떼내어 동그랗게 성형합니다.
6. 170도 예열된 오븐에서 12~15분간 굽습니다.
7. 식힘 망에서 완전히 식혀줍니다.
8. 슈거 파우더와 커피 분말을 체에 내려 비닐 백에 담습니다.
9. 식힌 쿠키를 비닐 백에 담아 가루를 충분히 묻혀줍니다.

버터

커피의 향을 충분히 느낄 수 있도록 '웨스트골드'를 사용했어요.

에스프레소

이 레시피에서는 고소한 향미를 가진 원두를 갈아서 내렸지만 산미가 있는 원두를 사용해도 괜찮아요. 뿐만 아니라 인스턴트커피 가루를 사용해도 괜찮답니다.

바닐라 익스트랙

'골드메달'의 '퓨어 바닐라 익스트랙'을 사용했어요. 알콜 향이 적으면서 바닐라빈 껍질에서 나는 꽃 향이 많이 나는 제품이에요.

데코 슈거 파우더를 꼭 써야 할까요?

일반 슈거 파우더를 사용하면 쉽게 녹아버리기 때문에 표면이 얼룩덜룩해져요.

+TEA PAIRING

커피와 아몬드의 맛이 많이 느껴지는 이 쿠키는 커피가 들어가서 커피와 잘 어울리는 향을 가진 차를 선택하는 것이 좋아요. 또한 카페인 함량이 적거나 없는 차를 선택하는 것이 좋아요.

같은 향을 가진 추천차 무이암차
반대 향을 가진 추천차 옅게 우린 말차

+MINI RECIPE

바닐라빈 콕콕 반달 모양의 킵펠 쿠키 KIPFERL COOKIE

독일에서 크리스마스에 많이 먹는 쿠키로 초승달 모양을 하고 있어요. 원래 킵펠 쿠키는 버터, 설탕, 밀가루, 아몬드 파우더로만 만들지만 노른자를 넣어서 우유와 잘 어울리는 킵펠 쿠키 레시피를 만들어보았어요.

버터 55g, 슈거 파우더 35g, 노른자 15g, 바닐라빈 1/2개,
박력분 85g, 아몬드 파우더 20g, 소금 약간,
데코 슈거파우더 적당량

1. 볼에 부드러운 버터와 슈거 파우더를 넣고 섞어줍니다.
2. 노른자, 바닐라빈을 순서대로 넣고 섞어줍니다.
3. 박력분, 아몬드 파우더, 소금을 체에 내려 넣고 섞어줍니다.
4. 냉장에서 30분~1시간 정도 휴지시킵니다.
5. 20g씩 떼내어 반달 모양으로 성형합니다.
6. 170도 예열된 오븐에서 12~15분간 굽습니다.
7. 식힘 망에서 완전히 식혀줍니다.
8. 데코 슈거 파우더를 체에 내려 비닐 백에 담습니다.
9. 식힌 쿠키를 비닐에 담아 가루를 충분히 묻혀줍니다.

CHOCOLATE COOKIE

초콜릿 쿠키

초콜릿과 견과류가 가득한 쿠키로 크랜베리가 포인트인 티 푸드예요.
그리고 시나몬이 들어가서 가을 겨울에 먹기 정말 좋은 쿠키랍니다.

무염버터 75g, 다크 머스코바도 40g, 백설탕 40g, 달걀 25g(1/2개분), 박력분 105g, 베이킹파우더 5g, 시나몬 파우더 2g, 구운 피칸 20g, 구운 캐슈너트 20g, 초콜릿 청크 30g, 건 크랜베리 20g

1. 볼에 부드러운 버터, 다크 머스코바도, 설탕을 넣고 잘 섞습니다.
2. 달걀을 넣고 섞습니다.
3. 박력분, 베이킹파우더, 시나몬 파우더를 고운 체에 내린 뒤 2에 넣고 주걱으로 11자로 섞습니다.
4. 가루가 1/2 정도 흡수되었을 때 피칸, 캐슈너트, 초콜릿 청크, 건 크랜베리를 넣고 섞습니다.
5. 밀가루가 보이지 않을 때까지 섞은 뒤 냉장고에서 30분~1시간 정도 휴지시킵니다.
6. 아이스크림 스쿱으로 떠서 종이 포일을 깐 팬에 올립니다.
7. 170도 예열된 오븐에 12~15분 굽습니다.

버터

캐러멜 향이 있는 '레스큐어'를 사용하면 쿠키의 단맛과 생크림 같은 고소함을 잘 느낄 수 있어요. 또한 이 버터를 사용하면 위로 잘 부풀면서 옆으로 퍼지기 때문에 결과물도 예쁘게 나와요. 버터에 수분감이 있어서 촉촉한 쿠키가 완성된답니다.

구운 피칸과 캐슈너트

160도 예열된 오븐에서 5분 정도 구운 뒤 식혀서 준비해요. 이렇게 하면 견과류의 기름이 흘러나오지 않아 담백한 맛을 내면서 오래 보관해도 냄새가 나지 않아요.

초콜릿 청크

오븐에 쉽게 녹지 않기 때문에 높은 온도에서 굽는 쿠키에 많이 사용되는 재료예요. 커버춰 초콜릿을 쓰는 것보다 작은 모양의 청크를 사용하는 것이 쿠키를 먹었을 때 견과류, 시나몬, 크랜베리가 골고루 잘 씹힌답니다.

+TEA PAIRING

견과류가 통으로 많이 들어간 티 푸드는 따뜻한 차와 먹는 것이 좋아요. 그리고 앞서 말했지만 이 레시피의 쿠키처럼 여러 가지 재료가 들어갔을 땐 어떤 재료의 향을 더 살리고 싶은지 고민하는 것이 좋아요.

크랜베리 향을 돕는 추천차 타바론의 루이보스 빌베리
초콜릿, 견과류, 시나몬과 잘 어울리는 추천차 진하게 우린 우바 또는 프렌치 바닐라(104쪽)

S'MORE COOKIE

스모어 쿠키

캠핑장에서 자주 보는 스모어를 모티브로 한 쿠키에요.
독특한 향을 내는 통카빈 덕분에 더 매력적인 티 푸드가 되었어요.

무염버터 75g, 다크초콜릿 70g, 설탕 55g, 노른자 30g,
통카 빈 1/2개, 박력분 100g, 베이킹파우더 2g,
카카오 파우더 20g, 마시멜로 적당량

1. 볼에 부드러운 버터, 녹인 다크초콜릿, 설탕을 넣고 섞습니다.
2. 노른자를 넣고 통카 빈을 강판에 갈아 넣습니다.
3. 박력분, 베이킹파우더, 카카오 파우더를 고운 체에 내린 뒤 주걱으로 11자로 섞습니다.
4. 냉장에 30분~1시간 정도 휴지시킵니다.
5. 40g씩 떼어 동그랗게 만든 뒤 만두 속에 소를 넣듯이 마시멜로를 반죽으로 감싸줍니다.
6. 180도 예열된 오븐에서 8분 정도 짧게 굽습니다.

버터

반죽이 예쁘게 잘 퍼질 수 있도록 '레스큐어' 버터를 사용했어요.

다크초콜릿

쓴맛이 강하지 않고 적당히 달콤한 '깔리바우트'의 57.9% 다크초콜릿을 사용했어요.

향이 매력적인 통카 빈

티크 나무의 열매 씨앗으로 바닐라, 코코넛, 아몬드와 같은 복합적인 독특한 향이 나는 향신료예요. 그래서 칵테일, 베이킹, 요리, 향수 등 다양한 곳에 사용이 되는데, 베이킹에서는 크림, 버터, 초콜릿 등에 넣어서 사용하죠. 다양한 재료를 사용한 레시피에서는 튀지 않을지 모르지만, 퀄리티가 확실히 달라요. 사용할 때는 물에 살짝 씻어서 타월로 물기를 완전히 제거하고 강판에 갈아 사용하면 됩니다.

카카오 파우더

이 레시피에는 초콜릿을 녹여 사용하기 때문에 너무 진한 색과 맛을 가진 카카오 파우더를 사용하면 달콤한 맛보다 쌉싸름함이 더 많이 남게 되고 쿠키의 식감이 부드럽지 못해요. 그래서 마일드한 카카오 파우더를 사용하면 좋은데 '허쉬'의 '무가당 코코아 파우더'나 '반호튼'의 '22/24 카카오 파우더'를 추천해요.

마시멜로

마시멜로는 적당한 크기를 가지면서 오븐에 구웠을 때 크랙이 많이 생기지 않는 것이 좋아요. 이 레시피에서는 '록키마운틴' 마시멜로를 사용했어요.

+TEA PAIRING

이 쿠키는 마쉬멜로가 있어서 따뜻한 차와 페어링해야 하는데요, 단 향이 풍부해서 달콤한 차보다는 담백하고 깔끔한 차가 잘 어울려요.

비슷한 향을 가진 추천차 하니앤손스의 파리(과일, 바닐라 향 홍차)
반대 향을 가진 추천차 브루티코의 모로칸민트

PUMKIN COOKIE

단호박 쿠키

단호박은 오븐에 구웠을 때 차가 가진 향과 비슷해서 티 푸드로 만들기 좋은 재료예요.
이 레시피는 노른자 대신 단호박을 넣어서 촉촉하고 고소한 맛을 가진 쿠키랍니다.

무염버터 85g, 백설탕 50g, 흑설탕 40g,
단호박 페이스트 60g, 바닐라 익스트랙 약간, 박력분 110g,
단호박 파우더 6g, 베이킹파우더 1g, 베이킹 소다 1g,
구운 피칸 20g, 대추 칩 20g, 호박씨 20g,
호박씨(장식용), 황설탕 적당량(장식용)

1. 볼에 부드러운 버터, 백설탕, 흑설탕을 넣고 섞습니다.
2. 단호박 페이스트와 바닐라 익스트랙을 넣고 섞습니다.
3. 박력분, 단호박 파우더, 베이킹파우더, 베이킹 소다를 함께 고운 체에 내린 뒤 2에 넣고 11자로 섞습니다.
4. 가루가 2/3 정도 흡수되었을 때 구운 피칸, 대추 칩, 호박씨를 넣습니다.
5. 밀가루가 보이지 않을 때까지 섞은 뒤 냉장고에서 30분~1시간 정도 휴지시킵니다.
6. 팬에 종이 포일을 깔아 준비합니다.
7. 아이스크림 스쿱으로 떠서 팬닝하고 호박씨와 황설탕을 올려 장식합니다.
8. 170도 예열된 오븐에 12~15분간 굽습니다.

버터

주재료인 단호박 느낌을 살리면서 전반적으로 담백한 맛을 가진 쿠키를 만들기 위해 '웨스트골드'를 사용했어요.

흑설탕은 백설탕 전에 넣어주세요

백설탕이 먼저 들어가면 밀도가 생겨서 흑설탕이 잘 녹지 못할 수 있어요. 그래서 비교적 잘 녹는 백설탕을 나중에 넣는 것이 좋아요. 그리고 흑설탕 대신 다크 머스코바도를 사용해도 좋아요. 단, 다크 머스코바도를 사용할 때 약간의 덩어리가 남아 있을 수 있어요. 하지만 씹었을 때 불편함을 느끼는 단맛이 없기 때문에 다크 머스코바도로 대체해도 괜찮아요.

단호박 페이스트

단호박 페이스트는 시중에 판매하는 것도 좋지만 직접 만들 수도 있어요. 겉껍질과 속을 제거한 뒤 전자레인지에 쪄서 부드럽게 갈아서 사용해요.

단호박 가루

단호박 100% 제품을 사용하는 것이 좋아요. 단호박 가루는 상품마다 색과 맛이 다른데, 저는 '가루랑'의 '단호박 가루'를 사용했습니다.

+TEA PAIRING

담백한 맛을 가진 이 쿠키는 캐러멜 향이 있는 차와 잘 어울려요. 특히 스트레이트티보다 밀크티와 더 잘 어울려요.

추천차 크리스틴 다트너의 몬트리올(캐러멜 향 홍차)로 만든 밀크티 또는 단호박 말차(89쪽)

FINANCIER

감태 피낭시에

김과 같은 듯 다른 감태. 피낭시에에 감태를 올리면 맛이 김 전병과 비슷해져요.
녹차와 비슷한 감칠맛을 가진 감태여서 더욱 차에 잘 어울린답니다.

무염버터 180g, 흰자 150g, 설탕 110g, 꿀 30g,
아몬드 파우더 60g, 박력분 50g, 옥수수 전분 10g,
베이킹파우더 1g, 소금 1g, 감태 가루 적당량, 달고나 적당량

1. 냄비에 버터를 넣은 뒤 바닥이 갈색이 될 때까지 태워줍니다.
2. 볼에 흰자와 설탕, 꿀을 넣은 뒤 거품이 나지 않게 섞어줍니다.
3. 아몬드 파우더, 박력분, 옥수수 전분, 베이킹파우더, 소금을 고운 체에 내려 넣고 섞어줍니다.
4. 30℃ 이하로 충분히 식힌 1을 3에 넣어줍니다.
5. 냉장에서 30분간 휴지시킵니다.
6. 피낭시에 팬에 버터 칠을 한 뒤 반죽을 짤 주머니에 담아 틀에 70% 정도 채워줍니다.
7. 감태 가루와 잘게 자른 달고나를 올립니다.
8. 200도 예열된 오븐에 팬을 넣고 180도로 내린 뒤 12~15분간 굽습니다.

버터

촉촉함과 달고나의 캐러멜 향을 충분히 살리기 위해 '레스큐어' 버터를 사용했어요.

꿀

꿀은 재료를 잘 섞어주고 설탕 함량을 줄이기 위해 사용되었어요. 꿀을 넣지 않는다면, 설탕을 40g 더 넣거나 전화당을 30g 넣으면 돼요. 꿀은 향이 강하지 않은 아카시아 꿀이 좋아요.

감태 가루

감태를 길게 올리면 모양은 예쁘지만 감태의 정체성이 뚜렷하지 않기 때문에 분말을 올리는 걸 추천해요. 저는 '바다숲'의 '입자가 고운 분말 감태'를 사용했는데, 입자가 정말 고와서 적은 양으로도 향을 충분히 낼 수 있답니다.

달고나

음료 토핑용으로 나온 작은 입자의 달고나를 사용하면 더 좋아요. 크기가 1cm 넘는다면 오븐에서 부풀어 올라 탈 수 있어요. 그래서 음료 토핑용 크기가 타지 않으면서 틀 밖으로 흘러넘치지 않아 쓰기가 편해요.

+MINI RECIPE

클래식 피낭시에 CLASSIC FINANCIER

버터 140g, 흰자 150g, 설탕 90g, 꿀 30g, 아몬드 파우더 60g, 박력분 50g, 옥수수 전분 10g, 베이킹파우더 2g, 소금 약간

1. 냄비에 버터를 넣은 뒤 바닥이 갈색이 될 때까지 태워줍니다.
2. 볼에 흰자와 설탕, 꿀을 넣은 뒤 거품이 나지 않게 섞어줍니다.
3. 아몬드 파우더, 박력분, 옥수수 전분, 베이킹파우더, 소금을 고운 체에 내려 넣고 섞어줍니다.
4. 충분히 식힌 1을 3에 넣어줍니다.
5. 냉장에서 30분간 숙성합니다.
6. 피낭시에 팬에 버터 칠을 한 뒤 반죽을 짤 주머니에 담아 틀의 70% 정도 채워줍니다.
7. 200도 예열된 오븐에 팬을 넣고 180도로 내린 뒤 12~15분간 굽습니다.

+TEA PAIRING

피낭시에와 감태는 서로 반대향에 속해 있기 때문에 2가지 향미를 모두 가진 차와 페어링하는 것이 좋아요. 그리고 이 레시피처럼 꿀이 소량 들어간 티 푸드는 타닌 성분이 없는 허브차와 페어링하거나 타닌 성분이 적은 차와 페어링하는 것이 좋아요.

추천차 TWG나 로네펠트의 밀키 우롱

MADELEINE

마들렌

달걀 50g(1개분), 설탕 70g, 박력분 35g, 중력분 35g, 베이킹파우더 4g, 레몬 제스트 1개분, 녹인 무염버터 40g, 우유 20g

1. 볼에 달걀, 설탕을 넣고 휘퍼로 섞습니다.
2. 박력분, 중력분, 베이킹파우더를 함께 고운 체에 내려 1에 넣습니다.
3. 녹인 버터, 우유, 레몬 제스트를 함께 섞어서 2에 넣고 섞습니다.
4. 냉장고에서 12시간 정도 숙성합니다.
5. 마들렌 틀에 버터를 꼼꼼하게 칠하여 준비합니다.
6. 반죽을 짤 주머니에 담아 틀에 65~70% 정도 담습니다.
7. 170도 예열된 오븐에 12~15분간 굽습니다.

밀가루

박력분과 중력분을 섞어서 사용하면 부드럽고 촉촉한 마들렌을 만들 수 있어요. 그래서 낮은 온도의 차와도 식감이 잘 어울린답니다.

제스트

레몬 제스트 대신 유자 제스트를 넣으면 또 다른 맛이 되지요.

꼭 12시간 냉장 숙성을 해야 할까요?

마들렌의 매력은 배꼽에 있다고 말해도 과언이 아니죠. 마들렌의 배꼽은 반죽을 만드는 공정 과정을 얼마나 꼼꼼히 하였는가와 숙성이 제대로 되어 있는가를 평가하는 기준이 되기도 해요. 물론 배꼽이 볼록하게 나오지 않는다고 해서 마들렌이 아닌 것은 아니에요. 하지만 하루 냉장 숙성을 거치면 아주 예쁜 배꼽을 만들 수 있어요.

+TEA PAIRING

어떻게 하면 마들렌을 맛있게 구울 수 있을까 고민하면서 만든 이 레시피의 마들렌은 그냥 먹었을 때보다 차와 함께 먹었을 때 매력을 한껏 발산하는 것 같아요. 마들렌은 따뜻한 차와 먹는 것이 제일 좋고 시트러스 향을 가진 차와 정말 잘 어울려요.

추천차 마리아주 프레르의 닐루즈 (레몬 향 루이보스)

+MINI RECIPE

얼그레이 초콜릿 마들렌

〈반죽〉

버터 50g, 다크초콜릿 20g, 우유 40g, 달걀 50g, 설탕 68g, 바닐라 설탕 2g, 박력분 70g, 베이킹파우더 4g, 얼그레이 찻잎 2g, 초콜릿 청크 적당량

1. 중탕 볼에 버터, 다크초콜릿을 넣고 녹여줍니다.
2. 1에 우유를 넣어서 함께 데워줍니다.
3. 볼에 달걀, 설탕, 바닐라 설탕을 넣고 휘퍼로 섞습니다.
4. 푸드프로세서에 박력분, 베이킹파우더, 얼그레이 찻잎을 넣고 곱게 간 뒤 3에 넣습니다.
5. 휘퍼로 잘 섞은 뒤 2를 넣고 섞습니다.
6. 냉장고에서 12시간 정도 숙성합니다.
7. 마들렌 틀에 버터를 꼼꼼하게 칠하여 준비합니다.
8. 반죽을 짤 주머니에 담아 틀에 65~70% 정도 담습니다.
9. 반죽 위에 초콜릿 청크를 올린 뒤 170도 예열된 오븐에 12~15분간 굽습니다.

〈아이싱〉

슈거 파우더 200g, 얼그레이 찻물(얼그레이 2g, 뜨거운 물 50g)

1. 슈거 파우더와 얼그레이 찻물을 잘 섞습니다.
2. 완전히 식은 마들렌에 발라서 말립니다.

BUTTER SCOTCH RUSK

버터 스카치 러스크

러스크는 쉽고 빠르게 만들 수 있는 티 푸드예요.
생크림을 넣어서 쫀득한 맛이 있고, 다크 머스코바도를 넣어서 묵직한 캐러멜 향을 가지고 있어요.

식빵 6조각, 생크림 100g, 가염버터 70g, 바닐라 빈 1/4개, 황설탕 150g, 다크 머스코바도 50g

1. 냄비에 생크림, 가염버터, 바닐라 빈을 넣고 데운 다음 섞어 줍니다.
2. 1.5~2cm 두께로 길게 자른 식빵 표면에 1을 바른 뒤 황설탕을 묻혀 170도 예열된 오븐에서 약 10분간 굽습니다.

식빵

이 레시피에서의 식빵은 너무 부드럽고 얇은 것보다 묵직하면서도 두께감이 있는 것이 좋아요.

생크림

생크림을 꼭 넣지 않아도 돼요. 생크림을 넣으면 쫀득한 식감이 되고, 생크림이 없이 버터만으로 만들면 크리스피한 식감을 만들 수 있어요.

설탕

설탕은 섞어서 사용해도 되지만 깔끔한 맛을 내기 위해서는 백설탕도 좋아요.

+TEA PAIRING

달콤한 향이 강한 이 티 푸드에는 설탕과 우유가 좀 덜 들어간 가벼운 밀크티가 잘 어울려요. 영국식 밀크티가 잘 어울리죠. 밀크티에 우유폼을 올리고 러스크를 찍어 먹어도 맛있는 페어링이 된답니다.

추천차 로네펠트의 아이리쉬 위스키 크림으로 우린 밀크티

PUMPKIN CRUMBLE

단호박 무화과 크럼블

어느 날 식당에 갔는데 애피타이저로 찐 단호박을 통째로 주더라고요.
어떤 건지 궁금했는데 반을 갈라보니 와인에 조린 무화과가 듬뿍 들어가 있었어요.
정말 맛있게 먹었던 기억에 디저트로 재해석해 보았어요.

크럼블

무염버터 180g, 설탕 140g, 단호박 가루 40g,
아몬드 파우더 100g, 박력분 90g

1. 볼에 버터, 설탕, 단호박 가루, 아몬드 파우더, 박력분을 넣고 손으로 비벼줍니다.
2. 버터 알갱이에 가루류가 흡수되고 작은 알갱이들이 완성되면 냉장고에서 보관합니다.

무화과 조림

건 무화과 60g, 설탕 50g, 레드와인 10g

1. 건 무화과는 꼭지를 제거하고 절반으로 잘라 준비합니다.
2. 냄비에 건 무화과, 설탕, 레드와인을 넣고 섞습니다.
3. 불에 올려 조려줍니다.
4. 다른 볼에서 식혀줍니다.

완성

삶은 단호박 적당량, 데코 스노우

1. 18cm 네모 틀 바닥에 크럼블을 절반 올립니다.
2. 무화과 조림과 삶은 단호박을 올립니다.
3. 절반 남은 크럼블을 올립니다.
4. 170도 예열된 오븐에서 25~30분간 굽습니다.
5. 마무리가 되면 데코 스노우로 장식합니다.

버터

담백한 맛을 살리기 위해 '웨스트골드'를 사용했어요. 바삭한 식감이 좋다면 '엘르앤비르 고메' 버터를 사용해도 좋아요. 케이크처럼 부드러운 식감과 함께 빵 같은 곡식의 단맛을 원하면 '브리델' 버터를 추천해요.

건 무화과

납작한 건 무화과와 동그랗게 생긴 건 무화과가 있는데 저는 동그랗게 생긴 것을 사용했어요. 납작하고 넓적한 건 무화과는 단맛이 좀 더 진하고 동그랗게 생긴 것은 새콤한 맛이 더 많아요. 이 레시피에서는 설탕이 충분히 들어가서 상큼한 느낌의 무화과를 선택했어요. 보통 건 무화과는 미리 물에 불려 사용하면 좋은데, 이 레시피의 경우 레드와인과 같은 액상이 들어가기 때문에 물보다 와인에 불려주는 것이 좋아요.

레드와인

차와 페어링하기 위해서는 타닌 성분이 많이 없는 부드럽고 단 와인을 선택하는 것이 좋아요. 하지만 집에서 먹고 남은 와인이 있다면 그걸로 사용해도 괜찮아요. 만일 와인이 없다면 히비스커스나 히비스커스 블렌딩 티를 진하게 우려서 50g 사용하면 좋아요. 레드와인과 또 다른 매력을 가진 무화과 조림을 만들 수 있어요.

삶은 단호박

단호박을 토핑으로 사용할 때는 물에 넣고 익히지 않고 쪄서 오븐에 한번 구워 사용하는 걸 추천해요. 쪄서 넣어도 되지만 오븐에 한번 구우면 단호박의 모양도 흐트러짐이 없고 구워진 크럼블 안에서 수분이 흘러나오지 않아서 바삭함을 유지시킬 수 있어요.

+TEA PAIRING

이 크럼블은 상반되는 주 재료로 만들었기 때문에 어떤 재료에 집중할지 고민해 보고 차를 선택하는 것이 좋아요. 단호박은 담백하고 곡물 향이 많이 나고 무화과는 새콤달콤하면서 건조된 과일향과 베리 향을 함께 가지고 있어요. 그리고 버터와 당분 때문에 따뜻하게 차를 마시는 걸 추천드려요.

단호박의 담백함을 위한 추천차 보이 생차

무화과의 새콤함을 위한 추천차 테일러 오브 헤로게이트의 스위트 루바브

YUZU COCONUT CAKE

유자 코코넛 케이크

반죽

무염버터 180g, 유자 제스트 8g, 슈거 파우더 180g,
달걀 150g, 박력분 180g, 베이킹파우더 6g

1. 볼에 부드러운 버터, 유자 제스트, 슈거 파우더를 넣고 휘퍼로 섞습니다.
2. 달걀을 넣고 섞습니다.
3. 박력분, 베이킹파우더를 고운 체에 내린 뒤 넣고 섞습니다.
4. 네모난 실리콘 틀에 75~80g씩 담고 170도 예열된 오븐에 15~20분간 굽습니다.

아이싱

슈거 파우더 100g, 유자주스 25g

1. 슈거 파우더와 유자주스를 섞어서 준비합니다.

유자 코코넛 가나슈

유자 향 화이트초콜릿 커버춰 60g, 생크림 30g, 코코넛 퓌레 18g

1. 45~50도의 따뜻한 물에 중탕으로 화이트초콜릿을 천천히 녹입니다.
2. 40~50도로 데운 생크림을 넣고 잘 섞어줍니다.
3. 코코넛 퓌레를 마지막으로 넣어 섞습니다.
4. 짤 주머니에 담아 준비합니다.

완성

1. 식힌 케이크 위에 아이싱을 발라서 실온에서 굳힙니다.
2. 1cm 동그란 짤 주머니 깍지로 중간에 구멍을 뚫고 유자 코코넛 가나슈를 채워줍니다.

버터

수분감이 있어 케이크의 촉촉함을 유지시켜주는 뉴질랜드산 '앵커 버터'를 사용했어요. 부드럽고 버터 향이 강하지 않아 부재료를 잘 살려주는 '웨스트골드'와 비슷하답니다.

유자 제스트

유자는 12월쯤 한철에 나오기 때문에 유자 철이 아닐 때는 만나기가 어렵죠. 하지만 유자를 사용한 디저트는 오히려 연초부터 봄까지 찻자리에 내기 아주 좋아요. 요즘은 냉동 제품으로도 높은 퀄리티의 유자 제품들을 만나볼 수 있어요. 이 레시피에서는 '선인'의 '유자 제스트'를 사용했어요. 냉동 제품이지만 색과 향이 아주 좋아요.

유자주스

당분이 섞여 있는 주스를 사용하면 너무 달기 때문에 100% 유자즙을 사용하는 걸 추천해요. 저는 '에덴식품'의 '유자 원액'을 사용했어요. 이 제품도 유자 제스트와 마찬가지로 냉동 보관 제품이에요. 냉동 제품이지만 유자 향도 진하고 맛도 새콤함이 그대로 살아있답니다.

+TEA PAIRING

버터가 많이 들어갔지만 달걀도 많이 들어가서 버터의 향이 생각보다 많이 느껴지지 않는 레시피에요. 전반적으로 유자향이 지배적이기 때문에 유자향에 집중해서 페어링하면 좋아요. 그리고 버터와 화이트초콜릿이 들어갔기 때문에 따뜻한 차가 잘 어울리는 편이에요.

비슷한 향을 가진 추천차 메르시보니의 로즈그린팜
반대 향을 가진 추천차 쟈드리의 쑥차 또는 아마드의 레몬 진저티

CARROT CUPCAKE

당근 컵케이크

제가 아주 예전에 일했던 카페에서 당근 케이크를 팔았는데 그 당근 케이크가 세상 맛있더라고요. 그 당근 케이크를 떠올리면서 따뜻한 차와 잘 어울리는 컵케이크를 만들어 보았어요.

당근 컵케이크

달걀 100g(2개분), 황설탕 70g, 흑설탕 50g, 포도씨유 45g, 박력분 70g, 아몬드 파우더 50g, 베이킹파우더 2g, 시나몬 파우더 1g, 당근 180g, 구운 피칸 40g

1. 볼에 달걀, 황설탕, 흑설탕을 넣고 섞습니다.
2. 포도씨유를 넣고 섞습니다.
3. 박력분, 아몬드 파우더, 베이킹파우더, 시나몬 파우더를 고운 체에 내린 뒤 넣고 섞습니다.
4. 강판에 간 당근과 구운 피칸을 넣고 섞습니다.
5. 밑지름 55cm 컵케이크 틀에 넣고 170도 예열된 오븐에서 20~25분간 굽습니다.

토핑 크림

크림치즈 360g, 슈거 파우더 100g

1. 볼에 크림치즈를 넣고 주걱으로 부드럽게 풀어 줍니다.
2. 슈거 파우더를 넣고 섞습니다.

완성

식힌 컵케이크 위에 토핑 크림을 올려 완성합니다.

포도씨유

포도씨를 압축해서 짜낸 기름으로 불포화 지방산인 리놀레산 성분이 많아서 각종 성인병을 예방하고 피부 미용에도 도움을 준답니다. 이 포도씨유는 카놀라유와 함께 베이킹에서 많이 사용되는데요, 발연점이 높아 산패 진행 속도가 느린 것이 특징이고 쉽게 형태가 바뀌지 않기 때문에 버터를 넣은 케이크보다 촉촉함이 오랫동안 유지가 돼요.

당근

수분이 많은 당근을 사용하면 케이크 시트가 축축해지거나 질겨질 수 있어요. 따라서 당근은 강판에 갈아 키친타월 위에 잠시 두어 수분을 뺀 뒤 반죽에 넣는 것이 좋아요.

크림치즈

요거트처럼 새콤함을 위한다면 '필라델피아' 크림치즈를 사용하면 되고, 우유처럼 부드럽고 담백한 맛을 원한다면 '끼리' 크림치즈를 사용하면 됩니다. 저는 '끼리'를 사용했는데 모양을 짤 때 단단하게 잘 올라가는 편이에요.

+TEA PAIRING

케이크 위에 올라가는 크림 때문에 따뜻한 차를 마시는 것이 좋아요.

추천차 룩아워티의 웜 업 진저 또는 바나나 차이티(75쪽)

UDO PEANUT & CHESTNUT

우도 땅콩 밤 케이크

고소한 우도 땅콩에 밤의 달달함이 더해지면 더욱 맛있어지는 구움과자예요.
밤 모양 틀에 구우면 가을 찻자리에 정말 잘 어울리는 티 푸드가 됩니다.

우도 땅콩 설탕

구운 우도 땅콩 100g, 설탕 90g

푸드프로세서에 우도 땅콩과 설탕을 넣고 곱게 갈아줍니다.

밤 케이크

무염버터 90g, 밤 페이스트 35g, 백설탕 45g,
다크 머스코바도 45g, 달걀 75g, 박력분 90g, 베이킹파우더 4g

1. 볼에 무염버터, 밤 페이스트, 백설탕, 다크 머스코바도를 넣고 잘 섞습니다.
2. 실온에 두었던 달걀을 넣고 섞습니다.
3. 박력분, 베이킹파우더를 고운 체에 내린 뒤 넣고 섞습니다.
4. 밤 틀에 반죽을 70% 채우고 우도 땅콩 설탕을 뿌립니다.
5. 170도 예열된 오븐에 15~20분간 굽습니다.
6. 틀에서 뺀 뒤 한김 식혀 지름 1cm 짤주머니 깍지로 중간에 구멍을 내서 준비합니다.

필링

헤이즐넛 초콜릿 30g, 생크림 30g, 우도 땅콩 설탕 60g

1. 중탕볼에 헤이즐넛 초콜릿을 넣고 녹인 뒤 생크림과 우도 땅콩 설탕을 넣습니다.

완성

1. 짤주머니에 필링을 넣고 식힌 밤 케이크 안에 채워줍니다.

버터

'웨스트골드'와 '레스큐어'를 반반 섞어 사용했어요. 모양도 잘 나올 뿐만 아니라 레스큐어 버터의 향을 더함으로 밤과 땅콩의 견과류 단맛이 잘 살아납니다.

밤 페이스트

직접 만든 밤 페이스트를 사용하면 고소한 맛이 일품이죠. 하지만 조금 더 편하게 만들기 위해 여기서는 시판 '세미'의 '밤 라떼 페이스트'를 사용했어요. 베리에이션 베이스로도 좋지만 진한 밤 향과 부드러운 질감 때문에 디저트에도 활용하기 정말 좋아요.

헤이즐넛 초콜릿

헤이즐넛과 초콜릿을 블렌딩한 이 초콜릿을 먹는 순간 이탈리아의 유명한 초콜릿인 '페레로 로쉐'가 머릿속에 떠오를 거예요. 이 헤이즐넛 초콜릿을 잔뒤야라고 부르는데, 이탈리아에서 개발한 초콜릿이에요. 초콜릿 스프레드로 잘 알려진 '누텔라'도 이탈리아 페레로 회사에서 만든 잔뒤야 페이스트이고요. 저는 '발로나'의 '잔뒤야 누아젯'을 사용했지만 '누텔라'를 사용해도 맛이 좋답니다.

+TEA PAIRING

스트레이트티도 좋지만 우유가 들어간 밀크티는 영양만점이에요. 스트레이트티로 마시면 차가 달걀의 칼슘 성분을 뺏기 때문에 우유를 더해주면 놓칠 수 있는 칼슘 성분을 섭취할 수 있어요.

추천차 오설록의 마롱 글라쎄 블랙티

CANDIED CHESTNUT

밤 조림

껍질째 조리는 보늬 밤과 또 다른 매력을 가진 밤 조림이에요.
껍질 없이 만들기 때문에 짧은 시간 내에 만들 수 있는 티 푸드예요.

깐 밤 250g, 물 500g, 설탕 300g, 캐러멜 루이보스 티백 1개

1. 냄비에 물을 넣고 끓인 뒤 끓기 시작하면 깐 밤을 넣고 완전히 익힙니다.
2. 설탕을 넣고 완전히 녹을 때까지 끓입니다.
3. 불을 끄고 티백을 넣은 다음 5분간 우려줍니다.
4. 소독된 병에 담습니다. (일주일 숙성 후 먹으면 더 맛있어요.)

깐 밤

깐 밤을 구매할 때는 알이 굵은 것이 좋아요. 그래야 맛과 향이 풍부하답니다. 깐 밤이 아닌 알밤을 사서 직접 까면 더욱 맛있어요. 제철인 가을 밤으로 밤 조림을 만들면 추운 겨울까지 맛있게 먹을 수 있답니다.

캐러멜 루이보스

캐러멜 향을 더하기 위해 '티칸네'의 '루이보스 캐러멜'을 사용했어요. 티 푸드에 차가 아닌 허브차를 넣으면 카페인이 있는 차와 페어링할 수 있기 때문에 더 폭넓게 티 페어링을 할 수 있어요. 하지만 꼭 캐러멜 루이보스가 아니어도 돼요. 티 페어링 없이 밤 조림만 먹을 때는 밤과 잘 어울리는 다양한 차를 넣을 수 있어요. 얼그레이, 초콜릿 향 홍차, 현미 녹차 등이 잘 어울려요.

+TEA PAIRING

이 밤 조림에는 이미 캐러멜 향이 들어가 있기 때문에 가향차와 페어링하는 것보다 향이 없는 차와 페어링하는 것이 좋아요. 따뜻한 차와 페어링하면 밤 조림의 캐러멜 향을 더욱 느낄 수 있어요.

추천차 솥에 덖어 만든 녹차나 현미 녹차

RED BEAN CHOCOLATE

팥 초콜릿

가나슈에는 생크림이 들어가지만 이 레시피에는 생크림 대신 팥 페이스트를 넣어 만들었어요.
팥의 풍미가 많은 것은 아니지만 담백하면서 비건인 분들도 함께 먹을 수 있어요.

다크초콜릿 200g, 팥 페이스트 150g, 카카오 파우더 적당량

1. 다크초콜릿을 녹인 뒤 팥 페이스트를 넣고 섞습니다.
2. 틀이나 지퍼 백에 넣어 펼친 뒤 냉장고에 넣고 굳힙니다.
3. 알맞게 잘라 카카오 파우더에 묻혀 완성합니다.

다크초콜릿

초콜릿 중 가장 무난하게 부재료를 잘 살려주는 '칼리바우트'의 '57.9% 다크초콜릿'을 사용했어요.

팥 페이스트

팥 페이스트는 레드빈 말차 라테의 팥앙금(114쪽)을 사용했어요. 따로 만들기가 귀찮을 때면 시중에 판매되는 고운 팥앙금을 사용해도 괜찮아요.

+TEA PAIRING

초콜릿으로 만들었기 때문에 차가운 차보다 따뜻한 차와 더욱 잘 어울려요.

추천차 일본의 호우지차

+MINI RECIPE

얼그레이 가나슈

생크림 100g, 얼그레이 6g, 다크초콜릿 150g,
카카오 파우더 적당량

1. 냄비에 생크림과 얼그레이를 넣고 함께 데웁니다.
2. 가장자리에 기포가 올라오면 불을 끄고 5~10분간 우려줍니다.
3. 중탕 볼에 다크초콜릿을 넣고 따뜻한 물에 녹여줍니다.
4. 찻잎을 걸러낸 생크림을 3에 넣고 잘 섞어줍니다.
5. 알맞은 틀에 넣고 하룻밤 냉장고에서 굳혀줍니다.
6. 적당한 크기로 잘라서 카카오 파우더를 묻혀 완성합니다.

KIR ROYAL MOUSSE

키르로얄 무스

히비스커스와 로즈힙을 블렌딩해서 새콤한 단맛을 준 무스예요.
작은 유리잔에 과일과 함께 담으면 정말 사랑스러워요.

생크림A 90g, 히비스커스 6g, 로즈힙 6g, 노른자 15g, 설탕 75g, 생크림B 200g, 젤라틴 2g, 식용 색소 레드 약간, 딸기 다이스 적당량

1. 냄비에 생크림A를 넣고 데운 뒤 히비스커스와 로즈힙을 넣어 10분간 우립니다.
2. 볼에 노른자, 설탕, 1을 넣고 휘퍼로 섞습니다.
3. 히비스커스와 로즈힙을 걸러냅니다.
4. 새 냄비에 넣어서 65~70도까지 익혀줍니다. (주걱으로 바닥을 긁으면 표시 날 때까지 익혀주세요.)
5. 20도까지 식혀줍니다.
6. 차가운 생크림B를 70% 정도 거품 올려서 준비합니다.
7. 식힌 5를 6에 조금씩 넣으면서 섞어줍니다.
8. 예쁜 분홍색을 내기 위해 식용 색소를 약간 넣습니다.
9. 잔에 딸기 다이스와 8을 넣어 완성합니다.

+TEA PAIRING

생크림이 들어간 무스류는 차갑게 즐겨야 제맛이 나죠. 이 키르로얄 무스는 조각 케이크처럼 많이 먹는 것이 아니고 프티푸르(핑거 푸드 같은 작은 디저트)로 서빙되는데요, 작은 티 푸드라도 크림과 아이스티를 함께 먹으면 크림이 겉돌 수 있기 때문에 크림을 입안에서 정리해줄 차가 필요해요. 우유가 살짝 들어간 밀크티나 티 에이드와 잘 어울리고 깔끔하게 마무리하는 차로는 스트레이트티가 잘 어울려요.

추천차 크리스틴 다트너의 키르 로얄로 만든 티 에이드

ROSE PEACH

로즈 복숭아 조림

하얀 백도에 로즈 플라워를 더하면 신기하게도 보라색에 가까운 자줏빛이 돌아요.
장미 향이 물씬 풍기는 여름 복숭아는 아이스티나 티 에이드에 잘 어울리는 티 푸드예요.

딱딱한 백도 2.5kg(10개분), 복숭아 껍질 4개분, 물 3L,
레몬즙 10g, 유기농 설탕 500g, 백설탕 1kg, 로즈 플라워 4g

1. 딱딱한 백도를 껍질을 까서 12등분하여 준비합니다.
2. 냄비에 물과 복숭아 껍질, 레몬즙을 넣은 뒤 끓입니다.
3. 유기농 설탕과 백설탕을 2에 넣고 완전히 녹을 때까지 끓입니다.
4. 1을 넣고 살짝 투명해질 때까지 끓입니다.
5. 로즈 플라워를 다시백에 담아 4에 넣고 10분간 우린 뒤 빼줍니다. (로즈 플라워를 넣지 않으면 하얀 복숭아 조림으로 만들 수 있어요.)
6. 소독된 병에 과육과 시럽을 담아 뚜껑을 닫고 뒤집어서 식힌 뒤 냉장 보관합니다.

복숭아

복숭아 조림은 과육 자체가 분홍빛나는 것이 좋아요. 그래야 로즈 플라워를 넣지 않더라도 여리여리한 핑크빛이 나는 복숭아 조림을 만들 수 있어요. 색감을 위해서라면 백도를 사용해도 좋지만 단맛이 풍부한 황도를 사용해도 좋아요. 단, 말랑한 복숭아는 익으면 식감이 없어지기 때문에 조림용으로는 적합하지 않아요.

복숭아 껍질을 꼭 넣어야 할까요?

복숭아는 과육보다 껍질에 향이 많이 있기 때문에 같이 끓이는 것이 좋아요. 그리고 껍질의 붉은색이 빠져나오기도 하죠.

로즈 플라워와 레몬즙이 만나면 붉은색으로 변해요.

꽃잎에 산이 닿으면 더 예쁜 핑크빛이 만들어진답니다. 레몬즙이 들어가는 이유는 상큼한 맛을 더해주면서 장미의 아름다운 색을 잘 빼내기 위함이랍니다.

익힐 때 조심해 주세요

복숭아가 너무 익으면 나중에 식감이 없어지기 때문에 살짝 투명해지면 바로 불을 꺼주세요.

이렇게도 해보세요

히비스커스를 사용해서도 분홍색을 낼 수 있어요. 과일 향이 있는 히비스커스 블렌딩을 사용하면 색도 예쁘게 내고 향도 좋게 만들 수 있어요. '묘차'의 '파인 썸머'는 파인애플뿐만 아니라 복숭아 향도 들어가 있어서 복숭아 조림에 잘 어울리는 차랍니다.

+TEA PAIRING

이 레시피의 복숭아 조림에는 로즈 향이 아주 진하게 남아 있지는 않아요. 그래서 장미와 잘 어울릴 수 있는 향을 가진 차를 페어링하면 좋아요. 또 복숭아의 아삭거림을 즐길 수 있도록 따뜻한 차보다 아이스티나 티 에이드로 마시는 것을 추천해요.

추천차 베티나르디의 리치우롱으로 우린 아이스티나 티 에이드

+MINI RECIPE

솔티 라벤더 무스 SALTY LAVENDER

노른자 15g(1개분), 설탕 50g, 생크림A 100g, 라벤더 8g, 생크림B 180g, 젤라틴 3g, 게랑드 소금 1g

1. 냄비에 생크림A를 넣고 데운 뒤 라벤더를 넣고 5분간 우립니다.
2. 볼에 노른자, 설탕, 1을 넣고 섞습니다.
3. 찻잎을 거르고 새 냄비에 담아서 익혀줍니다.
4. 차가운 물에 불린 젤라틴을 물기를 제거하고 냄비에 넣어 녹입니다.
5. 게랑드 소금을 넣고 섞어줍니다.
6. 25도까지 식혀줍니다.
7. 차가운 생크림B를 70%까지 올린 뒤 6과 섞습니다.
8. 필요에 따라 식용 색소 보라색을 약간 넣습니다.

JEWEL BOX

유자 보석함

겨울에 잠깐 나오는 유자와 신선하고 맛있는 과일들을 함께 담은 겨울 화채에요.
다양한 과일을 넣어서 보석함처럼 비주얼까지 예쁜 티 푸드랍니다.

유자 4개, 사과 1개, 배 1개, 물 250g, 설탕A 200g,
석류 적당량, 샤인 머스캣 500g, 설탕B 430g

1. 유자는 껍질과 알맹이로 분리해 준비합니다.
2. 사과, 배, 유자 껍질을 같은 두께로 채 썹니다.
3. 냄비에 물과 설탕A를 넣고 끓인 뒤 유자 껍질을 넣고 껍질이 살짝 투명해질 때까지 익힙니다.
4. 유자 껍질을 시럽에서 거른 뒤 한 김 식혀서 준비합니다.
5. 유자 알맹이에 있는 씨앗을 모두 제거하여 준비합니다.
6. 믹서기에 5, 샤인머스캣, 설탕B를 넣고 갈아줍니다.
7. 고운 체에 걸러 시럽을 만듭니다.
8. 소독된 병에 유자 껍질, 사과, 배, 석류를 가득 담고, 시럽을 담습니다.
9. 3~5일 냉장고에서 숙성하여 먹습니다.

샤인머스캣

일본에서 개발한 품종이지만 우리나라에서 많은 인기를 끌면서 상주, 김천, 등 여러 지역에서 생산되고 있는 포도예요. 가격은 비싸지만 당도가 17~22 브릭스(brix)로 아주 높고 씨가 없기 때문에 사람들에게 인기가 많아요. 특히 끝 맛에 시원한 배와 망고 같은 향이 있어서 음료나 디저트에도 자주 등장하는 과일이죠.

먹는 방법은 다양해요.

접시에 담아 그냥 먹어도 좋지만 시럽과 함께 담아서 탄산수를 시럽과 같은 비율로 부어 먹으면 화채와 똑같은 느낌이 나지요. 그리고 딸기와 같은 과일을 더 곁들여도 되고 그릭 요거트에 올려 먹어도 좋습니다.

유자껍질을 더 넣고 싶을 땐 어떻게 하나요?

유자청이나 유자 커드를 만들고 남은 유자껍질을 활용하면 더 좋아요. 안 그러면 너무 많은 유자 알맹이가 남으니까요.

+TEA PAIRING

과일의 상큼함과 식감을 느끼기 위해서 아이스티나 티 에이드와 먹는 것을 추천해요. 과일들을 접시에 담아내고 남은 시럽으로 티 에이드를 만들면 더욱 맛있어요.

추천차 네이처샵의 레몬머틀로 만든 티 에이드

PRESERVED CITRUS

금귤 정과와 유자 정과

우리나라 찻자리에 자주 사용되는 정과에요.
많은 정성과 시간이 들지만 찻자리를 빛내줌과 동시에 차와도 정말 잘 어울려요.

물 200g, 설탕 200g, 손질한 금귤 또는 유자 껍질 200g

1. 냄비에 물과 설탕을 넣고 끓입니다.
2. 시럽이 끓으면 금귤 또는 유자 껍질을 넣고 완전히 익힙니다.
3. 식힘 망에 올려 실온에서 1~2일 말립니다.
4. 금귤은 손으로 매만져 동그랗게 말아 준비하고 유자는 겉에 설탕을 묻혀 준비합니다.
5. 끈적한 정과를 만들고 싶다면 시럽에 조금 더 조린 뒤 과일 건조기 또는 제일 낮은 온도의 오븐에서 말립니다.

금귤 손질

금귤은 절반을 잘라서 씨앗을 모두 빼냅니다. 나중에 익힌 금귤을 매만지면서 씨를 뺄 수 있지만, 반이 잘려진(단면이 보이는) 금귤 씨앗은 금귤 시럽을 쓰게 만들기 때문에 금귤정과에도 영향을 미칠 수 있으니 반드시 제거한 뒤에 만드는 것이 좋아요.

유자 껍질 준비

유자는 굵은소금으로 문질러서 흐르는 물에 씻어서 준비하고, 껍질은 0.5cm 두께로 잘라서 준비합니다. 두께가 너무 얇으면 익히고 난 뒤에 너무 흐물거려서 망에 걸치기도 어렵고, 말리고 난 뒤에 모양이 예쁘지 않아서 적당한 두께로 준비하는 것이 좋아요.

+TEA PAIRING

금귤과 유자는 겨울철에 나오지만 티 푸드로 내기엔 초봄이 좋아요. 봄 햇차를 맛보기 전에 위를 달래주기 위해서 식사를 조금 한 뒤 금귤정과나 유자를 식후에 먹으면 입안이 깔끔하게 정리가 되거든요. 그래서 이 정과는 어떤 차와 마신다기 보다 식후 입안을 깔끔하게 정리해서 차 마실 준비를 도와주는 티 푸드라 보면 좋아요. 그렇다고 해서 꼭 식후에 먹어야 하는 것은 아니에요. 금귤과 유자는 백차, 녹차, 우롱차, 흑차 종류와 잘 어울린답니다.

PINK PEAR

오미자 품은 배 정과

오미자의 붉은빛을 머금고 있는 배정과는 예쁘게 접어 찻자리에 내놓으면
꽃을 올린 것처럼 금방 화사해진답니다.

배 1개, 오미자청 원액 200g

1. 배를 얇게 슬라이스하여 준비합니다.
2. 냄비에 오미자청 원액을 넣고 끓인 뒤 배 슬라이스를 넣고 익힙니다.
3. 60도의 과일 건조기에서 5시간 정도 말린 뒤 철망에서 잠깐 말린 다음 포장합니다.

오미자청 원액

오미자청은 붉은빛이 많이 돌고 설탕이 들어간 것으로 사용해야 끓이고 난 뒤에 배에 예쁜 색이 잘 스며듭니다.

+TEA PAIRING

새콤달콤한 맛을 모두 가진 이 배정과는 당분이 많아 아이스티보다 따뜻한 차가 훨씬 잘 어울린답니다. 차가운 차와 페어링하면 정과가 입안에서 딱딱하게 굳어서 이 사이에 끼는 불편함을 겪을 수 있어요. 그래서 이렇게 설탕에 조려진 점성 있는 티 푸드에는 따뜻한 차를 페어링하는 것이 좋아요.

추천차 리쉬티의 화이트 로즈 멜란지

PEA

완두콩

완두콩에 피스타치오를 더해서 더 고소하게 만든 티 푸드예요.
냉동 보관해두었다가 꺼내 먹을 수 있고 구슬처럼 작아서 어떤 찻자리에도 잘 어울린답니다.

생 완두콩 400g, 물 350g, 설탕 150g, 피스타치오 페이스트 50g

1. 끓는 물에 소금을 넣고 완두콩을 데칩니다.
2. 차가운 물에 한 번 씻어낸 뒤 물 350g과 함께 완전히 푹 익힙니다.
3. 설탕을 넣고 자작하게 조린 뒤 핸드 블렌더로 곱게 갑니다.
4. 불에 올려 수분을 날립니다.
5. 실온의 온도로 식힌 뒤 피스타치오 페이스트를 넣고 잘 섞어줍니다.
6. 냉장에서 하루 정도 숙성한 뒤 동그란 완두콩 모양으로 만듭니다.

완두콩

5~6월이면 푸른 녹색 빛이 도는 햇 완두콩이 나오기 시작합니다. 하지만 이때 잠깐 생 완두콩이 나오고 다른 계절에는 냉동 또는 건조 완두콩을 팔기 때문에 녹색 빛 완두콩을 원한다면 국내산 냉동 완두콩을 구매해서 사용하세요. 저는 생 완두콩이 나오지 않을 때는 인터넷에 '햇 완두콩 냉동'이라고 표기된 제품을 구매해서 써요. 이런 경우 대부분 신선한 완두콩을 바로 냉동한 제품이라서 맛도 색도 좋아요. 완두콩을 물에 삶는 것보다 찌는 것이 더 고소하고 맛이 좋지만 물에 삶으면 만들기가 좀 더 수월해요. 완두콩을 쪄서 만든다면, 물과 피스타치오 페이스트 필요 없이 완두콩과 설탕 150g을 간 뒤 체에 내려주면 된답니다.

피스타치오 페이스트

완두콩은 물에 삶으면 단맛이 빠져나가기 때문에 피스타치오의 고소한 맛과 단맛으로 채워주면 더욱 맛있어진답니다. 여기서 사용한 피스타치오 페이스트는 '선인'의 '냉동 피스타치오 페이스트'예요. 실온 보관한 페이스트보다 색도, 맛도 더 짙습니다.

한천을 덮으면 더 오래 보관할 수 있어요.

한천 4g, 물 200g을 냄비에 넣고 10분 두었다가 끓이고 한 김 식힌 뒤, 완두콩 다식에 뿌리면 앙금의 겉 부분을 촉촉하게 보관할 수 있어요.

+MINI RECIPE

피스타치오 로즈 라테

피스타치오 페이스트 12g, 우유A 50g,
로즈 시럽 10g, 딸기 시럽 10g, 우유B 100g, 얼음, 피스타치오

1. 믹서기에 피스타치오 페이스트와 우유A를 넣고 갑니다.
2. 잔에 로즈 시럽, 딸기 시럽, 우유B를 넣고 섞은 뒤 얼음, 1 순으로 넣습니다.
3. 피스타치오로 장식합니다.

+TEA PAIRING

고소함이 가득한 이 티 푸드에는 솥에 덖은 녹차나 곡식으로 만들어진 차가 잘 어울려요. 그래서 말차와 페어링할 때도 고소함이 짙은 말차와 페어링하는 것이 좋아요.

추천차 일본의 쿠키차, 한국의 세작, 중국의 용정차

PENGLISU

펑리수

대만의 인기 만점 티 푸드인 펑리수.
파인애플 잼이 한가득 들어가서 한입 베어 물면 달콤하고 쫀득쫀득한 식감이 최고인 티 푸드랍니다.

파인애플 잼

파인애플 540g, 설탕 250g, 코코넛 럼 2g

1. 파인애플을 잘게 썰어 설탕과 버무려 하룻밤 숙성합니다.
2. 냄비에 담아 수분을 충분히 날린 뒤 핸드 블렌더로 과육을 갑니다.
3. 말리부를 넣고 한 번 더 끓인 뒤 냉장고에서 하룻밤 정도 숙성합니다.

쿠키 반죽

무염버터 150g, 소금 약간, 슈거 파우더 60g, 설탕 20g,
노른자 34g(2개분), 박력분 150g, 아몬드 파우더 38g

1. 볼에 부드러운 버터와 소금, 슈거 파우더, 설탕 순서대로 넣고 섞습니다.
2. 노른자를 넣고 섞은 뒤 박력분, 아몬드 파우더를 고운 체에 내려 넣고 주걱으로 섞습니다.
3. 냉장고에서 30분간 휴지합니다.

완성

1. 펑리수 틀에 버터 칠을 꼼꼼히 하여 준비합니다.
2. 쿠키 반죽 32g, 파인애플 잼 30g을 준비하여 얇게 핀 쿠키 반죽에 파인애플 잼을 넣고 펑리수 틀에 눌러 넣습니다.
3. 170도 예열된 오븐에서 15~17분간 굽습니다.

버터

펑리수 틀 모양으로 잘 구워질 수 있도록 텍스처가 부드러운 '레스큐어' 버터를 사용했어요. 또한 파인애플잼의 캐러멜 향과 잘 어울리는 단맛이 있고 차와 먹을 때도 풍미를 잘 살려주기 때문에 이 버터를 사용했어요.

쿠키 반죽

반죽은 남으면 냉장 1일, 냉동 30일 보관하여 사용할 수 있어요.

+TEA PAIRING

펑리수가 대만의 티 푸드인 만큼 대만의 우롱차들과 정말 잘 어울린다는 것을 알 수 있어요. 특히 발효가 많이 된 우롱차보다 맑은 계열인 청향 우롱차와 잘 어울려요. 펑리수는 우유 향, 단 향, 이국적인 향을 가지고 있는데 대만의 청향 우롱차는 신선한 풀 향, 허브 향, 꽃 향, 우유 향을 가지고 있어요. 펑리수가 가지고 있는 우유 향과 반대 향을 함께 가지고 있어서 향부분이 정말 잘 맞아요. (214쪽 아로마 휠 참고.)

추천차 대만의 대우령, 금훤, 밀키 우롱

TOMATO PLUM

토마토 매실

알록달록 토마토를 매실 시럽에 담가 두기만 하면 멋진 티 푸드가 완성돼요.
여름에 시원한 아이스티와 함께 먹기 안성맞춤이에요.

방울토마토 적당량, 매실 시럽 적당량

1. 방울토마토는 십자 모양으로 칼집을 낸 뒤 뜨거운 물에 잠시 담가둡니다.
2. 찬물에 씻어서 껍질을 벗깁니다.
3. 소독된 병에 토마토를 담고 매실 시럽을 넣습니다.
4. 4~5일 정도 숙성한 뒤 하나씩 꺼내 먹습니다.

매실 시럽

매실 박하차(190쪽)에 사용했던 매실 시럽과 동일해요. 티 푸드로 내기에는 이 매실 시럽이 좋지만, 샐러드 토핑처럼 다른 재료와 함께 먹으려면 오래 숙성된 매실청이나 황매실 원액을 추천해요.

+TEA PAIRING

따뜻한 차와 페어링하면 토마토의 식감을 충분히 즐길 수 없기 때문에 아이스티나 티 에이드와 먹으면 좋아요.

추천차 일본의 센차나 중국의 보이생차로 만든 아이스티

MISO SWEET POTATO

미소 고구마

된장에 빠진 고구마라니! 찻자리에서 이 다식을 소개하면 너무 놀라시더라고요.
미소된장에는 브라운 치즈 같은 캐러멜 풍미가 있어서 고구마, 단호박과 같은 곡식류랑 정말 잘 어울려요.

찐 밤고구마 620g, 미소 된장 20g, 물 400g, 설탕 100g, 유기농 설탕 350g

1. 밤고구마는 껍질째 쪄서 식혀줍니다.
2. 1~1.5cm 두께로 썰어 준비합니다.
3. 냄비에 물을 넣고 팔팔 끓인 뒤 설탕을 넣어 시럽을 만듭니다.
4. 미소 된장을 넣고 잘 풉니다.
5. 다시 한번 끓기 시작하면 고구마를 넣고 약불에 5분 정도 조립니다.
6. 찻자리에 바로 내거나 소독된 병에 담아 보관합니다.

호박고구마는 안 될까요?

호박고구마를 쓰면 당도가 더 높고 부드럽겠지만 시럽에 푹 익으면 모양이 흐트러지고 시럽에 풀리기 때문에 단단한 밤고구마를 사용하는 것이 좋아요.

미소 된장

제가 이 레시피에서 사용한 된장은 '토모에 무텐카 미소'예요. 미소 된장은 재료(쌀, 보리, 콩)와 색(붉은색, 연한 갈색, 흰색)에 따라 크게 분류할 수 있는데요, 이 미소 된장은 짠맛이 없는 저염식 미소 된장이에요. 그리고 단맛이 많고 브라운 치즈 같은 풍미가 있어서 베이킹에 쓰기 아주 적합해요.

+TEA PAIRING

미소 된장의 캐러멜 풍미와 감칠맛이 더해져 더욱 맛있는 이 미소 고구마는 구워진 향이 들어가면 더 맛있게 먹을 수 있어요. 그래서 훈연 향이 들어가거나 숯불을 쬔 차와 페어링하면 좋아요.

추천차 일본의 쿠키 호우지차, 중국의 무이암차, 볶은 보리차

YEONGEON CHIPS

연근 칩

상선암 스님이 주신 귀한 백연근으로 만든 연근 칩 레시피예요.
담백해서 우리나라 차와 정말 잘 어울려요.

백연근, 물, 카놀라유, 소금 적당량

1. 백연근은 껍질을 까서 슬라이서를 이용해서 아주 얇게 썰어 준비합니다.
2. 차가운 물에 10~20분 정도 담가둡니다.
3. 키친타월로 물기를 제거하고 팬에 올린 뒤 식용유를 살짝 바르고 소금을 뿌립니다.
4. 150도 예열된 오븐에서 10분간 구워줍니다.

하얀 연꽃의 뿌리, 백연근

약재로도 사용하는 연근은 뮤신, 타닌, 철분, 비타민, 아미노산 등 다양한 성분이 많기 때문에 빈혈완화, 지혈작용, 소염작용, 피부미용 등에 도움을 주는 우리 몸에 아주 이로운 식재료에요. 특히 이 백연근은 일반적으로 판매되는 연근과 달리 제철에만 구매할 수 있어서 귀하기 때문에 생으로 먹기보다 차로 만들거나 이 레시피처럼 칩으로 만들어서 저장해 놓고 먹어요.

+TEA PAIRING

담백한 이 연근 칩은 그냥 먹어도 맛있지만 따뜻한 녹차나 발효차와 마시면 담백하고 고소한 맛을 더 많이 느낄 수 있어요. 연근은 성질이 차기 때문에 따뜻한 성질을 가진 발효차와 더욱 잘 어울려요.

추천차 상선암의 금강나래 발효차

임보은

국내외 산지를 돌아다니며 차를 셀렉하고 그 차로 블렌딩 티나 베리에이션 티를 연구개발하는 티 컨설턴트. 2011년부터 여러 F&B 기업 및 프랜차이즈의 티와 음료 메뉴들을 컨설팅했고, 30군데 넘는 카페를 컨설팅했다. 지금도 많은 사람들에게 티와 티 푸드를 교육하고, 강의와 다회를 통해 티 페어링의 즐거움을 널리 알리고 있다.

2014 골든티어워드(GTA) 티소믈리에 챔피언쉽 1위
2015 하동코리아 티 챔피언 쉽 1위
2015 골든티어워드(GTA) 티코디네이터 챔피언쉽 1위
2016, 2017 골든티어워드(GTA) 부심사위원장

instagram @imboeun

티 & 티 푸드

초판 1쇄 발행일 2023년 1월 31일
초판 3쇄 발행일 2025년 9월 10일

지은이 임보은

발행인 조윤성

편집 인스튜디오
사진 임보은, TH 스튜디오
디자인 책장점
어시스트 변재상, 김민경, 김채비
발행처 ㈜SIGONGSA **주소** 서울시 성동구 광나루로 172 린하우스 4층(우편번호 04791)
대표전화 02-3486-6877 **팩스(주문)** 02-598-4245
홈페이지 www.sigongsa.com / www.sigongjunior.com

ISBN 979-11-6925-509-7 13590